KB230850

국제결혼 이주여성,
한국사회에 적응하는가

내일을여는지식 사회 10

국제결혼 이주여성, 한국사회에 적응하는가

정천석 지음

한국다문화가족연구소 편

한국학술정보㈜

최근 세계적인 금융 불안에도 불구하고 자본과 상품의 유통이 자유시장체계로 급속하게 진전되면서, 인간의 이동에 대한 외국인 정책이 강화되고 있음에도 불구하고 인구의 초국가적 이동은 점차 확대되고 있다.

국제이주기구(International Organization for Migration, IOM)의 『2003년 세계 이주 보고서(World Migration Report 2003)』에 의하면, 2000년 현재 전체 세계 인구는 60억 5천7백만 명 정도이고, 그중 국제 이주 인구는 1억 7천5백만 명(약 2.9%)이다. 이는 전 세계적으로 35명 중 1명은 국제 이주자라는 것을 의미한다. 2050년도에는 세계 인구 90억 명 중 이주 인구는 2억 3천만 명(2.6%)이 될 것으로 추산하고 있다.

우리나라에는 2008년 12월 현재 체류하고 있는 외국인은 1,158,866명이며, 그중에서 외국인 근로자는 548,553명이고, 결혼이민자는 122,552명(남자 14,753명: 12.0%, 여자 107,799명: 88.0%)으로 나타나고 있다(출입국외국인정책본부, 2008). 우리 사회에서는 다문화사회, 다문화국가의 담론이 제기되고 있지만, 급변하는 사회현상에 대한 이해와 사회적 차원에서 준비가 미흡한 실정이다.

최근 들어 정부는 2006년 '결혼이민자가족의 사회통합 지원대책'과 '혼혈인 및 이주자 지원방안'을 발표하고, 이후 5월 26일 '외국인정책 기본방향 및 추진체계', 2008년 '다문화가족지원법'이 제정되어 '시·군·구 다문화가족지원센터'가 설립되어 운영되고 있다.

본 연구는 2년 전부터 다문화가족, 국제결혼 이주여성 관련 학회의 세미나와 각종 포럼에서 발표한 전문가의 자료를 수집하고, 그간 발표한 학계 연구문헌을 정리하여 사회복지학 박사학위 논문으로 제출된 원고를 정리하여 집필하게 되었다.

본 연구는 국제 이주와 국제결혼 이주여성을 주제로 연구를 하고 있거나 관심 있는 일반교사와 석사와 박사과정 연구자에게 선행연구의 기초자료를 제공하는 데 의의가 있다. 또한 연구방법으로 변인들이 어떤 조합들로 결합하는지를 밝히고, 다중결합적 인과관계(multiple causality)를 불리언대수를 이용한 질적 비교분석(Qualitative Comparative Analysis: fs / QCA) 방법을 적용하였다는 데 그 의의가 있다. 이 책은 크게 세 부분으로 이루어졌다.

1부는 국제결혼 이주여성 관점에 대해 서술하였다.

2부는 국제결혼 이주여성의 적응과 부적응 사례로 구성하였다.

3부는 국제결혼 이주여성, 한국사회 초기적응 방안을 중심으로 구성하였다.

본 연구를 통하여 국제결혼 이주여성의 한국사회 적응에 보다 많은 관심을 갖게 되기를 바라며, 현장의 실천가에게 필요한 기초적인 이론서로서 조금이나마 도움이 되기를 바란다. 이 책을 출판할 수 있도록 연구를 지도해 주신 교수님과 출판을 위해 힘써 주신 한국학술정보(주) 사장님과 편집진들에게 감사를 드린다.

2009년 4월
정천석 씀

목차

I 국제결혼 이주여성의 적응 / 11

II 국제결혼 이주여성의 적응과 부적응 사례 / 149

Ⅲ 국제결혼 이주여성, 한국사회 적응 방안 / 199

국제결혼 이주여성의 적응

1. 국제결혼 이주여성에 대한 관점

　1990년대 이후 우리사회에서 국제결혼[1]이 크게 증가하였다. 2005년 전체 결혼의 14%, 농촌지역 결혼의 34%가 국제결혼이라는 현실에 대한 정부의 대응[2]으로 2006년 4월 26일 정부가 '결혼

---

1) 국제결혼을 접두어 inter를 사용하여 intermarriage라고도 하는데 이는 다른 민족적 배경이나 인종적 배경을 지닌 배우자 간의 결혼을 의미한다. 반면 intra라는 접두어를 사용한 intramarriage는 같은 민족이나 인종집단에서의 배우자와의 결혼을 의미한다. 인종 간의 결혼이 가장 활발하게 이루어지고 있는 미국에서 가장 많이 사용되고 있는 용어로는 interethnic marriage(동 인종 간 결혼) 혹은 intracultural marriage(동 문화 간 결혼, 예를 들면 한국계 미국인끼리의 결혼)와 상대적인 용어 interethnic marriage(이인종 간 결혼, 예를 들면 한국계 미국인과 일본계 미국인과의 결혼) 혹은 같은 뜻으로 사용되는 intercultural marriage(이문화 간 결혼)가 있다(shon, 2001). 그리고 interracial marriage(이인종 간 결혼, 예를 들면 일본계 미국인과 백인과의 결혼)도 가장 많이 사용되는 용어 중의 하나이다. 또한 사회학자와 인류학자들은 자신의 민족 / 문화 혹은 인종집단 내에서 그리고 외에서 결혼하는 것이라는 의미인 endogamy(동족결혼), exogamy(동족 외 결혼)를 설명하기 위해 더 광범위한 용어를 사용하기도 한다(Kitano, Fujino, and Sato, 1988).

2) 국제결혼 이주여성에 대한 국가적 관심이 시작된 것은 2004년부터라고 할 수 있다. 당시 여성부(현재 주무부처는 보건복지가족부)는 가정폭력 이주여성을 위한 쉼터 2곳을 개설하였고, 같은 해 국무총리 조정실에서 국제결혼 이주여성의 한국사회 적응과 관련하여 시민단체와의

이민자가족의 사회통합 지원대책'3)과 '혼혈인 및 이주자 지원방안'을 발표하였다. 이후 5월 26일 '외국인정책 기본방향 및 추진체계'를 발표하였고, 2008년에는 비로소 '다문화가족지원법'이 제정되어 우리사회에서는 '다문화'의 담론이 거세게 일고 있다.

2008년 5월 1일 현재 외국인주민은 891,341명으로 주민등록인구(49,355,153명)의 1.8%를 차지하고 있으며, 2007년 722,686명보다 168,655명이(23.3%) 증가했다. 전체 외국인 주민 891,341명 중 외국인 근로자는 49%인 437,727명, 결혼이민자가 16.2%인 144,385명, 국제결혼 가정 자녀는 6.5%인 58,007명이고, 외국인 주민 중 국적취득자가 7.4%인 65,511명이며 이 중 외국인 근로자는 남성이 69%, 결혼이민자는 여성이 88%로 대다수를 차지하고 있는 것으로 나타나4) '이주의 여성화' 현상이 뚜렷이 나타나고 있다. 결혼 이주여성5)의 출신국 또한 갈수록 다양해지고 있는데, 2000년대 초에는 중국, 일본, 필리핀 출신이 다수였으나 최근에는 베트남, 태국, 몽

간담회를 개최하였다. 정선애, 「일하고 싶은 결혼이주여성, 현모양처가 좋은 이주여성정책」(2007 정기심포지엄, 한국이주여성인권센터, 2007), 1-18.

3) 2006년 정부의 결혼이민자 가족에 대한 지원정책이 발표된 이후, 이들에 대한 지원이 여성가족부, 법무부, 농림부, 교육인적자원부 등 정부 내 여러 부처 간 중복되고 있다는 지적이 많다. 김혜순, 「한국의 다문화사회 담론과 결혼이주여성: 적응과 통합의 정책마련을 위한 기본전제들」, 『동북아 '다문화'시대 한국사회의 변화와 통합』(동북아시대위원회 용역, 한국사회학회, 2006), 13-41; 문순영, 「여성결혼이민자들의 복지욕구와 사회적 지원」, 『결혼이민자가족의 현황 및 사회적 지원방안』(충남인적자원개발지원센터, 2006), 17-46; 설동훈 외, 『결혼이민자 가족실태조사 및 중장기 지원정책방안 연구』(여성가족부, 2006), 302; 강기정, 「충남의 결혼이민자 가족복지정책 및 가족복지 지원서비스 모형」, 『다문화사회의 도래와 지역사회의 과제』(충남여성정책개발원, 2007), 194-219; 김영주, 『한국의 다문화현황과 사회적 과제』(충남여성정책개발원, 2007), 90-110.

4) 행정안전부, 2008년 7월 30일(수) 보도자료.

5) 외국인 정책 대상의 한 범주로 '여성결혼이민자'라는 공식용어는 그 용어가 상징적으로 구성됨으로써 국가가 표상하고자 하는 바를 나타낸다. 개념적으로 여성결혼이민자는 여성이, 결혼을 하였으며, 이민자라는 것을 의미한다. 정선애, 「일하고 싶은 결혼이주여성, 현모양처가 좋은 이주여성정책」(2007 정기심포지엄, 한국이주여성인권센터), 1-18.

골, 우즈베키스탄, 러시아 등 다변화 경향을 나타내고 있다. 특히 2003년부터 베트남 출신 여성과의 국제결혼이 급격히 늘고 있다.

여성이 국제결혼을 통해 다른 나라로 이주[6]하는 현상은 그의 개인적 선택의 문제로 보이지만, 그 배후에는 전 지구적 자본주의 체계, 송출국과 유입국 사회와 정부, 국제결혼 중개업체 등 다양한 사회적 요인이 작동하고 있다.[7]

결혼이주여성은 여러 가지 동기와 기대로 인해 한국남성과 결혼을 선택하게 된다. 실제로 특정 기술을 가지고 있지 않은 여성에게는 국제결혼은 노동이주보다 훨씬 접근 가능한 이주방식이며, 일시적인 체류가 아닌 영구적인 거주 보장과 취업의 기회가 폭넓게 주어진다는 장점을 갖고 있다.[8] 그러나 이들은 한국인 배우자로서 국내에서 살아가는데 필요한 기본적인 지식과 준비과정 없이 입국하였기 때문에, 이주 초기부터 직면하는 언어와 문화적 차이, 의사소통의 어려움, 경제적 기대 상실, 자녀출산과 양육의 문제, 부부간의 갈등 및 사회의 편견에서 오는 차별 등 사회문화 적응상의 어려움을 겪고 있다.[9]

---

6) emigration은 (자국에서 타국으로의) 이민이나 이주를 의미하며 (외국으로) 돈벌이하러 가기를 뜻하는 단어이며, immigration은 (외국으로부터의) 이주를 의미한다. migration은 위의 둘의 의미를 포함한 용어로 사용된다.

7) 설동훈, 「한국의 결혼이민자 가족: 현황과 정책」, 한국가정관리학회, 2006년 추계학술대회, 『결혼이민자가족: 다양성과 공존을 향하여』(2006), 1-20.

8) 홍기혜, 「중국조선족 여성과 한국남성간의 결혼을 통해 본 이주의 성별정치학」(미간행 석사학위논문, 이화여대 대학원, 2000).

9) 김상일, 「상담사례를 통해 본 한국남자와 결혼한 이주여성의 삶」, 이주여성인권센터3주년 기념심포지엄(한국이주여성인권센터, 2004); 김오남, 「이주여성의 부부갈등 결정요인 연구」(미간행 박사학위논문, 가톨릭대 대학원, 2006); 설동훈, Ibid., 1-20; 양순미, 「농촌 국제결혼부부의 적응 및 생활실태에 대한 비교분석: 중국, 일본, 필리핀 이주여성 부부 중심」, 『농촌사회』 제16권 제2호(2006); 이금연, 「국내 국제결혼과 그 이해-실태와 문제점을 중심으로-」, 『국제결혼과 여성폭력에 관한 정책 제안을 위한 원탁토론회』(안양전진상복지관이주여

한국인 남성들이 국제결혼을 하게 된 배경에는 한국인 남성들의 국내결혼이 어려운 여건과 환경에서 찾을 수 있다. 전통적인 남아 선호사상으로 인한 결혼 적령기의 남녀의 성비 불균형과, 농촌지역과 도시 노동자계층의 남성들은 결혼을 하기 위한 개인적 자원이 비교적 적고, 국내의 결혼시장에서 열악한 입장에 처하게 됨으로써, 이들과 결혼하고자 하는 국내의 여성들이 부족한 현상이기 때문이다. 이들에게 있어 외국인 여성과의 국제결혼은 배우자 선택의 주요한 자원으로 작용하고 있는 것이다. 결국 국제결혼은 보다 나은 삶과 경제적 안정을 추구하려는 외국인 여성들의 욕구와, 독신에서 벗어나기 위한 한국인 남성들과의 욕구가 부합된 결과로 볼 수 있다.[10]

중앙정부와 지방자치단체는 사회학회와 문화인류학회, 사회복지학계가 참여한 전국적 규모로 국제결혼가족의 현황 및 특성을 파악하고, 중장기적인 정책지원 및 복지지원 방안을 위한 기초실태 자료 연구를 실시하였다.[11] 통계청 자료에 의한 국제결혼의 현황, 국제결혼 과정, 결혼생활 실태, 의사소통의 문제, 갈등 및 대처, 자녀 양육 및 교육, 사회복지 수요와 욕구 등에 관한 실천적 논의를

성쉼터, 2003); 이순형, 『농촌 여성결혼이민자 정착 지원방안』(농림부, 2006); 이혜경, 「혼인이주와 혼인이주 가정의 문제와 대응」, 『한국인구학』 제28권 제1호(2005); 윤형숙, 「국제결혼배우자의 갈등과 적응」, 『한국의 소수자 실태와 전망』(한울, 2004); 한건수, 「농촌지역 결혼이민자 여성의 가족생활과 갈등 및 적응」, 『한국문화인류학』 제39권 제1호(2006).

10) 장온정, 「국제 결혼한 한국 남성의 결혼적응에 관한 연구」(미간행 박사학위논문, 중앙대학교 대학원, 2007).

11) 국립국어원, 『국제결혼 이주여성의 언어 및 문화 적응 실태 연구』(2005); 대통령자문 빈부격차·차별시정위원회, 『여성결혼이민자 가족의 사회통합 지원대책』(2006); 보건복지부, 『국제결혼 이주여성 실태조사 및 보건·복지 지원 정책방안』(2005); 여성가족부, 『결혼이민자 가족실태조사 및 중장기 지원정책방안 연구』(2006); 외국인정책위원회, 『외국인정책 기본방향 및 추진체계』(2006); 행정자치부, 『국내거주 외국인 실태조사 결과』(2006).

위한 정책제언을 제시하였다.

이러한 가운데 정부의 외국인 정책, 즉 이민정책이 과거 경제일변도의 '인력'정책에서 벗어나, 경제는 물론 사회문화적인 측면까지 아우르는 '다문화 정책'으로 나아가게 된 변화에 영향을 미친 요인들을 살펴보면, 첫째, 국내 체류 외국인의 규모가 급격하게 증가하고 있으며, 향후 FTA 협상이 본격적으로 실현되면, 전문 인력과 외국인 투자자 등 인구의 자유로운 이동이 가속화될 전망에 따른 인식이 증가하였다. 둘째, 급속한 저출산과 고령화로 경제활동인구는 감소하고, 국민의 고학력화로 3D업종 및 소규모 사업장 기피현상으로 인해 외국인 근로자 수요가 꾸준히 증가하고, 향후에도 지속적으로 증가할 것이라는 전망 때문이다.[12] 셋째, 체류 외국인의 다양화와 양극화(전문 인력과 단순 노무인력 간, 불법체류자와 합법체류자 간)로 각 집단별로 다양한 문제와 요구가 대두하였다. 마지막으로, 2005년 11월 초에 일어난 프랑스 이민자 소요사태를 통해 정부는 국내 체류 외국인의 사회적응 지원과 통합정책의 중요성을 인식하게 되었기 때문이다.[13]

기존의 연구들에 대하여 콘스터블(Constable)과 사이몬스(Simons)[14]는 후진국 여성과 선진국 남성 사이에 성사되는 국제결혼을 남성

---

12) UNESCO는 한국이 현재의 경제성장 수준을 유지하기 위해서는 2050년 기준으로 200만에 달하는 외국인을 도입하는 것이 필요할 것이라는 지적(윤인진, 2006: 11에서 재인용)이다.

13) 이혜경, 「이민정책과 다문화주의: 정부의 다문화정책 평가」, 『한국적 다문화주의의 이론화』(한국사회학회, 2007), 219-249.

14) Constable, Nichole, *Romance on a Global Stage*(Berkeley: University of California Press, 2003); Simons, Lisa Anne, "Marriage, Migration, and Markets: International Matchmaking and International Feminism"(Ph. D Dissertation, Univ. of Denver, 2001).

의 경제력과 여성의 섹슈얼리티 및 가사노동의 교환으로 보며, 여성들이 남편의 사적인 통제에 들어가는 과정으로 보는 데 대하여 문제를 제기한다. 국제결혼을 남성의 경제력과 여성의 성적 서비스의 교환이라는 관점으로 일반화하는 것은 국제결혼 이주여성과 배우자 남성 모두에게 매우 억압적일 수 있다고 본다.

기존의 국제결혼 이주여성에 대한 연구는 다음과 같은 한계를 안고 있다. 첫째, 기존의 연구들은 국제결혼의 매매혼적인 측면과 한국 남성들이 외국인 배우자에 가하는 폭력과 인권유린의 문제에 초점을 맞추는 '피해자 관점(victim perspective)'을 지적한다. 이는 국제결혼 이주여성이 자신의 행동을 책임지고 삶의 조건을 변화시키기 위해 적극적인 실천을 할 수 있는 주체적 행위자(agent)라는 사실을 부인하는 결과를 가져온다는 점을 지적한다. 초기 시민단체를 포함한 국제결혼 이주여성 연구에서 남편의 폭력이나 학대 때문에 상담소를 찾는 여성들이 연구대상이 되는 경향이 있다. 국제결혼 이주여성들을 빈곤과 가부장적 가족제도의 피해자로만 바라볼 것이 아니라, 이들이 다양한 사회문화적 배경과 동기를 가지고 있으며, 국제결혼의 의미, 내용, 가족관계를 적극적으로 만들어 갈 수 있는 행위자라는 사실을 간과하지 말아야 한다.[15]

둘째, 지금까지 국제결혼 가족에 대한 이주여성들만이 겪고 있는 결혼생활의 갈등과 의사소통의 어려움 등을 파악하는 데 그쳤다는 문제를 제기한다. 따라서 국제결혼 이주여성들이 한국사회에서 적응해 나가는 심리 적응과 사회 적응을 이해하기 위해, 이주

---

15) 윤형숙, 「외국인 출신 농촌주부들의 갈등과 적응 – 필리핀 여성을 중심으로」, 『지방사와 지방문화』 제8권 제2호(2003), 299 – 339; 구차순, 「결혼이주여성의 적응에 관한 근거이론 연구」(미간행 박사학위논문, 부산대학교 대학원, 2007).

여성들의 사회인구학적 특성에 따른 적응과 가치관 특성 및 결혼만족도, 부부갈등, 가족 상호 간에서 겪게 되는 갈등 대처 방식, 문화 적응 태도, 사회적 지지와 자아존중감 등의 변인들에서 적응의 특성들을 밝혀내어 다면적 접근을 통해서 적응의 해석적 맥락을 파악하고자 한다.

가족이란 상호 관련되고 상호 의존적인 부분들로 구성되는 하나의 체계라고 정의하고 있다.[16] 국제결혼 가족들의 특성을 보다 구체적으로 파악하기 위해서는 주체가 되는 가족 내에서 한 가족원이 겪는 문제는 두 부부간의 상호 관계 속에서 문제해결의 해법을 찾아야 할 것이다. 의사소통, 생활 차이의 갈등, 문화적 차이의 갈등, 결혼적응은 부부가 결혼생활을 함에 있어서 경험하는 상호 관계적 특성을 잘 파악할 수 있는 요인이다.[17]

따라서 본 연구에서는 국제결혼을 한 이주여성들이 다양한 사회문화적 배경과 동기를 가지고 다양한 경로로 국제결혼 과정에 이른 다중적 주체(multiple subjects)로 인식하고, 이주여성 자신이 가진 사회문화적 자원을 자신의 사회적 존재조건을 변화시킬 수 있는 주체[18]라는 관점에서 출발하고자 한다.

본 연구는 국제결혼을 한 이주여성들이 한국사회에서 경험하는 적응과 관련된 특성이 무엇인지 알아보고, 이들을 돕기 위해 심리·사회적인 측면에서 적응과 부적응을 이해할 수 있는 틀을 제

---

16) Winton, C., *Frameworks for studying families*(Guilford, CT; Duskin Publishing Group, 2003).

17) Bernard S.(et al.), *The Psychology of religion: an empirical approach*(New York: The Guilford press, 2003).

18) 윤형숙, Ibid., (2005), 306.

공하고자 한다. 따라서 국제 결혼한 이주여성들의 다양한 특성들이 심리·사회적인 적응 여부에 따라 어떠한 조합으로 결합하는지, 이주여성의 심리·사회 적응과 부적응에 영향을 미치는 요인들을 구체적으로 도출해 내고, 다양하고 복잡한 특성들 간의 결합, 즉 어떤 특성이 다른 어떤 특성들과 결합하여 적응과 부적응의 유형으로 나타나는지를 체계적으로 알아보고자 한다.

본 연구에서는 연구방법으로 불리언대수를 이용한 질적 비교분석(Qualitative Comparative Analysis: fs / QCA[19])을 적용하고자 한다. 본 연구 방법은 결과변인을 산출하는 원인변인들이 어떤 조합들로 결합하는지를 밝히고, 이론적 인수분해를 통해 주요 변인들을 발견해 내며, 다중결합적 인과관계(multiple causality)에 대한 검토와 설명을 가능하게 한다.

이러한 목적을 달성하기 위해 다음과 같은 고찰을 하고자 한다.

첫째, 국제결혼 이주여성들이 한국사회에 적응하고 있는 적응 특성들이 어떠한 조합으로 결합하는지를 알아보고, 적응 유형의 주요 요인은 무엇인지를 찾아내어 제시한다.

둘째, 국제결혼 이주여성들이 한국사회에서 적응에 어려움을 겪는 적응 특성들이 어떠한 조합으로 결합하는지를 알아보고, 부적응 유형의 주요 요인은 무엇인지를 찾아내어 제시한다.

셋째, 국제결혼 이주여성들의 한국사회 적응과 부적응의 유형에 따라, 보다 잘 적응할 수 있도록 부적응을 감소하고 예방할 수 있는 구체적이고 실질적인 사회복지적 실천 방안을 제시한다.

---

19) Charles Ragin and Sean Davey, *"User's Guide to Fuzzy-Set/Qualitative Comparative Analysis"*(Department of Sociology University of Arizona, 2006).

이러한 연구결과를 토대로 하여, 국제결혼 이주여성들이 한국사회에서 적응과정에서 겪는 어려움을 이해하고, 이들의 적응을 돕는 데 기여하고자 한다. 이들 국제결혼을 한 이주여성의 적응 유형에 따라 개인의 특성에 따른 개입과 체계적이고 차별적인 서비스를 제공할 수 있기 때문이다.

본 연구의 의의는 다음의 세 가지 측면에서 살펴볼 수 있다.

첫째, 연구 결과의 내용 측면이다. 국제결혼 이주여성의 심리적, 사회적 적응의 유형에 따른 특성들의 결합들을 알아보고, 이를 통해 국제결혼 이주여성의 이해의 틀을 제공함으로써, 이주여성 관련 연구의 기초자료에 기여한다.

둘째, 연구방법의 적용 측면이다. 국제결혼 이주여성의 한국사회 적응과 부적응의 유형을 밝히기 위해 정성적 연구와 정량적 연구의 장점을 결합한 새로운 통합적 비교방법을 채용하였다는 점이다.

셋째, 사회복지 현장의 실천적 개입 측면이다. 불리언대수법을 이용한 질적 비교방법의 결과에 따라 사회복지 현장에 적용하고자 한다. 이주여성들의 적응에 대한 이해와 전체적 맥락에서 파악된 연구결과를, 현장에서 체계적이고 구체적인 개입전략을 통해 효과적인 지원방안을 마련하는 데 기여한다.

본 연구 결과의 한계는 다음과 같다.

첫째, 조사대상이 중소도시의 한 지역에 한정되어 있고, 국제결혼을 한 이주여성으로서 한국어 교육에 참여하고 있는 이주여성인 점으로 인해 일반화의 정도가 제한적이다.

둘째, 조사대상이 이주여성으로 한정되어 있어, 이들이 한국사회에 적응해 나가는 데 영향을 미치는 가족구성원이 제외되었다는 점으로, 이주여성의 적응을 가족 내 환경 속에서 상호작용을 통해서 충족된다고 볼 때, 이주여성의 주관적인 경험에 대한 질적 비교분석 조사대상에 대한 한계가 있다.

2. 국제결혼 이주여성의 적응모델

1) 적응의 개념

적응(適應, adjustment)이란 사전적 의미로 '개체가 환경에 대하여 적합한 행동이나 태도를 취하는 것'을 말하는 사회학 용어로 개체가 환경적 조건에 점차 익숙해져 가는 것을 순응(順應, adaptation)이라고 하여 구별하는 것이 보통인데 적응과 순응을 동의(同義)로 쓰기도 하고, adaptation을 적응이라 번역하는 수도 있다. 어느 경우든 인간의 경우에는 사회생활을 영위해 나가는 데 있어서, 단지 자연환경에 적응할 뿐만 아니라, 집단·사회 시스템·인간관계 등의 사회적 환경, 나아가서는 그 산물로서의 문화환경에도 적응해 나가지 않으면 안 된다. 특히 이러한 면을 가리킬 때에는 '사회적 적응'이라 한다. 이에 반해 부적응(maladjustment)은 '사람이 자기가 처해 있는 환경과 조화적인 관계를 이루지 못하는 상태'를 일컫는다.[20]

그러나 현대에 학자들은 적응의 개념을 확장하여 다양한 정의를

<hr>

20) 『두산백과사전』 EnCyber & EnCyber.com, www.encyber.com/

내리고 있다.

Hannigan[21]은 적응(adaptation)에 있어서의 실제적 문제(언어 습득, 도시나 음식, 역사적 인물의 이름을 인식할 수 있는 것, 본질적인 관습이나 사람들의 습관에 대한 살아 있는 지식을 지니는 것 등)로서 문화적 적응(cultural adjustment)이라는 말을 선보였다. 이러한 것들은 지식의 획득과 관련된 것을 다루는 것으로서 정서적이거나 행동적인 요인을 고려하지 않는 지식적 견해를 함축한다. 이에 반해서 Gibson[22]은 문화적응이란 '두 문화 간의 계속적이고 직접적인 접촉의 결과로 생긴 변화로서, 정치, 경제, 기술, 언어, 종교, 사회제도의 변화와 대인관계와 심리 내적인 변화'를 말한다.

급격한 인구 이동의 결과 이질적인 문화 사이의 접촉이 이루어지고 거기에서 일어나는 반응들이 생기게 된다. 이 반응을 문화변천(acculturation)이라고 하는데 초기에 두 문화집단 간의 접촉으로 일어나는 문화변천을 뜻하는 것이었으나,[23] 문화변천을 겪고 있는 집단에 속한 개인들의 변화도 문제시해서 이를 심리적인 문화변천(psychological acculturation)이라고 말한다.[24]

Graves는 집단수준의 현상으로서의 문화적응(acculturation)과 개인수준의 현상으로서의 심리적 문화적응(Psychological acculturation)

---

21) Hannigan, Ternce P. "Traits, attitudes, and skills that are related to intercultural effectiveness and their implications for crosscultural training: A review of the literature", International Journal of Intercultural Relations(1990), 14, 89 - 111.

22) Gibson, M. A., "Immigrant adaptation and patterns of acculturation, Human Development"(2001), 44, 19 - 23.

23) Redfield, R., Linton, R. & Herskovits, M. J. "Memorandum on the study of acculturation. American Anthropologists"(1936), 38, 149 - 152.

24) Graves, T. D. "Psychological acculturation in a tri - ethnic community. Southwestern J. Anthropology"(1967), 23, 337 - 350.

을 구분하였다. 문화적응(acculturation)이라 함은 새로운 문화를 접한 결과 나타난 집단의 문화적 변화를 말하고, 심리적 문화적응(Psychological acculturation)과 적응(adaptation)은 개인의 심리에 일어나는 변화를 일컫는다. 그러나 심리학에서 문화적응에 대한 연구가 폭넓게 이루어지면서, 최근에는 문화적응(acculturation)이라는 용어를 집단수준과 개인수준을 가리지 않고 일반적으로 사용하고 있다. 심리학적으로 적응이란 '주변 환경 속에서 살아남기 위한 각 개인의 투쟁'이라 할 수 있으며,[25] 사회학적으로는 '개인을 둘러싼 사회 환경으로부터의 기대, 요구 등에 개인의 행동을 맞추어 가는 것'으로 정의될 수 있다.[26]

한편, Berry[27]는 용어의 의미상으로 문화적응이라는 개념이 두 집단 모두에서 중립적으로 발생하는 것처럼 보이지만, 실제적으로는 두 집단 중 어느 한 집단이 다른 집단에 비하여 더 많은 변화를 유도하는 의미로 사용된다고 주장한다. 그러나 심리학자들이 이 분야에 관심을 가지게 되면서 문화적응은 정서적, 행동적, 인지적 측면을 포함한 개인수준에서의 변화로 개념화되었다. Berry[28]는 용어는 같이 쓰더라도 문화적응 연구에서 개인수준과 집단수준을 혼동하지 않는 점이 중요하다고 지적하였다. 집단이 문화적응을 해 나가는 과정에서 모든 개인의 경험이 같거나 참여의 정도가 같은

---

25) Lazarus, R., *Patterns of Adjustment*(Tokyo: McCraw-Hill Kogakusha, Ltd., 1976).

26) 변시민, 『사회학개론』(서울: 박영사, 1988).

27) Berry, J. W. "Psychology of acculturation; Understanding individuals moving between culture", In R. Bridlin(ed), Applied cross-cultural psychology(Newbury Park, CA; Sage, 1990), 232-253.

28) Berry, J. W. "Immigration, Acculturation and Adaptation. Applied Psychology", An International Review(1997), 46, 5-34.

것은 아니기 때문이다.

Grove와 Torbiorn[29]은 적응에는 사회적인 것과 인지적인 것의 두 가지 차원이 있음을 설명했다. 적응이란 행동의 사회적 적응성(social applicability of behavior)으로서 다른 사람과의 상호작용 과정에서 원하는 성과에 성공적으로 도달할 수 있는 능력이라고 표현했으며, 인지적인 적응은 환경에 대한 자신의 견해가 '정확하고 완전하고 명백한 인식'이라고 표현했다.

또한 Camilleri와 Malewska – Peyre[30]의 불어권 연구자는 상호문화화(interculturation)라는 용어를 사용하기도 한다. 이는 '문화 간 접촉 상황에서 문화적 다양성이 구성되는 것'으로 정의하는데, 전반적으로 문화적응(acculturation)과 비슷한 개념이지만 새로운 문화의 형성이라는 부분에 관심을 기울이는 것이 특징이라 할 수 있다.

적응이란 많은 연구에서 기술하였듯이 개인이 자신의 삶의 상황에 대해 가지는 광범위한 태도에 관한 것이다. 적응을 측정하는 척도는 연구마다 매우 다르다. 어떤 연구에서는 참여자들이 자기 자신의 의미를 추론하도록 하여, 직접 새로운 생활의 다양한 측면에서의 적응의 정도에 대한 연구가 있다.[31] 또 다른 연구에서는

---

29) Grove, C. J. and I. Torbiorn, "A New Conceptualization of Intercultural Adjustment and the Goals of Training", International Journal of Intercultural Relations(1985), 9, 205 – 233.

30) Camilleri, C. and Malewska – Peyre, H. *Socialization and identity strategies*. In J. W. Berry, P. R. Dasen and T. S. Saraswathi(eds), *Handbook of cross – cultural psychology*, Vol.2. *basic processes and human development*(1997), 41 – 67, Boston; Allyn & Bacon.

31) Black, J. S. and G. K. Stevens, "The influence of the spouse on expatriate adjustment and intent to stay in overseas assignment, Academy of Management Best Papers Proceedings"(1989), 101 – 105; Harvey, M. G, *The selection of managers for foreign assignments: A planning perspective*, Columbia Journal of World Business(1996), 31(4), 102 – 119; Wiese, Deborah L., *Psychological well –*

참여자들에게 일상생활에 대해 얼마나 안락하게 느끼는지에 대한 연구도 있다.[32] 이런 연구들은 적응에 대해 포괄적인 개념을 담고 있지는 않다. 이것은 일상에서 주어진 과제와 관련한 일차원적인 개념에 그치고 있다.

다른 문화권으로 이동해서 살게 될 때 겪는 변화의 과정과 결과에 대한 초기의 연구들은 문화적응 과정의 단계에 초점을 맞춘 것이 많았다. 그중에 가장 널리 알려진 Oberg[33]의 문화충격(culture shock) 이론은 타 문화에 체류하면서 경험하는 정서적 반응을 네 단계로 분류하였다. 첫째, 밀월(honeymoon) 단계로, 새로운 문화와 만나서 황홀, 감탄, 열정을 느끼는 시기이고, 둘째, 위기 단계로서 좌절, 불안, 분노, 부적절함 등을 느끼는 단계이다. 셋째, 회복 단계로서 위기를 해결하고 문화를 배워 나가는 시기이고, 마지막은 적응 단계로서 새로운 환경을 즐기고 기능적으로도 유능해지는 단계이다.

보통 이민과 같은 급작스런 환경의 변화, 또 환경이 바뀐 것은 아니나 감옥이나 군대와 같이 폐쇄 사회에 속하게 될 경우, 또 실업, 장애, 사별과 같이 갑자기, 그리고 전적으로 환경이 바뀌어 버릴 경우, 이렇게 고착된 가치들과 그 가치 여과기를 통과하는 행동에는 변화가 발생된다.[34] 이런 변화된 환경에 적응하는 과정에

---

being and social engagement of expatriate spouses during international relocation, Unpublished doctoral dissertation(University of Wisconsin - Madison, 2004).

32) Shaffer, M. A., and D. A. Harrison, "Expatriates Psychological Withdrawal from International Assignments: Work, Nonwork, and Family Influences", Personnel Psychology(1998), 51(1), 87 - 111.

33) Oberg, K., "Cultural shock: Adjustment to new cultural environment. Practical Anthropology"(1960), 7, 177 - 182.

대한 분석에 있어서 Lysgaard[35]의 U곡선 이론이 가장 먼저 그리고 가장 애용되는 분석틀이다. Oberg[36]를 비롯하여 문화적응 과정에서 겪는 단계에 초점을 맞춘 초기의 이론들은 적응의 과정이 초기의 감탄, 이후의 좌절, 점차적인 적응의 U-curve를 따른다고 보았고, 각 단계에 걸리는 시간을 경험적으로 밝혀내려는 시도도 하였다.

또한 Gordon[37]은 이민자들의 사회적응에 관한 이론을 문화적 동화와 구조적 동화의 개념을 정교화하여 여섯 가지 적응단계를 설정한다. ① 문화적응(acculturation) 과정으로서 새로운 환경에 접속하여 문화적 규범에 적응하는 단계이다. ② 구조적 동화(structural assimilation) 과정으로서 새로운 사회의 경제, 제도적인 구조를 수용하는 단계이다. ③ 병합(amalgamation) 과정으로서 새로운 사회의 관습과 제도에 통합되는 과정이다. ④ 동일시(identification assimilation) 과정으로서 새로운 사회에 정서적 유대를 형성하는 단계이다. ⑤ 태도와 가치관의 동화(attitudinal assimilation) 과정으로서 기존 시민의 태도, 신념, 가치관과 일치하는 단계이다. ⑥ 행동의 동화(behavioral assimilation) 과정으로서 기존사회의 일원으로 완전히 합치되는 단계이다

Grove와 Torbiorn[38]은 적응이 잘되어 있고 사회적으로 숙련된

---

34) 독고순, 「비교 문화적 관점에서의 탈북 주민 적응 연구」(미간행 박사학위논문, 연세대 대학원, 2000).

35) Lysgaard, S., "Adjustment in a foreign society: Norwegian Fulbright grantees visiting the united states", International Social Science Bulletin(1955), 7, 45-51.

36) Oberg, K., Ibid.

37) Gorden, M. M. *Assimilation in America Life*(New York: Oxford University Press, 1964).

38) Grove, C. J. and I. Torbiorn, Ibid.

사람이 갑자기 익숙지 않은 환경에 놓이게 될 경우, 특히 자신의 이전의 환경과 현격히 대조되는 환경에 놓이게 될 경우의 특징들을 대조적으로 제시하고 있다. 잘 적응되어 있고 사회적으로 숙달된 사람은 그들의 습관적인 행동 유형이 사회적으로 용인되는 것은 물론, 서로 비슷한 문화권의 사람들과 교류하는 과정에서 종종 바람직한 결과를 낳는다는 측면에서 상호 간 효과적인 것이 된다. 즉, 이 사람의 행동 적응성(applicability of behavior)은 매우 높다. 그러나 적응이 잘되어 있고 사회적으로 숙련된 사람이 갑자기 익숙지 않은 환경에 놓이게 될 경우, 특히 자신의 이전의 환경과 현격히 대조되는 환경에 놓이게 될 경우, 시간의 변화에 따른 심리적 개념 구성물의 4단계 변화를 나타낸다. 적응 단계를 그래프로 나타내면, 초기 1단계와 4단계는 높은 적응의 수준을 나타내며, 2단계는 가장 낮은 단계로서 U자 형의 포물선을 아래로 그리는 가장 긴 단계를 나타낸다. 사전에, 그리고 적응기간 내에 어떠한 적절한 오리엔테이션이나 훈련을 받지 못한 경우에, 이 중 2단계는 대부분의 체류자에게 매우 고통스러운 기간으로, 다양한 심리적 증상들(합리화, 투사, 회피, 과잉)과 대응 패턴이 나타난다. 1단계는 일종의 도취 단계로서 정신적 준거틀의 명료성은 단순한 적응 수준 이상에서 유지되고 있다. 자신의 정신적 준거틀의 정확성에 대한 확신이 있는 한 그 국가의 명백하게 다른 행위 유형들을 환상적이라든가, 기묘하다든가, 신비롭다든가 하는 식으로 초연한 입장에서 바라볼 수 있다. 그러나 2단계는 문화적 충격 단계로서 이 기간에는 적응성뿐만 아니라 명료성까지도 적절하지 못한 상태가 된다. 이 단계는 낮은 적응성의 부정적인 영향력이 정신적 준거틀의 명료성에 대한 확신에 의해 더 이상 완화되지 못하기 때문에 문화적 충격 상태와 관련된다. 초연한 것이 불가능해지고, 깊이 혼돈되어 있다. 이 단계는 4단계 중 가장 길다. 이러한 단계는 점진적 회복 단계인 3단계로 전환된다. 이 기간은 문화적 충격으로부터 점진적으로 회복되는 기간이다. 끝으로 문화 적응 완성 단계로 접어들면, 타 문화에 대한 갈등 및 이질감이 없을 정도로 적응되어 간다.[39]

Berry와 Berry 등[40]은 다음의 <그림 1-1>에서 적응의 유형과 과정을 함께 나타내고 있다. 접촉 이전, 접촉, 갈등, 위기, 적응의 다섯 단계에서 문화적, 행동적 변화의 상대적 정도가 어떠한가를 보여 주면서, 4개의 적응 유형을 구분하고 있는데, 전체 사회 차원에서의 가치 판단을 배제한다면, 주변화를 제외하고는 동화나 통합, 분리 모두 정착된 적응의 형태로 보아야 한다.

---

39) Grove & Torbiorn, Ibid.

40) Berry, J. W. & Kim, U. *Acculturation and mental health in Dasen, P., Berry, J. W. & Satorius, N.(eds.). Health and Cross-cultural Psychology; Towards Applications*(London, Sage, 1988).

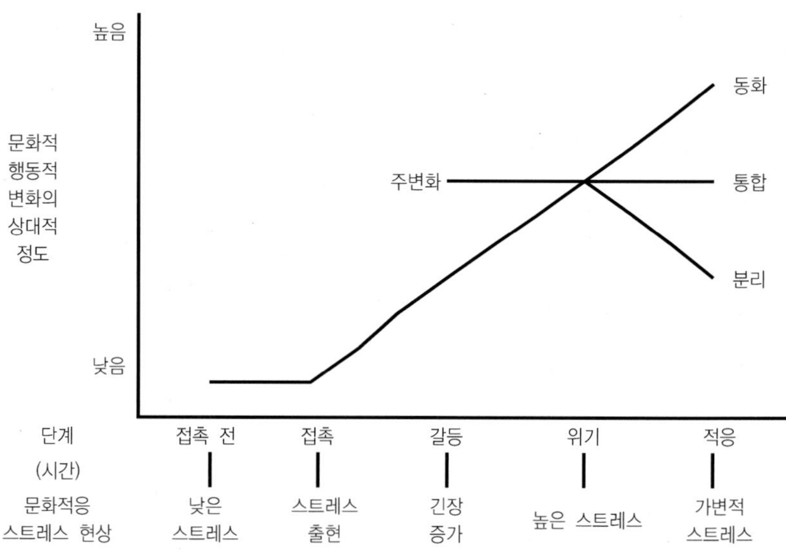

출처: Berry, J. W. & Kim, U. C. Acculturation and mental health. In – Health and Cross – cultural Psychology(eds.). By Dasen, P. R., Berry, J. W. & Sartorius, N. Newbury Park, Sage(1988).

〈그림 1 – 1〉 문화적응의 단계와 유형

이에 대해 최근의 연구[41]에서 네 가지 문화적응 전략의 존재와 이 두 가지 차원의 존재에 대해서 지지했다. 그들은 행동에 상호 작용 행동을 구분하는 차원이 있다는 것을 실험을 통해 발견했다.

한편 하나의 문화적응 전략을 선호하는 것은 상황과 시기에 따라 달라지기 때문에 다음의 세 가지 면에서의 이해가 요구된다. 첫째, 특정 전략을 시종일관 선호한다고 하더라도 개인이 어디에 속했느냐에 따라 변화가 있을 수 있다. 보다 사적 측면이나 영역 (예를 들면 집, 확대가족, 민족 지역사회)에서는 공적 영역(예를 들면 직장, 혹은 정치적)에 비해 문화 유지가 보다 더 추구될 수 있

---

41) Ryder, A. L. Alden, and D. Paulhus. "Is Acculturation Uni – dimensional or Bi – dimensional?", Journal of Personality and Social Psychology(2000). 79, 49 – 65.

다. 보다 더 큰 영역인 국가적 맥락에서도 문화적응 전략에 영향을 줄 수 있다. 명백한 다문화 사회에서는 통합에 대한 선호를 정책과 결합시킬 수 있으며, 동화주의를 추구하는 사회에서는 동화전략을 선택함으로써 문화적응이 쉬워질 수 있다. 즉 사람들은 전략을 선택함에 있어 역할이 매우 제한되는 정도로까지 강요당할 수 있다.

둘째, 발달과정 동안(심지어 인생의 거의 마지막까지) 사람들은 다양한 전략을 탐구하다가 결국 다른 전략보다 유용하고 만족스러운 하나에 정착한다. 그러나 각각의 전략이 사용되는 순서나 시기에 대해서는 알려진 바가 없다.

셋째, 개인이나 집단이 선호하는 문화적응 전략은 주류사회로부터 허용된 것일 수도 있고 혹은 아닐 수도 있다. 예를 들면, 명백한 동화정책주의자 사회에서는 통합전략의 채택은 단일한 문화와 정체성을 증진시키고자 하는 국가의 이념으로 인해 압박을 받을 수 있다. 그러나 자신의 문화 정체성을 보유하는 것은 현지사회에의 의무를 감소시키는 것이 아니라는 증거가 있다.[42]

이주자 관련 문헌에서 적응 유형으로는 Berry[43]의 4가지 적응전략이 가장 많이 인용되고 있으며 유력한 이론으로 존재하고 있다. 이외에도 Markovic과 Manderson[44]은 이주자의 적응에 대한 세 가

---

42) Berry, J. W. and R. Kalin, "Multicultural and Ethnic Attitudes in Canada", Canadian Journal of Behavioral Science(1995), 27, 310-320; Gudykunst, W. and M. H. Bond, "Intergroup Relations Across Cities"(1997), 119-161. in handbook of Cross-Cultural Psychology, Volume 3(2), Edited by Berry, Segall and Kagitcibasi. Boston: Allyn & Bacon.

43) Berry, J. W. & Kim, U., Ibid., (1988).

44) Markovic, M. and L. Manderson, "Nowhere is at Home: Adjustment Strategies of Recent Immigrant Women from the Republics in Southeast Queensland", Journal

지 유형을 제시하였다. 첫째, 상실 지향적(loss oriented)으로 거주국가에서 그들 삶의 불이익에 초점을 맞추는 것이다. 둘째, 양가적(ambivalent)으로서 이는 이주로 인한 불이익을 능가하는 이익에 대해 불확실한 것이라는 입장이다. 셋째, 미래지향적으로서 이민 후에 얻게 되는 이익이 이민으로 인한 불이익을 능가한다고 믿는 것이다. 이들은 적응이란 이주 전 사회적 불평등, 이민지원(피난민인가 혹은 자발적인 이민인가), 그리고 거주 국가의 사회적 자본과 사회적 압박을 포함한 복합적인 과정이라고 주장한다. 그래서 이주자의 적응유형은 사회계층 배경보다는 이주자의 목표나 꿈의 달성(취업, 사회적 연계망 등)으로 인한 것일 수 있다고 주장한다.

초기의 논의들은 문화가 다른 사람들 사이의 충돌을 감소시키거나 없애기 위한 방법으로 이주한 사람이 수용국의 문화에 동화하는 것이 가장 바람직하다고 여겼지만, 그것은 단순히 문화 간 차이를 해소하면 된다는 발상에서였다. 그러나 최근의 논의들은 문화적 다양성이란 것을 없애야 할 것이 아니고 오히려 적극적으로 지원하고 향유해야 할 자산으로 여기고, 이주자가 수용국에 일방적으로 동화되기보다는 양방의 변화를 통한 상호 통합이 바람직한 방향이라는 시각을 가지게 되었는데, 이것은 문화적응 분야의 큰 발전으로 볼 수 있다. 왜냐하면 인류의 문화적 다양성을 인정하고 이주자가 자신의 정체성을 지킬 수 있는 인권을 옹호하는 방향으로 시각이 변화된 것이기 때문이다. 이 변화는 이념적 지향에 따른 논리의 변화만이 아니고, 경험적 연구결과에 기초하였다는 점에서 그 의의를 더한다. 문화적응의 다양한 유형이 심리적, 사회적으

<hr>

of Sociology(2000), 36(3), 317 - 326.

로 어떠한 결과를 낳는지를 경험적으로 밝혀내 가면서 이론적 틀
이 더욱 강화된 것이다.[45]

2) 문화적응 모델

개인이나 집단은 새로운 문화와 접촉하게 될 때 사회문화적 적
응과 심리적응상의 변화를 경험한다. 타 문화 적응에 있어서 사회
문화적 적응과 심리적 적응은 두 가지 중요한 차원의 개념으로 간
주되며, 이 두 영역은 서로 연관되어 있다.[46] 심리적 적응은 주로
심리적 안녕, 정신적 건강과 연관되며, 사회문화적 적응은 새로운
환경에 효과적으로 대처하기 위한 문화학습의 행동적, 인지적 요소
들로 구성된다.[47] Ward[48]는 사회문화적 적응에 있어서 문화학습
적 접근에 의하여 문화기술의 습득, 변화를 시도하는 행동차원의
적응, 이문화 간 상호작용의 의미를 강조하였다. 반면에 Lin 등[49]

---

45) 정진경 · 양계민, 「문화적응이론의 전개와 현황」, 한국심리학회지: 일반(2004), 제23권 제1
   호, 101 – 136.
46) Searle, W. & Ward, C. "The Prediction of Psychological and Sociocultural
   Adjustment during Cross – Cultural Transitions", International Journal of Intercultural
   Relations(1990), 14, 449 – 464; Ward, C., Bochner, S. & Furnham, A. *The
   Psychology of culture Shock*(East Sussex: Routledge, 2001); Ward, C. &
   Kennedy, A. "Locus of Control, Mood Disturbance, and Social Difficulty during
   Cross – cultural Transitions", International Journal of Intercultural Relations(1992),
   16, 175 – 194.
47) Ward, C., Bochner, S. & Furnham, A., Ibid., (2001).
48) Ward, C. *Models and Measurement of Acculturation*, In W. J. Lonner, D. L.
   Dinnel, D. K. Forgas & S. Hays(eds.), *Merging Past, Present and Future*(1999),
   221 – 230. Lisse, The Netherlands: Swets & Zeitlinger.
49) Lin, K. M., Masuda, M. & Tazuma, L. "Adaptational Problems of Vietnamese
   Refugees. Part Ⅲ. Case studies in clinic and field: Adaptive and maladaptive",
   The Psychiatric Journal of University of Ottawa(1982), 7, 173 – 183.

은 사회문화적 적응을 문화적응의 하위범주 중 하나로 간주하였으며, 새로운 정착지의 언어적·비언어적 의사소통 방법을 배우고 미묘한 문화적 기준, 새로운 가치방향을 습득하는 것이라고 주장하였다.

Berry와 Sam[50]은 이주자의 사례를 이용하여 연구된 기존의 문헌에서 발견될 수 있는 광범위한 변인들의 목록을 모아서 <표 1-1>과 같이 제시하였다.

〈표 1-1〉 심리적, 사회문화적 적응에 영향을 주는 구체적인 요인들(집단 차원)

변 인	구체적인 요인
원사회	민족지학적 특성(예: 언어, 종교, 가치) 정치적 상황(예: 갈등 내전, 억압) 경제적 상황(예: 빈곤, 불균등, 기아) 인구통계학적 요인(예: 혼잡성, 인구 폭발)
정착사회	이주 역사(오래됨 대 최근) 이주 정책(의도적 대 우연적) 이주에 대한 태도(우호적 대 비우호적) 특정집단에 대한 태도(우호적 대 비우호적) 사회적 지지(이용가능성, 유용성)
집단 문화적응	문화적응 집단에서의 변화 -물리적 변화(예: 시골에서 도시로) -생물학적 변화(예: 영양, 질병) -경제적 변화(예: 지위 상실) -사회적 변화(예: 고립) -문화적 변화(예: 의복, 음식, 언어)
문화적응에 선행하는 조정 요인	인구통계학적 요인(예: 연령, 성별, 교육) 문화적 요인(예: 언어, 종교, 거리감) 개인적 요인(예: 건강, 사전 지식) 이주동기(예: 미는 요인 대 끄는 요인) 기대감(예: 과도함 대 현실감)

---

50) Berry, J. W. & Sam, D. *Acculturation and Adaptation*. In J. W. Berry, M. H. Segall & C. Kagitcibasi(eds.), Handbook of Cross-Cultural Psychology(Boston: Allyn and Bacon, 1997).

변 인	구체적인 요인
문화적응 과정에서 발생하는 조정 요인	문화적응 전략(동화, 통합, 분리, 주변화) 접촉과 참여 문화적 유지 사회적 지지(인정과 이용) 대처전략과 자원 편견과 차별

출처: Berry, J. W. & Sam, D. *Acculturation and Adaptation*. In J. W. Berry, M. H. Segall & C. Kagitcibasi(eds.), Handbook of Cross-Cultural Psychology(Boston: Allyn and Bacon, 1997), 301.

여기서 원사회와 정착사회, 집단 문화적응과 관련된 것은 하나의 개념적 모델에서 포함될 수 있는 내용이지만, 실제 연구에 포함시키기는 쉽지 않다. 그 주된 이유는 이 요소들이 한 이주민이 가지고 있는 속성이 아니라 사회라는 집단이 가지고 있는 것이기 때문이다. 실제로도 이러한 점을 반영하여 집단 간 관계와 문화적응 과정 간의 관계에 대해 체계적으로 연구한 경우는 거의 없다.

따라서 해당 문화적응 현상을 연구하기 위해서는 해당 문화에서 이루어진 문화 간 차이와 문화적응 과정에 대한 선행연구 결과를 간접적으로 감안할 수밖에 없다. 그리고 여기서 얻어진 주된 내용을 중심으로 모델을 재구성하여 연구가 이루어져야 한다.[51]

그리고 심리적 문화적응의 결과로서의 지표가 어떻게 측정되어야 하는지에 대해 Berry 등[52]은 <표 1-2>와 같이 제시하였다.

---

51) 채정민, 「북한이탈주민의 심리적 문화적응 기제와 적응행태」(2003), 22.

52) Berry, J. W. & Sam, D. Ibid., (1977).

<표 1-2> 심리적, 사회문화적 적응에 영향을 주는 구체적인 요인들(개인적 차원)

변 인	구체적인 요인
행동변화	문화학습(예: 언어, 음식, 의복, 사회적 규범) 문화 버리기(예: 사회적 규범 변화, 성별에 대한 태도변화) 문화갈등(예: 부조화, 집단 간의 다툼)
문화적응 스트레스	문제평가 스트레스 요인 스트레스 현상(예: 심리적 불안, 정신적 불안)
정신병리학	문제 위기 병리적 현상(예: 우울, 정신분열증)
심리적 적응	자존감 정체감 강화 안녕감과 만족
사회문화적 적응	문화적 지식, 사회기술 대인관계와 집단 간 관계 가족과 공동체 관계

출처: Berry, J. W. & Sam, D. *Acculturation and Adaptation*. In J. W. Berry, M. H. Segall & C. Kagitcibasi(eds.), Handbook of Cross-Cultural Psychology(Boston: Allyn and Bacon, 1997), 301-302.

그는 행동변화, 문화적응 스트레스, 정신병리, 심리적 적응, 사회문화적 적응을 심리적응의 결과 지표로서 측정하여야 한다고 하였다. 그런데 그는 한 연구에서 이 모든 변인을 한꺼번에 측정하는 것은 무리가 따르므로 적용할 수 있는 조건에 따라 가장 적합한 변인을 선택하여 사용할 수 있다고 하였다.[53]

앞에서 언급한 적응과 관련한 많은 연구들은 그 대상이 체류자의 적응경험(예: 외국인 학생, 국제적인 사업을 하는 사람, 해외근무자 부인, 외교관 등)에 기반 한 것이며, 이주자를 대상으로 한 것이 아니라는 점이 한계로 지적된다. 이주자나 체류자는 둘 다 자발적으로 새로운 문화에 접촉하지만 새로운 사회에 영구적으로

---

53) 채정민, Ibid., 23-24.

정착하는 면에서는 다르다. 체류자는 짧은 기간 머무르지만 이주자
는 새로운 사회에 영구적으로 거주할 의도를 가지고 있다.[54] 그러
므로 중요한 변수는 본 연구의 대상인 국제결혼 이주여성의 것과
많은 차이가 있을 것으로 본다.

문화 간의 적응을 정의하는 문제는 문화 간의 이행과 적응에 관
한 이론과 연구의 합성을 위한 이론적 틀을 제공하고자 했던 워드
와 그의 동료들에 의해 충분히 논의되었다.[55] 이들은 이주자 적응
의 두 가지 기본적인 유형을 구체화하였다. 첫째는 심리적 적응으
로서 이는 심리적인 안녕감 혹은 정서적인 만족감과 연관이 있으
며, 둘째는 사회문화적 적응으로서 '적합함(조화를 이룸)'을 위한
능력 혹은 주류사회의 환경에 협상적으로 상호 작용하는 능력을
말한다. 아울러 이들의 연구에서는 심리적 그리고 사회문화적 적응
이 서로 관련이 있지만, 개념적으로나 경험적으로는 구분된다는 것
을 보여 준다. 예들 들면, 심리적인 적응은 성격, 사회적 지지, 그
리고 생활의 변화에 의해 크게 영향을 받지만, 사회문화적 적응은
문화간격, 주류사회의 사람들과의 접촉의 양, 그리고 문화적 지식
에 의해 보다 강하게 영향을 받는다.

Ward와 Kennedy[56]는 심리적 적응은 스트레스와 대처 준거를 안

---

54) 구차순, 「결혼이주여성의 적응에 관한 근거이론연구」(미간행 박사학위논문, 부산대학교 대
    학원 , 2007), 29.

55) Searle, W. and C. D. Ward, Ibid., (1990); Ward, C. and A. Kennedy, Ibid.,
    (1992); J. W. Berry, "Globalization and acculturation", International Journal of
    Intercultural Relations(2008), 32, 328 – 336.

56) Ward, C. & A. Kennedy. "Crossing Cultures: The Relationship Between Psychological
    and Sociocultural Dimensions of Cross – Cultural Adjustment"(1996), 289 – 306. In
    Asian Contributions to Cross – Cultural Psychology, edited by J. Pandey, D. Sinha
    and D. P. S. Bhawuk. New Delhi: Sage.

에서 가장 잘 이해될 수 있으며, 사회문화적 적응은 문화학습 전통 안에서 보다 적절하게 이해된다고 하였다. 이와 같이 U-곡선 이론과는 다른 이론적 기반을 가지고 있으므로 시간상의 다른 적응 유형이 예상된다. 사회문화적으로 가장 심한 어려움 역시 진입시기일 것으로 예상된다. 이 시기는 이주자가 주류사회의 문화에 대해 가장 익숙하지 않을 때이다. 역시 구성원들과 의미 있는 상호관계 경험이 한정되어 있다. 적응 문제는 초기에 현저하게 떨어져서 시간이 흐를수록 가벼운 정도로 감소한다. 문화학습 전통에서는 그 문화 고유의 기술 습득은 학습곡선을 따르는 것으로 예상한다. 이에 따르면 이주자에게는 초기에 경사가 가파르다가 시간이 흐르면서 완만해진다.

문화적응의 대표적인 연구자인 Berry[57]는 문화적응 과정에서 발생하는 심리와 행동상의 변화를 이해하기 위한 일반적인 틀을 고안하였는데, 그는 문화적응을 문화적 차원과 심리적 차원으로 구분을 하여 <그림 1-2>와 같이 제시하였다.

먼저 문화적인 차원에서 볼 때, A와 B 문화를 갖는 집단의 특징들에 대한 이해가 선행되어야 하며, 그들이 어떤 방식으로 관계를 형성하는지를 알아야 한다. 개인적인 차원에서는 개인이 두 집단에서 경험하는 심리적인 변화와 궁극적으로 새로운 환경에 적응함으로써 발생하는 효과를 고려하여야 한다.

---

57) Berry, J. W., *Conceptual Approaches to Acculturation, Acculturation-Advances in Theory, Measurement, and Applied Research*. Chun, K., Organista, P., & Marin, G.(eds.)(Washington DC: American Psychological Association, 2002), 20.

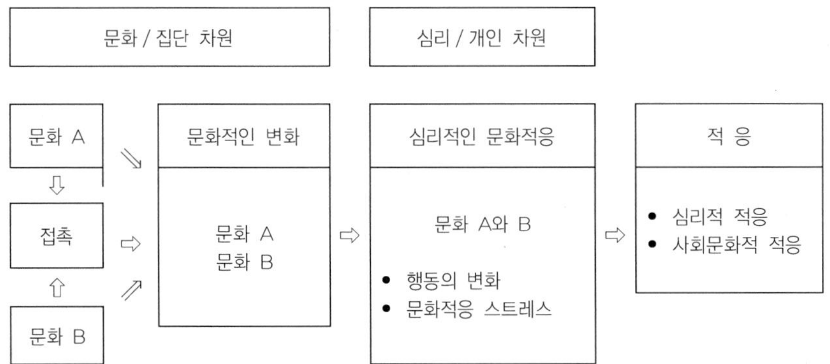

출처: Berry, J. W., *Conceptual Approaches to Acculturation, Acculturation – Advances in Theory, Measurement, and Applied Research*. Chun, K., Organista, P., & Marin, G.(eds.)(Washington DC: American Psychological Association, 2002), 20.

〈그림 1-2〉 문화적응 이해의 틀

그는 문화적응을 다섯 단계로 설명하고 있는데, 첫째, 접촉 이전 시기(precontact phase)는 개인적 동기(실패, 좌절, 신경증적 욕구, 삶의 질 향상 등)와 사회적 요인(전쟁위협, 가난, 인구과밀 등)으로 이주를 결심하게 만드는 시기이며, 둘째, 두 개의 서로 다른 문화가 만나는 초기단계인 접촉시기(contact phase)는 새 문화에 접촉해서 문화적 변화와 행동의 변화가 시작되는 시기로, 이주자들은 새로운 스트레스에 직면하게 된다. 셋째, 이주자들을 받아들인 사회가 변화의 압력을 가해 문화적 압력이 개인·집단 간의 갈등을 야기하는 시기인 갈등기(conflict phase)는 정신 건강에 취약한 시기이며, 그 결과 이주민들은 정체감의 혼란을 경험할 수 있다. 넷째, 위기기(crisis phase)는 갈등기의 문제가 해결되지 않고 긴장과 갈등이 계속되어 정신적으로 건강하지 않은 상태가 되는 것이다. 후회와 좌절, 자살, 공격적인 행동, 가정불화, 술과 약물 남용 등의 현상이 일어날 수 있다. 다섯째, 적응기(adaptation phase)는 갈등기와 위기기를 넘기면서 문화에 적응하게 되는 시기이다. 이러한 문화적 응 과정은 반드시 정형화된 형태로 나타나는 것은 아니며, 그 사회의 문화와 개인의 욕구 및 노력에 달려 있다고 볼 수 있다.[58]

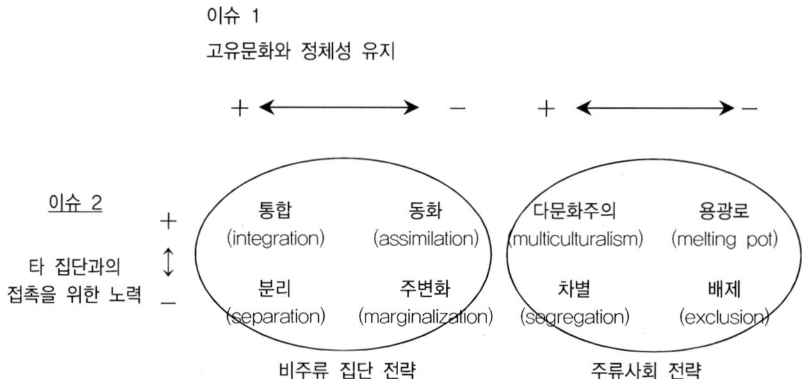

출처: Berry, J. W., "Acculturation Living successfully in two cultures" International Journal of Intercultural Relations(2005).

〈그림 1-3〉 민족문화집단과 현지사회의 두 가지 이슈에 의한 문화적응 전략

문화적응을 수행하는 데 있어 모든 개인과 집단이 똑같은 방법을 갖는 것은 아니다. 사람들이 어떻게 그 과정에 관여하는지에 대해서는 큰 차이가 있다. 이러한 차이들, 즉 문화적응 유형에 대해 Berry[59]는 문화적응 전략이라는 용어를 사용했다. 이런 전략들은 두 가지 구성요소로 되어 있다. 다문화의 일상에서 나타나는 태도(어떻게 문화에 적응할 것인지에 대한 개인의 선호)와 그리고

---

58) Berry, J. W. Ibid., (2002).

59) Berry, J. W., "Acculturation Living successfully in two cultures", International Journal of Intercultural Relations(2005), 29, 697-712.

행동(개인의 실제 활동)이다. 이런 문화적응 전략을 Berry는 <그림 1-3>에서 설명하고 있다.

Berry[60]는 비주류 집단의 문화적응 전략을 통합(integration), 동화(assimilation), 분리(separation), 주변화(marginalization) 네 가지 유형으로 구분하였다. 그리고 이 네 가지 문화적응 전략은 모든 문화에 적응하는 사람들이 직면하는 두 가지 기본적인 이슈에서 나왔다. 첫 번째 이슈는 다른 민족문화와 정체성 유지에 대한 상대적 선호이며, 두 번째 이슈는 다른 민족문화 집단과 함께 현지사회에 참여하고 접촉을 갖는 데 대한 상대적 선호이다. 이 두 가지 이슈에 관한 태도와 행동은 양극을 지닌 화살로 설명되는 두 개의 범위 내에 그려져 있다. 네 가지 전략을 정의하기 위해 일반적으로 긍정적(+) 혹은 부정적(-)인 방향의 교차로 설명한다.

왼쪽의 비주류 집단의 입장에서 개인들이 그들 문화정체성을 유지하고 싶어 하지 않으며, 다른 문화와 매일 상호 작용하고자 할 때, 동화전략이라 정의한다. 동화전략에서는 개인이 자신의 고유문화를 버리고 주류사회로 흡수되기를 더 원한다. 반대로, 개인이 그들의 고유문화를 유지하는 데 가치를 두고 동시에 다른 문화와 상호 작용하는 것을 회피하는 것을 분리(separation alternative, 분리대안)라고 정의한다. 여기에서는 사람들은 다른 문화집단과의 개입에 등을 돌리고 자신 고유의 문화 내부로 돌아간다. 다른 문화집단과 매일 상호작용을 하면서 자신의 고유문화도 유지하는 것으로 양쪽에 다 관심을 두면 통합이라 정의한다. 이런 경우 문화 본래의 모습이 어느 정도 유지되고 동시에 민족문화집단의 한 구성원으로서

---

60) Berry, J. W., Ibid., (2005).

더 큰 사회의 연계망의 통합된 부분으로서 참여하고자 한다. 마지막으로 고유문화 유지에 관심과 가능성이 거의 없을 때(종종 문화 상실을 강요받는 이유일 때가 많다.) 그리고 다른 문화들과 관계를 갖는 데 관심이 거의 없을 때(배제나 차별이 원인인 경우가 많다.) 주변화라고 정의한다.

이러한 공식은 비주류 집단의 사람들의 입장에서 만들어진 것이며, 또한 이러한 집단과 개인구성원이 어떻게 문화적으로 적응할 것인가에 대해 자유로이 선택할 수 있다는 것을 전제로 하였다. 그러나 이런 선택은 항상 현실에 맞지는 않는다. 주류집단이 특정한 유형의 문화적응을 배제하거나 혹은 비주류 집단이나 개인의 선택을 구속한다면 달라진다. 특히 통합은 주류사회가 문화적 다양성에 대한 지향이 개방적이고 포괄적일 때 비주류 집단에 의해 자유롭고 성공적으로 선택될 수 있다. 그리하여 통합을 획득하기 위해서는 상호 조화가 요구되며, 양 집단이 문화적으로 다른 사람으로서 살아갈 수 있는 권리를 수용할 수 있어야 한다. 이 전략은 비주류 집단이 현지사회의 기본적 가치를 채택할 것을 요구한다. 반면 동시에 주류집단은 다원화 사회에서 모든 집단의 사람들이 함께 살아가는 데 필요한 것을 보다 충족시키기 위해 국가적인 제도(교육, 보건, 노동 등)를 채택할 준비를 해야 한다.

지금까지 이 두 기본적인 이슈는 비주류 민족문화집단의 관점에서 접근하였지만 세 번째 차원이 첨가된다. 즉 주류집단의 강력한 역할이 문화적응이 일어나는 데 큰 영향을 미친다는 것이다. 문화적응을 일으키는 집단에 의해 유력하게 추구되는 동화는 '용광로(melting pot)'로 불린다. 주변화가 강요되면 이는 배제로 불린다.

마지막으로 모든 민족문화집단을 포함해서 전체 사회의 특징으로 다양성이 수용될 때 통합은 다문화주의(multiculturalism)로 불린다. 이런 틀의 사용으로 개인과 집단 간의 비교, 그리고 비주류 집단의 사람들과 현지사회 간에 비교가 이루어질 수 있다.[61]

주류집단의 이념과 정책은 민족적 관계 연구의 중요한 요소를 구성한다.[62] 그리고 비주류 집단의 사람들의 선호는 문화적응 연구의 핵심적인 특징이 된다.[63] 다양한 문화적응의 선호 간에 불일치와 갈등은 개인이 문화에 적응하는 데 있어 어려움의 원인이 된다. 일반적으로 문화적응 경험이 개인에게 문제를 일으키면, 우리는 문화적응 스트레스 현상에 대해 관찰하게 된다.

여기에서 중요하게 생각하여야 할 것은 문화적응 전략의 적절한 개념화이다. Berry[64]는 개념적인 접근을 세 가지 중요한 차원, 고유문화의 유지, 현지사회와의 접촉과 참여, 그리고 문화적응이 일어날 방법에 대해 결정하는 힘에 기반을 두고 있다. 오랫동안 문화적응의 전략에는 단 한 가지 차원만이 고려되었다. 이것은 비주류 집단과 개인이 자신들의 전통적인 삶의 방식으로부터 주류사회의 방식으로 옮겨 가는 것이었다. 이것이 동화 혹은 용광로 개념으로서 문화적응의 목적이었다. 그러나 적응의 과정과 목적이 이제와서는 다차원적인 관점에서 바뀌었다. 그렇게 된 데는 많은 이유

---

61) Berry, J. W., Ibid., (2005).

62) Bourhis, R., C. Moise, S. Perrault and S. Senecal. "Towards an Interactive Acculturation Model: A Social Psychological Approach", International Journal of Psychology(1997), 32, 369－386.

63) Berry. J. W., U. Kim, S. Power, M. Young, and M. Bujaki. "Acculturation Attitudes in Plural Societies", Applied Psychology(1989), 38, 185－206.

64) Berry, J. W., Ibid., (2005).

가 있다.

첫째, 민족지학적 관점에서 동화는 문화적응의 유일한 유형이 아니다. 항상 동화되는 것도 아니며, 동화가 문화적으로 적응하는 집단이 지지하는 목적이 되기도 어렵다. 반면 어디에나 문화적 변화는 있으며, 전 세계의 문화집단은 사라지지 않는다. 그리고 문화 간의 접촉에 의해서 반드시 문화 동질성이 생기는 것이 아니다. 일반적으로 동화에 대한 저항(분리)과 접촉으로 새로운 문화가 형성된다.

둘째, 심리학적인 측면에서 볼 때, 이 단일차원이 모호하다. 각 문화의 반반이라든가, 혹은 문화가 전혀 섞이지 않는다는 것이 선호와 행동을 나타내는 것인가라는 의문이 생긴다. 단일차원의 개념화로는 '통합'과 '주변화'를 구분할 수 없다. 이러한 문제를 만족하게 다룰 수 있는 단일차원 문화적응 척도는 없다. 그러나 이것은 중요한 문제이다. 왜냐하면 이 두 가지 문화적응 방법에서 나오는 스트레스와 적응 결과는 매우 다르기 때문이다.

3) 국제이주 현황

Giddens는 세계화는 시간과 공간을 넘어서는 세계적 사회관계의 형성을 의미하며, 공간적으로 서로 다른 지역이 하나로 연결되는 지구의 확대 과정이라 정의하고 있다. 이것이 의미하는 바는, 첫째, 시간과 거리를 초월하여 지구가 하나의 망을 연결하는 네트워크를 형성한다는 것과, 둘째, 지역과 지역의 연결로 국제적 사회관계가

더욱 강화된다는 것이다.[65]

세계화에 따른 자본과 상품의 유통이 점차 자유로워지는 반면, 인간의 이동에 대한 통제가 강화되고 있음에도 불구하고 인구의 초국가적 이동은 점차 확대되고 있는 것이 현실이다. 국제이주기구(International Organization for Migration, IOM)의 『2003년 세계 이주 보고서(World Migration Report 2003)』에 의하면, 2000년 현재 전체 세계 인구는 60억 5천7백만 명 정도이고, 그중 국제이주 인구는 1억 7천5백만 명(약 2.9%)이다. 이는 즉, 전 세계적으로 35명 중 1명은 국제 이주자[66]라는 것을 의미한다. 이 자료에 의하면, 1965년 국제 이주자는 전체 세계 인구 33억 3천3백만 명 중 7천5백만 명(2.3%), 1975년도는 전 세계 인구 40억 6천6백만 명 중 8천4백만 명(2.1%), 1985년도 48억 2천5백만 명 중 1억 5백만 명(2.2%)에 이르고 있다. 2050년도에는 전체 세계 인구 90억 명 중 이주 인구는 2억 3천만 명(2.6%)이 될 것으로 추산하고 있다.[67]

다음의 <표 1-3>에서 보는 것과 같이 여성 이주자의 비율은 1960년도 전체 이주자 중 46.6%를 차지하였고, 2000년도에는 48.8%를 차지하였다.

---

65) Giddens, A., '*The Globalizing of Modernity*', in David Held and Anthony McGrew (eds) *The Global Transformations Reader: an Introduction to the Globalization Debate*, 2nd edition(Polity Press, Oxford, 2000).

66) emigration은 (자국에서 타국으로의) 이민이나 이주를 의미하며 (외국으로) 돈벌이하러 가기를 뜻하는 단어이며, immigration은 (외국으로부터의) 이주를 의미한다. migration은 위의 둘의 의미를 포함한 용어로 사용된다.

67) www.iom.int/jahia/webdav/site/myjahiasite/shared/shared/mainsite/published_docs/books/wmr_s.ec03.pdf

<표 1-3> 전체 국제 이주자 수 중 여성 이주자 비율, 주요 지역별(1960~2000)

주요 지역	1960	1970	1980	1990	2000
전 세계	46.6	47.2	47.4	47.9	48.8
개발지역	47.9	48.2	49.4	50.8	50.9
저개발지역	45.7	46.3	45.5	44.7	45.7
유럽	48.5	48.0	48.5	51.7	52.4
북미	49.8	51.1	52.6	51.0	51.0
오세아니아	44.4	46.5	47.9	49.1	50.5
북아프리카	49.5	47.7	45.8	44.9	42.8
사하라이남 아프리카	40.6	42.1	43.8	46.0	47.2
남아시아	46.3	46.9	45.9	44.4	44.4
동아시아 및 동남아시아	46.1	47.6	47.0	48.5	50.1
서아시아	45.2	46.6	47.2	47.9	48.3
카리브 지역	45.3	46.1	46.5	47.7	48.9
라틴아메리카	44.7	46.9	48.4	50.2	50.5

자료: Zlotnik, Hania, *The Global Dimension of Female Migration*(2003).

한편 Zlotnik은 2002년 유엔이 추정한 이주 인구수를 토대로 하여 여성의 이주 비율을 추산하였다.[68] 이주에 대한 성별 분리 자료가 부족한 상황에서 제시된 이 자료는 여성의 이주화가 최근의 현상이 아니라는 것을 보여 준다. 1960년도 여성 이주자는 3천5백만 명, 남성 이주자는 4천만 명 정도로 추산되고 있다. 2000년도에는 전체 이주자 1억 7천5백만 명 중 여성 이주자가 8천5백만 명, 남성 이주자가 9천만 명 정도로 추산되어, 지난 40년간 남녀의 이주 흐름에 커다란 변화가 없다는 것을 보여 주기도 한다.[69]

1960~2000년 사이에 이주의 비율이 전체적으로 조금씩 증가하

---

68) 국제이주기구(IOM)의 2005년도 자료에 의하면, 1970년도는 여성 이주자의 비율을 전체의 47.2%, 2000년도는 48.6%로 나타나고 있다(World Migration 2005).

69) Zlotnik, Hania, *The Global Dimension of Female Migration*(2003), www.Migrationinfomation.org/Feature/print.cfm?ID=109

는 경향을 보이고 있음에도 불구하고, 눈에 띄는 현상은 남아시아에서 여성 이주가 오히려 감소하고 있는 점이다. 이 지역에서 1960년도 여성 이주는 46.3%이었으나 2000년도에는 44.4%로 약 1.9% 감소하였다. Zlotnik은 남아시아에서 이주가 증가하고 있음에도 불구하고 여성 이주가 감소한 것으로 나타나는 것은 성별분리 통계가 제대로 구축되어 있지 않기 때문이라고 본다.

<표 1-3>의 통계로 미루어 볼 때, 이주의 여성화는 최근의 현상만은 아니라는 것이 분명하다. 과거에 이주의 문제를 다룰 때 여성이 가시화되지 않은 원인은 다음과 같다. 첫째, 이주 및 젠더와 관련하여 직면하는 문제점은 정확한 통계치가 부족하다는 것이라고 할 수 있다. Zlotnik이 주장하듯이 이주에 관한 통계가 성별로 분리되지 않아서 여성 이주자의 수를 추산하는 것이 어렵다는 점이다. 많은 연구자가 지적하듯이 이주자에 대한 정확한 통계자료를 확보하는 것이 어렵다는 것이 현 실정이다. 둘째, 남성 중심적으로 발전한 사회과학이 여성 이주자의 중요성을 인식하지 못했다는 점이다.[70]

한편, 위의 통계와 관련하여 유의할 점은 이들 통계가 법적인 절차를 따르지 않고 이주하는 사람들은 포함하지 못했다는 점이다. 전체 국제 이주 인구 중에 법적인 절차를 따르지 않고 이주하는 사람들을 포함한다면 전 세계의 국제 이주 인구는 상당히 증가할 것이다. 특히 여성 이주자의 수는 증가할 가능성이 더 높다. 증가하는 여성의 이주는 국제 정치·경제·사회관계의 복잡성을 그대

---

70) Ramirez, Carlota, Mar Garcia, *Dominguez and Julia Miguez Morais, Crossing Borders: Remittances, Gender and Development*(Working Paper, INSTRAW, 2005). www.un-instraw.org/en/images/stories/remmittances/documents/crossing_borders.pdf.

로 가지고 있다고 할 수 있다. 법에 따르지 않고 이주하는 인구가 증가하는 것은 각 국가에서 이주 규제정책을 강화하고 있기 때문이기도 하다.[71]

4) 아시아에서의 이주 현황

이주의 주요 원인은 빈곤이며, 이주를 통하여 삶의 기회를 확대하고 생활수준을 향상하고자 하는 것이 대다수 이주자의 목표다. 아시아 지역에는 전 세계 인구의 약 60%가 거주하고 있고, 이 지역에 있는 국가들은 매우 다양한 정치·사회·종교·문화 체계를 가지고 있다.

한국, 일본, 대만, 싱가포르와 같이 경제적으로 선진 대열에 있는 국가가 있는 반면, 저개발국에 속한 매우 빈곤한 국가도 있다. 일본, 싱가포르, 한국의 1인당 국내총생산량(Gross Domestic Product, GDP)은 2002년을 기준으로 각각 26,940달러, 24,040달러, 16,950달러에 이르렀다.[72] 그러나 같은 시기 태국의 일인당 GDP는 7,010달러, 필리핀은 4,170달러 그리고 파키스탄은 1,940달러에 그쳤다.

경제적 격차만이 아니라 인구의 성장에서도 이들 국가 간의 차이가 크게 나타난다. 한국과 싱가포르 출산율은 1.4, 일본은 1.3으로 추산되어 인구 성장률이 둔화되는 경향을 보인다. 그러나 다른

---

71) 이선주·김영혜·최정숙, 「세계화와 아시아에서의 여성 이주에 관한 연구」(한국여성개발원 (편), 2005), 17.

72) UNDP, *Human Development Report*, UNDP(New York: 2004), 139. www.undprcc.lk/rdhr2006/G2235H835352H/P24314143234344343242_PDF_21 4335/Statistical%20Annexures.pdf, 175.

아시아 국가에서는 태국(1.9)을 제외하면 대부분 출산율이 높게 나타나고 있다. 특히 파키스탄의 출산율은 2000년부터 2005년까지의 출산율이 5.1로 추산되어 지속적인 인구 성장을 예상할 수 있다. 이와 같은 아시아 지역 안에서 국가 간의 경제 및 인구의 격차는 저개발국에서 이들보다 상대적으로 풍요한 국가로 이주하게 하는 요인이 되고 있다.[73]

앞으로도 아시아 지역의 선진국과 저개발국 사이의 경제적 편차와, 경제적으로 선진 대열에 있는 한국, 일본, 대만, 홍콩, 싱가포르 사회의 고령화는 저개발국에서 오는 이주자를 유인하는 지속적 요인으로 작용할 것이다.

최근 아시아 지역 이주자의 흐름은 1970~1980년대와 사뭇 다른 양상을 보인다. 이러한 변화는 우리나라를 포함한 아시아 국가가 이주 정책에 대한 관심을 기울이게 하는 원인이 되었다.

우선 이주자의 최종 도착지, 즉 목적국이 변화하는 경향을 보이고 있다. 1970~1980년대 아시아 지역에서 이주는 중동 지역(Middle East)을 중심으로 이루어졌다. 1970년대 석유 가격의 상승은 중동의 경제적 붐을 일으켰고, 이에 따라 많은 아시아인들이 이 지역으로 일자리를 찾아 이주하였다. 한국 역시 많은 노동자들이 이 시기에 중동 지역으로 이주하여 건설업에 취업하였다. Stalker에 따르면 경제적인 이유로 중동의 석유 산유국으로 이주한 사람은 1975년 1백10만 명에서 1990년 5백20만 명으로 증가하였다.[74] 이

---

73) Asis, Maruja, '*When Men and Women Migrate*: Comparing Gendered Migration in Asia', paper presented paper prepared for Consultative Meeting on Migration and Mobility and How this Movement Affects Women(Malmo, Sweden, 2003).

74) Wickramasekera, Piyasiri, 'Asia Labour Miration: Issues and Challenges in an

는 15년이라는 기간 내 이주자 수가 5배로 증가한 것이다. 중동 지역으로의 이주 역시 성별 분리 현상이 뚜렷하다. 남성이 건설업 등에 종사하는 반면, 여성은 가사노동자 또는 엔터테이너로 유흥 산업에 종사하였다.[75]

아시아 지역 국가들의 경제적 성장은 과거 해외 취업을 권장하고 자국의 노동자를 외국으로 보내던 위치에서 이제는 그와 반대로 다른 나라에서 이주자를 받아들여야 하는 위치로 변하기도 하고, 자국민의 타국 이주와 함께 다른 국가에서 온 이주자를 받아들이는 나라도 있다. 태국은 자국의 노동자를 자국민의 해외 이주와 함께 인근 접경국인 미얀마와 라오스에서 온 이주 노동력을 자국민보다 값싸게 이용하고 있기도 하다.[76]

그러나 이주자 이동의 흐름을 변화하게 하는 요인이 아시아 지역의 인구와 경제 변화와 관련이 있다는 사실을 간과해서는 안 될 것이다.

1990년대 들어오면서, 아시아의 각 국가들은 자국의 원활한 노동 인력 활용을 목적으로 이주 정책을 적극 추진하였다. 그 결과, 이주의 여성화가 아시아 지역에서 본격적으로 가시화되기 시작했다. 이로 인해, 아시아 이주 여성들은 고용주나 채용업자의 가혹한 착취와 폭력에 무방비 상태로 방치되는 상황에 놓이게 되었다.[77] 이를 대처하기 위한 노력으로 NGO를 중심으로 한 민간단체들이

Era of Globalization', International Migration Papers No.57, ILO(2002). www.ilo.org/publicenglish/protection/migration/publ/imp_list.htm.

75) 이선주, 김영혜, 최정숙, Ibid., 18.

76) 이선주, 김영혜, 최정숙, Ibid., 25.

77) Cox, David, "The Vulnerability of Asia women Migrant Workers to a Lack of Protection and to Violence", Asian and Pacific Migration Journal(1997), 6(6), 59–75.

공공 분야의 제도적 공백을 대신하며, 이주 노동자를 위협하는 문제를 공론화시키고 있다. 이와 함께 민간 조직과 연계하여 네트워크를 강화하는 등 이주자 자신의 적극적 자세도 함께 강조되고 있다.[78]

한편 이주 여성은 대다수가 미숙련 노동자로서 단순 재생산 및 생산 관련 업종에 종사하는 등 직종이 제한적이다.

한국은 1987년을 기점으로 외국인 노동자들이 국내에 들어오기 시작하였고, 이주 여성도 이의 일부로서 국내에 유입되었다. 이주 인력의 국적별 분포를 살펴보면, 생산직 인력은 중국(조선족)과 동남아시아 국가 출신이 대부분을 차지하며, 전문 기술 인력은 대부분 선진국 출신이고, 예술 흥행 체류자는 러시아와 필리핀 여성이 대다수를 차지한다. 2004년 기준으로 아시아계는 전체 29만 7천 773명 중 27만 9천951명으로 94.0%이며, 이 중 여성은 7만 9천 840명으로 전체의 28.5%를 차지한다.[79]

국내 체류 외국인 연도별 증감추이에서 2007년 8월 총체류 외국인이 99만 579명에서 2008년 8월에 1백13만 3천874명으로 14.5%가 증가하였다. 그중 등록외국인은 같은 기간에서 69만 6천614명에서 84만 1천636명으로 20.8%가 증가하였음을 <표 1-4>에서 알 수 있다.

---

78) Piper, Nicola, "Bridging Gender, Migration and Governance: Theoretical Possibilities in the Asian Context", Asian and Pacific Migration Journal(2003), 12(1-2), 21-47.
79) 법무부, 『출입국관리통계연보』(국적 및 체류자격별 등록외국인), 각 연도별(1987-2995).

〈표 1-4〉 체류외국인 연도별 증감추이(2002~2008. 8)

연 도	총 계	등록외국인	단기체류외국인	거소신고
2002년	629,006	252,457	357,340	19,209
2003년	678,687	437,954	218,426	22,307
2004년	750,873	468,875	259,464	22,534
2005년	747,467	485,144	236,958	25,365
2006년	910,149	631,219	249,542	29,388
2007년	1,066,273	765,746	266,011	34,516
07년 8월	990,579	696,614	261,109	32,856
08년 8월	1,133,874	841,636	253,549	38,689
증감률(%)	14.5	20.8	-2.9	17.8

자료: 출입국 · 외국인정책 통계월보. 2008년 8월호.

5) 우리나라의 국제결혼 현황

우리나라 초창기 국제결혼을 전쟁신부 결혼이라는 용어로 설명하는데 이는 Saenz 등[80]이 미국이 아시아에 오래 주둔하면서 미군과 주둔국의 여성 사이에 전쟁신부 결혼이 발생한다고 하였다. 전쟁신부의 여성들은 다른 여성들에 비해 고유 전통을 지니고 있으며, 경제사회적인 지위가 낮은 특성을 지니고 있다고 하였다. 유철인,[81] 송성자[82]는 초창기 미군과 국제결혼을 한 여성들의 생애사에 대한 연구에서 "가난 때문에 어쩔 수 없이 미군과 결혼하였다."고 한 내용은 Saenz 등의 전쟁신부 결혼의 의미를 지지한다.

---

80) Saenz, R., S. S. Hwang. and B. E. Aguirre, "In Search of Asian Bridges", Demography(1994), 31(3), 549-559.

81) 유철인, 「어쩔 수 없이 미군과 결혼하게 되었다: 생애이야기의 주제와 서술 전략」, 『한국문화인류학회』 제20권 제2호(1996), 397-420.

82) 송성자, 「국제결혼에 있어서의 부부갈등」(미간행 석사학위논문, 이화여자대학교 대학원, 1974).

1980년대의 국제결혼은 통일교에 의해 추진되었다. 이 시기에 우리나라의 국제결혼 발생은 한국남성과 일본여성에 의해 이루어 졌고, 점차 종교적 목적과 상관없이 국제결혼을 원하는 동남아시아 여성들이 한국남성과 결혼하였다.

1990년대에 들어서면서 농촌총각의 신붓감 부족현상이 사회문제 로 대두되면서 지방자치단체에서는 중국 조선족과 한족에서 신붓 감을 찾았고, 경제적 빈곤을 벗어나고자 중국 처녀들과의 국제결혼 이 이루어지게 되었다.

통계청 인구동태[83]를 보면, 1990년대 중반 이후는 필리핀, 태국, 몽골 여성의 결혼이주가 늘어나고, 1990년대 말부터는 베트남과 러시아 여성의 결혼이주가 증가하는 추세를 보이고, 2000년대 초 에 들어서면서 여전히 중국국적 출신 여성이 20,635건으로 전체 결혼이주 외국여성의 66.2%를 차지하고 있다. 그리고 전체 결혼이 주자 중 일본국 출신 여성의 숫자는 줄어드는 경향을 보이고 베트 남 출신 여성의 수는 확연히 증가하는 경향을 나타내고 있다.

〈표 1-5〉 국제결혼 추세 및 인구구성 전망(10년)

(단위: 건, %)

연 도	총 결혼건수	국제결혼		외국인 아내		외국인 남편	
		결혼건수	구성비율	결혼건수	구성비율	결혼건수	구성비율
1997	388,591	12,448	3.2	9,266	2.4	3,182	0.8
1998	375,616	12,188	3.2	8,054	2.1	4,134	1.1
1999	362,673	10,570	2.9	5,775	1.6	4,795	1.3
2000	334,030	12,319	3.7	7,304	2.2	5,015	1.5
2001	320,063	15,234	4.8	10,006	3.1	5,228	1.6
2002	306,573	15,913	5.2	11,017	3.6	4,896	1.6

---

83) 통계청, 『인구동태(혼인, 이혼)』. http://nso.go.kr

연 도	총 결혼건수	국제결혼		외국인 아내		외국인 남편	
		결혼건수	구성비율	결혼건수	구성비율	결혼건수	구성비율
2003	304,932	25,658	8.4	19,214	6.3	6,444	2.1
2004	310,944	35,447	11.4	25,594	8.2	9,853	3.2
2005	316,375	43,121	13.6	31,180	9.9	11,941	3.8
2006	332,752	39,690	11.9	30,208	9.1	9,482	2.8
2007	345,592	38,491	11.1	29,140	8.4	9,351	2.7
1997 ~2007	3,698,141	261,079	7.1	186,758	5.1	74,321	2.0

자료: 통계청, 『인구동태(혼인)』, 2007.

1990년도에는 국제결혼이 4,710건으로서 전체 결혼건수의 1.2%에 불과했으나, 2004년도의 국제결혼 건수는 35,447건으로서 전체 결혼건수의 11.4%, 2007년도에는 38,491건으로 11.1%에 달하고 있다. 이는 2004년도에서 2007년도에 이르기까지 매년 결혼자 10쌍 중 1쌍 이상이 국제결혼을 했다는 것을 <표 1-5>에서 나타내 주고 있다.

2007년 외국인과의 혼인은 총 38,491건으로 2006년의 39,690건보다 1,199건(-3.0%)이 감소하였다. 한국남성과 외국여성의 혼인은 29,140건으로 전년보다 -3.5%p 감소하였고, 한국 여자와 외국 남자의 혼인은 9,351건으로 전년보다 -1.4%p 감소를 보였다. 이는 2006년 '방문취업제'시행 예고로 향후 중국 교포 등의 국내 입국과 취업이 용이해짐에 따라 매년 증가하던 외국인과의 혼인 건수가 큰 폭으로 감소한 것으로 추정되며, 2007년도에도 2006년 현황과 비슷한 감소추세를 보이고 있다.

출입국·외국인정책 통계월보 <표 1-6>에 따르면, 한국인 배우자 자격으로 체류 중인 외국인은 2005년도 75,011명, 2006년

93,786명, 2007년 110,362명, 2008년 8월 말 120,321명으로 매년 증가하고 있다.

<표 1-6> 결혼이민자[84] 체류현황

(2008. 8. 31 현재, 단위: 명)

연 도	2001	2002	2003	2004	2005	2006	2007	2008.8
인원	25,182	34,710	44,416	57,069	75,011	93,786	110,362	120,321
증감률 (전년대비, %)	- -	37.8	27.9	28.5	31.4	25.0	17.7	13.0

자료: 출입국·외국인정책 통계월보. 『결혼이민자 체류현황』. 2008. 8.

결혼이민자의 국적별 현황을 <표 1-7>에서 살펴보면, 중국(한국계 포함)이 56.1%, 베트남이 21.0%, 필리핀이 4.7%, 일본이 4.5% 순으로 나타났다. 성별로는 2008년 8월 말 현재 여성 105,913명, 남성 14,408명(12.0%)으로 여성이 전체의 88.0%를 차지하고 있다.

<표 1-7> 결혼이민자 국적별·성별 현황

(단위: 명)

국적 / 구분	계	한국계중국	중국[85]	베트남	일본	필리핀	캄보디아	몽골	태국	기타
전체	120,321	36,831	30,639	25,319	5,470	5,605	2,737	2,298	2,011	9,411
남자	14,408	6,075	2,955	134	520	161	10	32	38	4,483
여자	105,913	30,756	27,684	25,185	4,950	5,444	2,727	2,266	1,973	4,928

자료: 출입국·외국인정책 통계월보. 『결혼이민자 체류현황』. 2008. 8.

국제결혼 부부의 이혼건수는 2003년 2,164건, 2004년 3,400건, 2005년 4,278건, 2006년 6,280건, 2007년 8,828건으로 급격히 증

---

84) 결혼이민자 중 외국국적 소지자임.
85) 한국계 중국인 미포함 수치임.

가하고 있는 추세이다. 매년 국제결혼 부부의 이혼이 급격하게 증
가하고 있는 것을 <표 1-8>에서 나타내고 있다.

〈표 1-8〉 한국인과 외국인 부부의 이혼 현황

(단위: 건, %)

	2002	2003	2004	2005	2006	2007
총 이 혼 건 수	145,324	167,096	139,365	128,468	125,032	124,590
외국인과의 총 이혼	1,866	2,164	3,400	4,278	6,280	8,828
총 이혼 대비 구성비	1.3	1.3	2.4	3.3	5.0	7.1
증 감	-	298	1,236	878	2,002	2,548
증 감 률	-	16.0	57.1	25.8	46.8	40.6
한국인 남편＋외국인 처	401	583	1,611	2,444	4,010	5,794
증 감 률	-	45.4	176.3	51.7	64.1	44.5
한국인 처＋외국인 남편	1,465	1,581	1,789	1,834	2,270	3,034
증 감 률	-	7.9	13.2	2.5	23.8	33.7

자료: 법무부, 2007. 12.

　　이혼이 증가하는 실정이다 보니, 자진 출국하거나 강제 출국조
치 당하는 결혼이민자도 증가하고 있다. 2003년~2007년 6월 기간
동안 강제 출국된 결혼이민자는 4,461명, 자진 출국한 결혼이민자
는 5,831명으로 나타났다. 매년 강제출국자가 991명, 자진출국자가
1,296명꼴로 발생하고 있는 셈이다. 특히 강제출국자의 경우 2003
년 303명에서 2006년 1,481명으로 3년 동안 무려 4.9배가 증가함
을 <표 1-9>에서 나타내고 있다.

<표 1-9> 결혼이민자 중 출국자 현황

(단위: 명)

연도별	계	강제 출국자	자진 출국자
2003년	1,177	303	874
2004년	1,736	576	1,160
2005년	2,884	1,598	1,286
2006년	3,036	1,481	1,555
2007년 7월	1,459	503	956
계	10,292	4,461	5,831

자료: 법무부, 2007. 8.

국제결혼이 국내의 동질 집단 내에서 결혼성립이 용이하지 않은 집단 즉, 결혼적령기를 넘긴 높은 연령, 낮은 학력, 초혼보다는 재혼, 도시보다는 농촌, 그리고 낮은 경제적 수준의 남성에게서 빈번히 일어나는 점은 결혼경사현상이 국제결혼에서의 특징들을 잘 설명해 주고 있다(김경신, 윤형숙).[86] 실제 재혼자들의 결혼비율을 살펴보면, 2001년부터 2004년 동안에 내국인 간의 결혼에서는 17~18%가 재혼으로, 외국인 여성과 결혼한 한국인 남성의 경우는 43.8%가 재혼자로 나타났다.[87] 특히 중국여성과 결혼한 한국남성 중 39~48%가 재혼자임을 볼 때, 많은 재혼자들이 국제결혼을 통해 가족을 이루고 있음을 알 수 있다.[88]

이와 같이 1990년대 이후 결혼이주의 수가 증가하게 된 배경을 살펴보면 몇 가지로 정리할 수 있다.

첫째, 1990년대 중반 이후 급증한 한국인 남성과 외국인 여성

---

86) 김경신, 「결혼이민자가족의 수용과 정착을 위한 학문적, 실천적 측면에서의 접근」, 한국가정관리학회 추계학술대회(2006), 21 - 42; 윤형숙, Ibid., (2004).

87) 통계청, Ibid., (2005).

88) 이혜경, Ibid., (2005).

간의 국제결혼은 글로벌시대, 전 지구화라는 시대적 흐름과 맥을 같이하고 있다. 오늘날 국가 간의 이동이 증가하면서 어떤 고정된 공간개념이 아니라 유동적인 사회 공간적 관계로 변화되고 있으며, 그 안에서 개인들의 정체성도 성, 인종, 국적 및 계층의 상호작용에 따라 초국가주의의 방향으로 나아가고 있다.[89] 한국에서의 노동력 유입은 사회적인 3D업종의 기피현상과 맞물려 외국인 남성 근로자가 대체 노동력으로 투입되는 방식으로 입국하는 반면, 여성들의 경우에는 국제결혼의 형식과 성과 몸의 상품화가 이루어지는 성산업에 유입되는 형식의 이분화되고 성별화된 이주방식을 취하고 있다.[90]

최근에는 농촌지역에서뿐 아니라 도시 노동자들 사이에서 국제결혼이 증가하고 있으며, 이러한 추세는 앞으로 노동력 부족현상을 타개하기 위해 많은 외국인 노동자가 진입할 경우, 국제결혼은 계속해서 증가할 것임을 예측하고 있다.

둘째, 인구통계학적인 원인인 남녀 성비의 불균형 현상을 들 수 있다. 2005년 통계청 자료에 따르면, 2004년 기준 한국사회의 남녀 성비는 105:100이었다. 이러한 격차는 더욱 심화하여 2012년에는 결혼연령층 성비 비율이 124:100의 수준에 이를 것으로 예상된다. 한국사회의 남아선호사상은 성비불균형을 가져와 결혼적령기에 있는 총각들이 신붓감을 구하기가 어려워졌다. 특히 상대적으로 경제적·문화적 수준이 낮은 계층에 속한 노총각의 결혼문제는 사회

---

89) 이혜경 외, 「이주의 여성화와 초국가적 가족: 조선족 사례를 중심으로」, 한국사회학 제40집 제5호(2006), 258 - 298.

90) 이수자, 「이주여성 디아스포라: 국제성별분업, 문화혼성성, 타자화와 섹슈얼리티」, 한국사회학 제38집 제2호(2004), 189 - 219.

적인 문제가 되었다. 여기에 최근 고학력과 전문직 여성들이 결혼 시기를 늦추거나 독신을 선택하는 비율이 증가하면서 결혼시장에 서 이탈하는 현상을 보이고 있다.

셋째, 한국사회의 국제결혼 성립과정으로 배우자 선택과정의 원리인 '결혼경사현상'을 들 수 있다. 결혼경사현상이란 배우자를 선택할 때 대부분의 여성들이 자신보다 사회경제적인 측면과 그 외의 여러 가지 면에서 자신보다 나은 수준의 남성들을 배우자로 찾는 경향을 말한다. 즉, 최상계층의 여성들은 자신들이 갖고 있는 개인적 자원을 통해 결혼에 대해 자유로운 선택과 반응을 보이는 반면, 최하계층의 남성들은 많은 여성들이 배우자를 선택할 때 원하는 자원을 상대적으로 갖고 있지 못함으로써, 같은 민족과 국가 안에서 배우자를 찾는 데 많은 어려움을 겪게 된다. 국내의 결혼 시장에서 개인적인 자원이 열악한 이들에게 국가적 자원의 우월성은 배우자를 선택할 수 있는 유용한 자원으로 작용하게 되어, 독신을 면할 수 있는 하나의 대안으로 국제결혼을 선택하게 되는 것이다. 이러한 현상은 국제결혼을 하는 남성들의 특징들을 통해 확인할 수 있다.

6) 국외의 이주 관련 선행연구

국제결혼에 관한 국외의 이주 관련 선행연구는 <표 1-10>과 같이 정리하였다. 문화적응에 대한 가장 초기의 연구는 이민자들의 정신건강에 관한 연구로 시작되었다.[91] 이런 맥락의 연구들은 왜

이민자 집단이 심리적 질병률이 높게 되는지 그 과정에 대해 관심을 가졌고 그러면서 심각한 정신병에 대한 연구보다는 덜 심각한 수준인 심리적 스트레스와 대처, 그리고 적응에 대한 연구가 주를 이루었다.[92]

스트레스 대처(Stress and coping) 접근은 문화적 이동을 스트레스적인 생활사건으로 보고, 이를 극복하기 위해서 적응적 자원과 대처 반응이 필요하다고 인식하고, 문화적응의 정서적인 측면에 초점을 맞춘 이론이다. 이 접근은 Lazarus와 Folkman[93]의 스트레스 대처 접근의 영향을 받았는데, 분석의 틀이 개인적 차원에 머무를 뿐 아니라 상황적 차원도 함께 고려한다는 특징을 지닌다. 스트레스적인 생활사건[94]이나 통제신념의 위치(Locus of control), 외향성, 모호함에 대한 인내 등과 같은 성격특성,[95] 대처 방식,[96] 그리고 향수

91) Robertson, J. W. "The prevelance of insanity in California", American Journal of Insanity(1903), 60, 81−82; Odgaard, O. "Emigration and insanity: A study of mental disease among the Norweigian−born population of Minnesota", Acta Psychiatrica et Neurologica, Supplement(1932). 4; Lasry, J. C. "Cross−cultural perspective on mental health and immigrant adaptation", Social psychiatry(1977), 12, 49−55; Brewin, C. "Explaining the lower rates of psychiatric treatment among Asian immigrants to the Unites Kingdom", A preliminary study. Social psychiatry(1980), 15, 17−19; Kim, U. "Psychological acculturation of Korean immigrants in Toronto: A study of modes of acculturation, identity, language and acculturative stress", Unpublish master's thesis, Queen's university, Kingston, Canada(1984); Furnham, A. & Bochner, S. "Culture shock: Psychological reactions to unfamilar environment", Londen: Methuen(1986); Ward et al, Ibid., (2001).

92) 정진경, 양계민, Ibid., (2004).

93) Lazarus, R. S. and Folkman, S. "Stress, coping and appraisal", New York; Springer. 1984.

94) Lin, K. M., Tazuma, L. and Masuda, M. "Adaptational problems of Vietnam refugees: health and mental status", Archives of General Psychiatry(1979), 36, 955−961; 안황란, 「미국 이민 한국 여성의 문화이입적 스트레스 경험」, 정신간호학회지 제16권 제2호(2007), 160−173.

95) Ward, C. and Chang, W. C. "Cultural fit: A new perspective on personality and sojourner adjustment", International Journal of Intercultural Relations(1997), 21,

병,97) 결혼 여부,98) 본국과 수용국과의 관계,99) 그리고 기타 성, 인종, 취직 여부 등의 다양한 변인들을 고려한 연구들이 수행되었다.

<표 1-10> 국외의 이주 관련 선행연구 현황100)

연구범주	저자(연도)	제 목	대상 / 주요내용
문화 간 접촉	Bochner, 1982.	"Coping with unfamiliar cultures: Adjustment or culture learning?"	사회 내 접촉, 사회 간 접촉: 유학생, 외국 여행자, 해외 파견자, 외국인 노동자 등
문화적응 개념	Redfield, R., Linton, R. & Herskovits, M. J. 1936.	"Memorandum on the study of acculturation"	문화접촉의 결과 변화
	Berry, J. W. 2008.	"Globalization and acculturation"	세계화와 문화적응 전략
	Berry, J. W. 2005.	"Acculturation Living successfully in two cultures"	민족문화집단과 현지사회의 두 가지 이슈에 의한 문화적응 전략
	Berry, J. W. 1990.	*Psychology of acculturation; Understanding individuals moving between culture.*	한 집단이 다른 집단에서 겪는 변화
	Berry, J. W. 1997.	"Immigration, Acculturation and Adaptation"	정서적, 행동적, 인지적 측면에서 개인수준의 변화
	Graves, T. D. 1967.	"Psychological acculturation in a tri-ethnic community"	집단수준, 개인수준의 현상으로서의 심리적 문화적응
	Camilleri, 1997.	*Socialization and identity strategies.*	불어권으로 새로운 상호문화화로 정의

525-533; Ward, C. and Kennedy, Ibid., (1992).

96) Shisana, O. and Celentano, D. D. "Relationship of chronic stress, social support and coping style to health among Namibian refugees", Social Science and Medicine(1987), 24, 145-157.

97) Pruitt, F. K. "The adaptation of African society", International Journal of Intercultural Relations(1978), 21, 90-118.

98) Naidoo, J. "A cultural perspective on the adjustment of South Asian women in Canada", In I. R. Langunes and Y. H. Poortinga(eds), From a different perspective: Studies of behavior across cultures. Lisse, The Netherlands: Sweets & Zeitlinger (1985), 76-92.

99) Furnham, A. "Why do people save? Attitudes to, and habits of, saving money in Britain", Journal of Applied Social Psychology(1985), 15, 354-373.

〈표 1-10〉 국외의 이주 관련 선행연구 현황(계속)

연구범주	저자(연도)	제 목	대상 / 주요내용
문화접촉의 결과 (다문화주의 사회의 적응문제)	Oberg, K. 1960.	"Cultural shock: Adjustment to new cultural environment"	문화적응 과정의 단계, 문화충격 이론의 4단계
	Lysgaard, S. 1955.	"Adjustment in a foreign society: Norwegian Fulbright grantees visiting the united stress"	적응의 과정에서 단계에서 U-curve
	Gullahorn & Gullahorn. 1963.	"An extension of the U-curve hypothesis"	본국으로 회기 재적응 과정에서 W-curve
	Ward, C., Bochner, S. & Furnham, A. 2001.	*The Psychology of culture Shock.* East Sussex.	이민과 내전, 기근 등의 재난에 의한 난민, 집단수준과 개인수준의 결과
	Berry. J. W. 1990.	*Psychology of acculturation; Understanding individuals moving between culture.*	집단수준, 개인수준의 변화, 문화적응 4개 차원
	Berry. J. W. 1997.	"Immigration, Acculturation and Adaptation"	
이민자 (Immigrants)	Russel & Teitlebaum. 1992.	"International migration and international trade"	이민자의 수, 약 1억 명 이상 국가 이동
	Oetting & Beauvais. 1991	"Orthogonal cultural identification theory: The cultural identification of minority adolescents"	자신의 원래문화와 주류문화 선택 갈등
	Gil, Vega & Dimas. 1994.	"Acculturative stress and personals in united States"	스트레스와 정신건강
	Berry. 2005.	"Acculturation Living successfully in two cultures"	민족문화집단과 현지사회 두 이슈, 문화적응
	Berry. 2002.	"Conceptual Approaches to Acculturation, Acculturation - Advances in Theory"	문화적응 이해의 틀, 개인차원, 집단차원
체류자 (Sojourners): 유학생, 해외주재원	Fong & Peskin. 1969.	"Sex role strain and personality adjustment of Chinese-born students in America"	체류자의 성별이 유학생들의 문화적응에 영향 요인
	Hull. 1978.	"Foreign students in the United States of America: Coping behavior within the educational environment"	연령, 남자보다 여자가, 연령이 어릴수록 잘 적응
	Basu & Ames. 1979.	"Cross-cultural contact and attitude formation"	성격, 권위주의적일수록 잘 적응 못 함.

---

100) 정진경 · 양계민(2004). Ibid., 재정리.

〈표 1-10〉 국외의 이주 관련 선행연구 현황(계속)

연구범주	저자(연도)	제 목	대상 / 주요내용
체류자 (Sojourners): 유학생, 해외주재원	Klineberg & Hull. 1979.	"Contact between ethnic groups: historical perspective of some aspects of theory and research"	이전의 체류경험 등
	Britt. 1983.	"Pre-training variables in the prediction of missionary success overseas"	자기 통제력이 강하고 덜 감정적인 사람이 잘 적응
	Haily. 1996.	"Breaking through the glass ceiling"	주류문화 사람들의 태도와 상호작용 정도가 적응에 영향
	Stewart & DeLisle. 1994.	"Hong Kong expatriates in the People's Republic of China"	
	Kopp. 1994.	"International human resource policies and practice in Japanese, European, and United states multinational"	
	Kram. 1985.	"Monitoring at work"	회사의 업무 동기, 숙달된 조언자의 지지
난민 (Refugees)	Rangaraj. 1988.	"The health status of refugees in Southeast Asia"	통제감과 자기 확신감, 의존성, 학습된 무기력 및 수동성
	Thomas & Balnaves. 1993.	"New land, last home: The Vietnamese elderly and the family migration program"	베트남 난민의 경우 연령이 높은 사람들이 적응에 어려움을 겪음.
	Beiser, Barwick, & Berry. 1988.	"Mental health issues affecting immigrants and refugees adaptation"	청소년의 경우 위험요인들을 가지고 있음.
	Ahearn & Athey. 1991.	"Refugee children: Theory research and service"	

Rack[101]은 정신질환 발병의 원인이 되는 여러 개인적인 사회문화적인 요인으로, 또한 자의의 이민인지, 피난인지 하는 문제(Westermeyer),[102] 이민의 동기,[103] 수용국의 이민자 선택 방침, 고국과 수

---

101) Rack, P. H., *Migration and mental illness.* In Transcultural Psychiatry, ed. By Cox, J. L. London, Croom Helm(1986).

102) Westermeyer, J. *Mental Health for Refugees and Other migrants - Social and Preventive Approaches.* Springfield, illinois, Charles C. Thomas(1989).

용국의 문화적 거리, 수용국의 이민자 정책 등[104] 다양한 요인들로
인해 이민자들의 질병개념과 질병행동의 특성에 대한 연구를 진행
하였다. 피난인 경우에는 정치적인 박해, 이를테면 고문을 얼마나
받았는지 여부, 수용국의 선택이 자의에 의한 것인지 여부, 그리고
가족과의 이별 여부가 성공적인 적응에 중요한 요인이 된다.[105]

급격한 인구 이동의 결과 이질적인 문화 사이의 접촉이 이루어
지는 반응을 문화변천(acculturation)이라고 하는데 애초에는 두 문
화집단 간의 접촉으로 일어나는 문화변천을 뜻하는 것[106]과, 문화
변천을 겪고 있는 집단에 속한 개인들의 변화도 문제시되는 심리
적인 문화변천(psychological acculturation)이 있다.[107]

이민생활에서 가장 어려운 문제가 새로운 문화에 적응하는 문제
이다. 그중에서 가장 심각한 문제가 의사소통(communication)이다.
언어적 의사소통도 중요하지만 비언어적(non‒verbal) 의사소통도
중요하다.[108]

---

103) Kim, U. C., *Acculturation of Korean Immigrants to Canada. Psychological and Behavioural Profiles of Emigrating of Koreans, Non‒Emigrating Koreans and Korean Canadians.* Unpublished Ph. D. Thesis. Queen's University Kingston, Ontario, Canada(1988); Park, I. S., Fawcett, J. T., Arnold, F. & Gardner, R. W. *Korean Immigrants and U. S. Immigration* Policy. A Predeparture Perspective. Honolulu, Cast‒West Population Institute(1990).

104) Kim, U. C. Ibid., (1988); Berry & Kim, Ibid., (1988)

105) Mayer, M. & Ahern, J. "Personality and social class position in migration from an island. The implications for psychiatric illness", International Journal. Social Psychiatry, 15(1969), 203‒208; Roggs, E. M. *The Assimilation of Cuban Exiles. The Role of Community and Class.* New York, Aberdeen(1974); Stein, B. N., *The experience of being a refugee‒Insight from the research literature. In‒Refugee Mental Health in Resettlement Countries*, ed. By Williams, C. L. & Westermeyer, J. Washington, Hemisphere(1986); Berry et al, Ibid., (1987); Westermeyer, Ibid., (1989).

106) Redfield et al, Ibid., (1936).

107) Graves, Ibid., (1967).

이민자들이 새 사회에 오면 과거 고국에서 인간관계를 지탱해
주던 사회연계체계(social network)를 상실하게 되는데 이것이 아마
도 정신건강에 가장 심각한 영향을 주는 스트레스가 될 것이다. 친
척, 친지들, 동향인들, 동창생들과의 접촉이 끊어져서 정서적으로 고
립되고 사회적인 지지기반도 잃게 된다. 이민자들은 소규모이나마
나름대로 이런 사회연계체계를 새로 구축해 가는데,109) 경우에 따라
서는 이 과정이 힘들다. 연고이민의 경우는 크게 문제될 것이 없으
나 소위 단독이민(solo migrant)의 경우는 심각한 영향을 준다.110)

실직과 하향직업(underemployment)도 견디기 어려운 문제이다.
실직은 이민자에게 실의와 죄책감과 적개심을 불러일으키고 주체
성의 위기(identity crisis)를 해결하는 데 역기능적으로 작용한다.111)
직업을 가진 경우라 해도 대개는 고국에서 가졌던 직업보다 혹은
자기의 교육배경이나 직업 능력보다 낮은 직업에 종사하게 되는
경우에 불만을 느끼게 된다.112)

---

108) Vega, W. A., Kolody, B. & Warheit, G. "Psychoneuroses among Mexican
Americans and Whites. Prexalence and caseness", Amer. J. Public Health,
75(1985). 523－527; Berry & Kim, Ibid., (1988); Berry et al, Ibid., (1987).

109) Bar Yosef, R. W. "Desocialization and resocialization. The adjustment process of
immigrants", International Migration Review, 2(1968). 27－45.

110) Williams, C. & Westermeyer, J. "Psychiatric problems among adolescent
Southeast Asian refugees. A descriptive study", J. Nerv. Mental Dis., 171(1983).
79－85; Vega et al, Ibid., (1985).

111) Berry et al, Ibid., 1987; Seeman, M. & Seeman, T. E. "Health behavior and
personal autonomy", A longitution study of the sense of control in illness. J.
Health Soc. Behavior, 24(1983). 144－160.

112) Yu, E. Y. *Critical Issues of the Korean Community in the Future. Presented
papers to the Koreatown 2000. A Community Services Planning Conference,*
sponsored by the United way, Metropolitan Region, Los Angeles, December
10(1988); Cha, M. J. "An ethnic political orientation as a function of assimilation
with reference to Korean in Los Angeles", J. of Korea Affairs, 5(1975). 14－
25; Light, I. & Bonacichi, E. *Immigrant Entrepreneurs－Koreans in Los Angeles*

이민자에 대한 정부의 적극적인 지원, 이를테면 사회참여의 기회 확장, 정신적인 신체적인 불건강 상태에 대한 이차, 삼차 예방대책의 수립 등이 합리적으로 진행되고 있는 나라에서는 그렇지 못한 경우보다 적응이 쉽다.[113] 이와 동시에 수민국 내 동포의 유기적인 사회 연계가 어떻게 되어 있는가도 중요하다. 가령 먼저 이민은 동족들의 교회나 사회단체들이 적절히 활동하고 있을 때는 정서적으로 사회적으로 지지기반을 제공해 줄 수 있게 된다.[114]

7) 우리나라의 국제결혼 연구 동향

우리나라에서 이루어진 국제결혼에 관한 연구동향을 살펴보면 크게 세 가지로 분류할 수 있다. 국제결혼에 관한 연구는 연구의 목적에 따라 연구주체, 연구 범위, 연구시기별로 특징을 보이는데, 지금까지 국제결혼에 대한 연구들은 초기에는 인권단체와 여성단체를 중심으로 국제결혼 이주여성의 인권침해에 대한 실태조사와 이에 따른 대책의 요구로 사회문제를 제기하였다. 그리고 국제결혼이 급증함에 따라 중앙정부 및 지방자치단체, 그리고 학계에서 국제결혼에 대한 연구주체로서 국제결혼 이주여성에 대한 연구 경향성을 살펴보면, <표 1 - 11>과 같다.

1965 - 1982. Berkeley, University of California Press(1988).

113) Lazarus & Folkman, Ibid., (1984).

114) Hruh, W. M. & Kim, K. C. "Adhesive sociocultural adaptation of Korean Immigrants in the U. S. An alternative strategy of Minority adaptation", International Migration Review, 18(1983). 188 - 216; Lazarus & Folkman, Ibid., (1984); Yu, Ibid., (1988); 김광일, 「해외동포의 문화적응과 정신건강」, 정신건강연구, 한양대학교 정신건강연구소. 제10권(1991).

국제결혼 가족에 대한 관심은 초기에는 인권단체와 여성단체에 의해 지속적인 실태조사와 문제제기에서 찾아볼 수 있다. 이들 시민단체들[115]은 자신들의 단체에 접수된 국제결혼 이주여성들의 피해사례를 통해 국제결혼 가족의 가정폭력의 실상과 문제 상황을 내용으로 한 국제결혼 이주여성들의 문제를 사회적인 문제로 이슈화하는 데 주력하였다.

1991년부터 시작된 산업기술연수[116] 제도에 따라 외국인 이주노동자들이 입국하기 시작하였다. 한국사회에서 이주 노동자들은 문화적인 이질감, 열악한 노동환경 등으로 사회·심리적인 어려움을 겪고 있다. 특히 여성이주 노동자들의 경우 내국인과의 결혼 및 자녀출산 등으로 한국사회로의 통합이 요구됨에도 이를 위한 사회적 장치가 마련되지 않고 있어 인권문제, 차별이 사회적 문제로 대두되어 왔다.

---

115) 외국인 노동자센터, 이주여성쉼터, 이주여선인권센터, 이주여성인권연대, 한국여성의 전화 연합 등.

116) 정부는 1991년 10월 26일 법무부 훈령 제255호로 '외국인 산업기술연수 사증 발급 등에 관한 업무처리 지침'을 제정하여 11월 1일부터 실시하여 산업기술연수생들이 입국하게 됨.

〈표 1-11〉 우리나라의 국제결혼 선행연구 현황

연구범주	저자·연도	제 목	대상 / 주요내용
중앙 정부 기관의 정책·실태 조사	보건복지부. 2005.	국제결혼 이주여성 실태조사 및 보건·복지 지원정책 방안	전국단위 생활실태와 사회복지, 보건, 의료 욕구
	국제보건의료발전재단. 2005.	외국인노동자 보건의료실태 조사연구	외국인노동자 보건의료 욕구
	국가청소년위원회·한국청소년상담원. 2006.	다문화가정 청소년(혼혈청소년) 연구, 사회적응 실태조사 및 고정관념 조사	다문화가정 청소년에 대한 실태, 일반 청소년들의 고정관념
	교육인적자원부. 2006.	다문화가정의 자녀 교육 실태조사	교육격차 해소, 국제결혼·외국인 근로자·새터민
	대통령자문빈부격차·차별시정위원회. 2006.	여성결혼이민자 가족의 사회통합 지원대책	여성결혼이민자 가족의 통합 지원 실태
	여성가족부. 2006.	결혼이민자 가족실태조사 및 중장기 지원정책방안 연구	전국단위 결혼이민자와 가족, 아동의 생활실태
	한국여성개발원. 2005.	세계화와 아시아에서의 여성이주에 관한 연구	이주에 관한 국가정책, 이주여성의 경험 이해
	한국여성개발원. 2006.	여성결혼이민자의 문화적 갈등 경험과 소통증진을 위한 정책과제	이주여성들의 갈등 경험, 의사소통
	한국여성개발원·한국정치학회·한국사회학회. 2006.	한국사회의 새로운 갈등 국면 구조와 통합: 이념 및 문화갈등과 국민통합 국면	한국사회의 문화갈등과 통합 모색
	경기도가족여성개발원. 2007.	경기도 국제결혼 이민자가족 지원 장단기 계획	이민자가족 생활실태, 정책적 수요
	충남여성정책개발원. 2005.	여성결혼이민자 문화예술교육 프로그램 기초연구	여성결혼이민자 문화예술교육 실태와 욕구
다문화주의 이론	한국사회학회. 2006.	동북아 '다문화'시대 한국사회의 변화와 통합	다문화시대의 변화, 통합
	한국사회학회. 2007.	한국적 '다문화주의'의 이론화	다문화주의 이론화
	김광일. 1991.	해외동포의 문화적응과 정신건강	미국, 캐나다, 브라질, 중국 교포들의 적응과정
	정진경·양계민. 2004.	문화적응이론의 전개와 현황	문화적응의 개인, 집단의 적응 선행 연구 고찰
이주의 여성화	홍기혜. 2000.	중국조선족 여성과 한국남성간의 결혼을 통해 본 이주의 성별정치학	이주의 여성화, 지구화, 이주여성의 정체성 변화, 이주여성의 문화적 갈등
	김은실. 2002.	지구화, 국민국가 그리고 여성의 섹슈얼리티	지구화된 지역에서 자본과 이주의 담론들
	김현미. 2004.	세계화와 이주의 여성화 – 이주여성연구의 관점과 시각들	여성의 섹슈얼리티 상품화
	민가영. 2004.	글로벌 자본과 로컬 가부장의 충돌과 공모	
	이영자. 2002.	신자유주의적 지구화와 페미니즘	
	이혜경 외. 2006.	이주의 여성화와 초국가적 가족	조선족 사례 중심

〈표 1-11〉 우리나라의 국제결혼 선행연구 현황(계속)

연구 범주	저자·연도	제 목	대상 / 주요내용
남편의 적응	김민정. 2003.	필리핀 이주 노동자의 '한국남편' 되기	외국인 남편 대상
	장온정. 2007.	국제 결혼한 한국 남성의 결혼적응에 관한 연구	한국인 남편 대상
결혼실태와 지원서비스	김민정 등. 2006.	국제결혼 이주여성의 딜레마와 선택	베트남과 필리핀 아내의 사례를 중심으로
	이금연. 2007.	국내 국제결혼과 그 이해, 실태와 문제점을 중심으로	국제결혼의 문제와 대응방안
	강유진. 1999.	한국남성과 결혼한 중국조선족 여성의 결혼생활실태에 관한 연구	문화적, 생활방식 차이
	강기정. 2007.	충남의 결혼이민자 가족복지정책 및 가족복지 지원서비스 모형	가족복지정책 지원 특성, 대상별 지원서비스
	문순영. 2007.	현행법(안)을 통해 보 국제결혼 여성 이주민을 위한 사회적 지원체계에 대한 탐색적 연구	현행 사회보장법체계에서 지원서비스 탐색
	최금해. 2005.	한국남성과 결혼한 중국 조선족 여성들의 한국에서의 적응기 생활체험과 사회복지서비스에 관한 연구	생활체험 경험, 복지서비스 탐색, 해석학적 연구
	소라미. 2007.	국제결혼 이주여성의 안정적 신분 보장을 위한 법·제도 검토	이주여성의 신분보장, 결혼중개업 문제점
농촌 국제결혼 이주여성의 적응	양점도·김춘택. 2006.	농촌 외국결혼이주여성의 결혼만족도에 관한 탐색적 연구	예천군 거주 이주여성 사회적 특성, 생활만족
	양순미. 2006.	농촌 국제결혼부부의 적응 및 생활실태에 대한 비교분석: 중국, 일본, 필리핀 이주여성 부부 중심	농촌 정착 국제결혼의 실태 조사
	한건수. 2006	농촌지역 결혼이민자 여성의 가족생활과 갈등 및 적응	전북지역, 문화적 적응과 사회통합, 민족지 자료
결혼이주여성의 적응	양철호 외 5인. 2003.	외국인 주부의 인권과 복지에 관한 연구	광주·전남을 중심으로 인권·복지 실태조사
	김오남. 2006	이주여성의 부부갈등 결정요인 연구	
	정천석·강기정. 2008.	국제결혼 이주여성의 한국생활적응 유형에 관한 연구	한국어 교육 참여자, 질적비교연구(fs/QCA)
	구차순. 2007.	결혼이주여성의 적응에 관한 근거이론 연구	부산지역 결혼이주여성, 근거이론의 적용
	최금해. 2007.	조선족 여성들의 한국결혼생활 적응유형에 관한 질적연구	심층면담과 참여관찰, 근거이론 적용
	윤형숙. 2003.	외국인출신 농촌주부들의 갈등과 적응, 필리핀 여성을 중심으로	
	서리나. 2003.	한국 여성 이민자의 사회적 지지와 심리적 복지	하와이 주 한국 이민여성 심리적 복지

이에 이주 노동자들의 문제에 대한 특별 보호대책[117] 및 사회복지적 접근의 필요성이 여성이주 노동자를 위한 상담소 및 지원 단체들의 실태조사보고와 대책이 논의되었다.[118]

이들이 다루고 있는 주제도 대부분 여성이주 노동자 및 국제결혼 여성이 남편이나 가족으로부터 부당한 대우와 폭력, 그리고 우리사회의 남성 중심의 가부장적인 가치체계가 지배하고 있는 혈통주의 단일민족 이데올로기가 굳건한 한국사회에서 외국여성으로서 차별과 체류상의 어려움을 주로 다루고 있다. 또한 한국남성과 결혼하여 가족생활에서 겪는 일상생활의 어려움, 외부와 단절된 삶 속에서 당하는 피해사례에 대한 실태보고 등 부당한 차별들에 대한 사회적 문제를 제기하였고, 이들의 문제를 해결하기 위한 방안을 모색하는 데 연구의 초점을 두고 있었다. 그러나 성매매 문제는 대중적으로나 정책적으로 지속적인 관심을 받아 오지 못했다. 반면, 여성결혼이민자는 집중적이고 대중적인 관심을 받았다. 이주여성 문제가 '여성' 문제로 가시화되고 관심을 한 몸에 받은 것은 여성결혼이민자의 폭발적인 증가에 따라 나타났다.

1980년대 말에 시작된 농촌총각장가보내기 사업은 농촌의 영농후계자 단체와 여성단체들의 후원 아래 이루어졌는데, 1992년부터는 지방자치체의 적극적인 주선으로 한국계 중국여성들의 유입을

---

117) 1995년 노동정책연구소의 '외국인 노동자 정책과 보호대책' 마련을 위한 워크숍에서 여성이주 노동자의 성폭행이나 성희롱에 대한 문제제기와 대책마련, 그리고 여성단체들의 역할이 제안된 바 있다. 또한 외노협과 Asian Migrant Center가 서울에서 마련한 '세계 경제구조에 도전하는 이주 노동자' 국제회의에서 여성들의 급속한 이주 노동자화에 따른 고민과 대책이 논의되었다.

118) 이주여성인권연대, 『국내 이주여성 및 국제결혼 가족의 문제와 대책』, 2001; 외노협, 『이주노동자인권과 외국인력 도입정책의 근본적 개선을 위한 토론회』 자료집, 2000; 『외국인이주·노동운동협의회(외노협) 외국인 노동자 보건·복지향상을 위한 토론회』, 2001.

꾸준히 증가시켰다. 그러나 2000년 이후 필리핀에 이어 베트남, 태국 등 동남아시아의 여성들이 유입되면서 국제결혼의 새로운 국면을 맞이하게 되었다.

국제결혼을 통한 여성의 이주가 급격히 증가한 것[119]과 더불어 이주여성 지원 단체들도 이 시기부터 인신매매성 국제결혼 과정과 결혼 이후 가정폭력 등에 대한 인권적 차원의 문제제기를 지속적으로 추진하기 시작한 것[120]이 배경이 되어 국가적 관심이 시작되었다.[121] 이러한 인권단체들과 여성단체들의 노력으로 국제결혼을 한 이주여성들의 사회적 지위에 대한 법적, 제도적 개선과 방안들이 정부의 관심과 정책적인 대책을 끌어내는 데 기여를 하였다.

사실상 여성결혼이민자에게 서비스를 제공하는 일은 여성단체들이 시작했지만, 정부와 지방자치제가 정책 수립과 서비스 제공에 단기간 집중함으로써 서비스체계는 전국적으로 빠르게 확산되고 있다. 특히 2006년 여성결혼이민자 가족 및 혼혈인 이주자의 사회통합 지원방안 발표 이후, 전국의 광역, 기초자치단체가 운영하는 여성회관, 종합사회복지관, 농업기술센터 등 총 822개 기관 중 29.4%에 달하는 242기관에서 다문화가족 관련 사업을 시행하고 있다. 전라도와 경상도, 충남지역에는 전체 기관의 40% 이상이 여성결혼이민자 사업을 시행하였다.[122] 대부분의 여성단체들이 정부

---

119) 2000년부터 늘어나던 국제결혼은 2004년이 되자 총 혼인건수의 11.4%를 차지할 정도가 되었고 이 중 72.2%가 한국남자와 결혼한 외국여자인 것으로 나타났다.

120) 한국이주여성인권센터는 2003년에는 '이주여성문제, 어떻게 볼 것인가?', 2004년에는 '이주의 여성화와 한국국제결혼의 현황과 과제', 2005년에는 '아시아여성국제포럼으로 열린 이주의 여성화와 이주여성의 인권', 2006년에는 '인신매매성 국제결혼 예방과 방지를 위한 아시아전략회의'가 있었고, 그리고 2007년 '다문화 '트렌드' 시대, 이주여성 정책과 운동 어디로 갈 것인가?'라는 제목으로 심포지엄을 개최한 바 있다.

121) 정선애, Ibid., (2007).

의 용역을 받아 사업을 시행하거나 다문화가족지원센터[123]를 맡아서 하는 경우가 많기에 다문화가족지원센터에서 실행하는 프로그램과 이주여성단체들의 프로그램의 차별화가 실제적으로 두드러지지 않는다는 비판이 따를 수 있다.

이주여성들이 한국에 온다는 것은 자신의 삶을 확장하고 자신의 욕망을 실현하기 위한 하나의 시도이다. 적극적으로 상황을 스스로 만들어 가는 초국가적 행위자이다. 이주여성 관련 활동이 운동성을 갖기 위해서는 이러한 이주여성의 삶의 맥락을 인식하는 것이 우선이 된다.[124] 제삼세계 여성이 결혼이라는 고리를 통해 한국에 올 경우, 한국 사람들은 국제결혼이 행해질 수밖에 없는 한국사회 시스템이나, 세계화 과정에서 파생되고 있는 '여성의 빈곤화'가 빚어내고 있는 '이주의 여성화' 현상에 따른 결혼이민여성들의 삶을 이해하기보다는 '돈을 목적으로 결혼하는 사람, 위장 결혼한 사람들'이라는 편견을 갖고 이들을 본다. 이런 편견은 한국사회를 통합하는 데 큰 걸림돌이 된다. 국제결혼 이주여성들을 '자기 꿈을 갖고 삶을 개척하기 위해 이주를 한 여성'으로 자리매김을 해 주는 인식전환이 필요하다.[125]

국제결혼 이주여성에 대한 국가적 관심이 시작된 것은 2004년부

---

122) 충청남도여성정책개발원, 『충남 국제결혼가족 실태 및 지원 정책 방안에 관한 연구』, 2006.

123) '결혼이민자지원센터'가 2008년 3월부터 '다문화가족지원법'이 시행되면서 '다문화가족지원센터'로 명칭이 변경되었다.

124) 엘리, 『다문화 트랜드 시대, 이주여성 정책과 운동, 어디로 갈 것인가?』, 「느리지만 낯설지 않은 소통을 위하여, 이주여성운동을 다시보다」(한국이주여성인권센터 2007 정기 심포지엄 자료집, 2007).

125) 한국염, 『국제결혼 이주여성, 차별과 폭력을 넘어서……』, 「현장에서 본 이주여성 정책과 입법」(국회여성정책포럼 제9차 정책토론회, 2006).

터라고 할 수 있다. 여성가족부[126]는 가정폭력 이주여성을 위한 쉼터 2곳을 개설하였고,[127] 같은 해 국무총리 조정실에서 국제결혼 이주여성의 한국사회 적응과 관련하여 시민단체와의 간담회를 개최하였다. 이는 국제결혼을 통한 여성의 이주가 급격히 증가한 것과 아울러 이주여성 지원 단체들도 이 시기부터 인신매매성 국제결혼 과정과 결혼 이후 가정폭력 등에 대한 인권적 차원의 문제제기를 하기 시작한 것[128]이 배경이 되었다.

2005년에는 보다 본격적인 정책이 수립되기 시작하였는데 보건복지부[129]는 국제결혼 이주여성에 대한 보건복지지원정책 마련을 위한 광범위한 실태조사[130]를 실시하였다. 이 실태조사는 전국 단위의 조사연구로서 한국인 남성과 결혼한 외국인 여성의 생활실태와 사회복지와 보건, 의료 욕구를 파악하고 정책적 지원방안을 강구하기 위하여 실시되었다. 2005년 8월 16일에는 제1차로 이들의 체류안정화 방안을 논의하기 위하여 사회문화관계장관회의가 열렸다. 이를 토대로 2005년 9월 '출입국관리법 시행령'을 개정하여, 거주(F-2) 체류자격 결혼이민자의 영주권 취득요건을 완화하고, 별도의 허가 절차 없이 취업도 자유롭게 할 수 있도록 제도가 개

---

126) 여성가족부는 2008년 3월 직제 개편으로 여성부로 명칭이 변경되었고, 정부 부처 직제에 따라 다문화가족 관련 사업은 보건복지가족부로 이관되었다.

127) 2004년 사회공동모금회가 로또기금에서 '소수자를 위한 쉼터'를 시원하는 프로젝트를 실시했고, 이 중 두 곳을 '이주여성전용쉼터'로 지원했고, 여성부에서 다음 해부터 공식으로 운영비 지원을 하였다.

128) 2004년 이주여성·인권연대가 국제결혼 이주여성의 문제를 갖고 토론회를 개최했고, 10월에 이주여성인권센터가 정책 심포지엄을 실시했는데, 특히 이 정책 심포지엄을 통해 한국에 국제결혼 이주여성들의 가정폭력을 비롯한 인권문제가 부각되기 시작했다.

129) 보건복지부는 2008년 3월 정부 부처 직제 개편에 따라 보건복지가족부로 명칭이 변경되었다.

130) 보건복지부, 『국제결혼 이주여성 실태조사 및 보건·복지 지원 정책방안』, 2005.

선되었다. 같은 해 11월 25일에 2차 대책회의로 청와대는 수석보좌관 회의를 열어 생활안정 대책에 대해 논의하였는데 이를 통하여 시·군·구별 결혼이민자지원센터를 구축하는 등 보다 체계적으로 결혼이민자 가족의 사회적응지원체계구축이라는 과제가 부각된다. 이러한 여성결혼이민자 정책은 2006년 4월 26일 대통령 주재로 국무총리와 여성가족부[131]·보건복지부·법무부 등 관계부처 장관, 빈부격차·차별시정위원회[132] 위원 등이 참석한 가운데 제74회 국정과제회의를 개최하여 '혼혈인 및 이주자의 사회통합 기본방향'과 '여성결혼이민자 가족의 사회통합 지원 대책'을 확정함으로써 범정부차원의 종합적인 기본방향이 정해지기에 이른다. 국정과제회의에서 제시된 대책은 3차 대책회의의 결과로서 기본방향은 여성결혼이민자에 대한 차별과 복지사각지대 해소를 통한 사회통합과 열린 다문화 사회 실현이다. 또한 구체적인 내용으로는 탈법적인 결혼을 방지하고 입국 후 안정적인 체류와 정착을 지원하며 이들의 자녀에 대한 지원과 사회적 인식 개선 및 종합적인 추진체계에 관한 내용을 담고 있다.[133]

이러한 종합대책이 수립된 이후 결혼이민자에 대한 지원 사업은 각 부처와 부처의 전달체계에 따라 본격적으로 시행된다. 여성결혼이민자에 대한 정책총괄기능을 담당하고 있는 여성가족부[134]는 가족실태조사를 통하여 결혼이민자 가족의 사회문화적 적응과 가족

---

131) 여성가족부, 『결혼이민자 가족실태조사 및 중장기 지원정책방안 연구』, 2006.

132) 대통령자문 빈부격차·차별시정위원회, 『여성결혼이민자 가족의 사회통합 지원 대책』, 2006.

133) 한국염, 『이주여성, 그들은 우리와 함께 살고 있는 시민이다』, 참여정부 4년 여성정책 토론회 - 이주여성부분(여성단체연합, 2007. 2. 20).

134) 여성가족부, Ibid., 2006.

의 안정성 강화, 사회통합 지원을 위한 방안으로 전국적 차원에서 결혼이민자와 그 가족 특히 '아동'의 생활 실태를 파악하고, 그들의 사회문화적 기본욕구를 파악하여 중장기 방향을 설정하는 기초자료를 마련하였다. 여성가족부는 한국어교재 발간, 결혼이민자가족지원센터를 통한 한국어 교육 및 찾아가는 서비스, 아동양육 지원사업 등을 꾸준히 실시해 왔으며, 2008년의 경우 결혼이민자를 위한 사회적 관심과 정책수요에 부응하기 위해 223억 원의 예산을 편성하였다. 이는 2007년의 39억 원보다 471.8% 증가한 것으로 보건복지가족부는 다문화가족지원센터를 2007년 34개소에서 2008년 80개소로 확충하고, 결혼이민자가 입국단계부터 결혼, 그리고 자녀 양육기에 이르기까지 필요한 한국어·가족·문화이해 교육, 자녀양육 지원, 가족관계 상담, 배우자 교육, 멘토링 및 후원가족 매칭 등의 다양한 서비스 사업을 추진한다는 계획을 발표하였다.[135]

또한 보건복지가족부는 모·부자복지법, 국민기초생활보장법을 개정하고 긴급복지지원사업과 여성결혼이민자에 대한 무료진료사업 등을 통하여 여성결혼이민자에 대한 생계, 의료지원 정책을 마련하고 있으며,『행복한 한국생활 도우미』를 발간하여 여성결혼이민자가 입국에서부터 한국생활을 정착하는 데 필요한 각종 정보를 제공하고 있다.

이 밖에도 교육인적자원부[136]의 다문화가정의 자녀 교육 실태 조사, 그리고 국가청소년위원회·한국청소년상담원[137]의 다문화가

---

135) 2007년 11월 7일『여성가족부 정례브리핑』
136) 교육인적자원부,『다문화가정의 자녀 교육 실태 조사』(정책연구과제 2006 - 이슈 - 3, 2006).
137) 국가청소년위원회, 한국청소년상담원,『다문화가정 청소년(혼혈청소년)연구, 사회적응 실태

정 청소년(혼혈청소년)연구, 국립국어원의 언어문화 적응에 관한 실태조사[138]로 외국인 이주여성이 한국어와 문화를 학습하고 적응해 나가는 양상을 파악하였다. 문화관광부가 문화소외계층 사업의 일환으로 결혼이주여성에 대한 문화예술교육을, 정보통신부가 정보 접근권 취약계층 사업의 일환으로 결혼이주여성에 대한 컴퓨터 교실 등을 운영하고 있으며 교육인적자원부 역시 다문화가정 자녀의 학교생활 적응을 위한 지원계획을 마련하고 있다.[139] 농촌진흥청[140]은 농촌에 정착하고 있는 국제결혼의 실태를 파악하고 정착 지원을 위한 방안 마련을 위해 세미나를 개최하기도 하였다.

특히, 보건복지가족부는 2008년 3월 21일 공포된 다문화가족지원법(법률 제8937호, 2008. 9. 22일 시행) 제정으로 다문화가족 구성원이 안정적인 가족생활을 영위할 수 있도록 함으로써 이들의 삶의 질 향상과 사회통합에 이바지함을 목적으로 하였다. 이 법에서 사용하는 '다문화가족'이란 '재한외국인 처우 기본법' 제2조 제3호의 결혼이민자와 '국적법' 제2조에 따라 출생 시부터 대한민국 국적을 취득한 자로 이루어진 가족, '국적법' 제4조에 따라 귀화허가를 받은 자와 같은 법 제2조에 따라 출생 시부터 대한민국 국적을 취득한 자로 이루어진 가족을 말하며, '결혼이민자 등'이란 다문화가족의 구성원으로서 '재한외국인 처우 기본법' 제2조 제3호의 결혼이민자, '국적법' 제4조에 따라 귀화허가를 받은 자에 해당

조사 및 고정관념 조사』, 2006.

138) 국립국어원. 『국제결혼 이주여성의 언어 및 문화 적응 실태 연구』, 2005.

139) 정선애, Ibid., 2007.

140) 농촌진흥청, 『농촌국제결혼 정책방안 세미나』 자료집(농촌진흥청 농업과학기술원 농촌자원 개발연구소, 2006).

하는 자를 말한다.

이상과 같은 중앙 정부 및 지방자치단체와 관련한 기관들의 연구 성과들이 국제결혼 가족들의 적응과 정착 지원 방안을 마련하기 위한 정책적인 기초자료로서 시사하는 바가 크지만, 국제결혼 가족원들의 경험과 심층적인 삶을 도출하는 데는 한계가 있다고 본다.

결혼이주여성을 대상으로 한 정책의 지향성을 두 가지 정책 맥락에서 살펴볼 수 있다. 두 가지 큰 맥락은 세계화 속의 여성이주 추세와 후기 근대 한국사회의 가족 및 지역사회 변화 상황이다. 국제결혼 이주여성 문제와 관련하여 서로 긴밀하게 연결되어 있다. 이주여성의 문제로 접근할 때, 정책의 수혜자 여성은 이주자 개인이 되며, 이주 관련 양국 간 협정내용, 노동 상황, 체류자격, 이주자의 권리와 보호 수준 등이 관련된다. 반면 가족과 지역사회의 문제로 접근할 때 정책의 수혜자 여성은 주부, 부인, 어머니로서 가족복리의 담당자로 간주되며, 이러한 역할 수행을 위한 한국어 습득과 생활적응 및 기타 교육의 기회, 가족복지, 양육 등의 영역이 관련된다. 여기서 전자와 후자의 관점은 상호 모순되거나 충돌할 수 있다. 전자의 관점에서 이주여성 개인의 권리를 보호받는 것은 가족을 유지하는 것보다 우선시되어야 한다. 한편 후자의 관점에서는 체류자격이나 권리의 문제가 가족 내의 여성 역할을 어떻게 규정할 것인가에 의해 제한될 수 있다.[141]

'여성결혼이민자 가족의 사회통합 지원대책'의 정책기조는 후자

---

141) 김민정, 『국제결혼 이주여성, 차별과 폭력을 넘어서……』, 「결혼 이주여성 및 가족정책의 전망과 과제」(국회여성정책포럼 제9차 정책토론회, 2006).

에 속한다. 그러나 '가족'의 사회통합 정책임에도 불구하고 많은 경우 문제의 원인 제공자인 남편이나 시댁 가족에 대한 내용은 전무하다. 국제결혼을 하는 한국 남편을 대상으로 이주현황과 법률, 가족관계와 타 문화 이해에 대한 정보 및 교육이 어떤 방식으로든 어떤 수준으로든 전달되는 정책이 모색되어야 한다.

인권단체와 여성단체에서의 실태조사 연구들은 자신들의 단체에 접수된 국제결혼 이주여성들의 피해사례를 통해 가정폭력의 실상과 문제 상황을 사회적인 문제로 이슈화하는 데 주력한 반면, 학계에서는 국제결혼 이주여성과 그의 가족에 관심을 갖고 연구가 이루어졌다. 학계에서는 주로 여성학계, 문화인류학계, 사회학계, 사회복지학계, 상담학계 등 다양한 학문적 맥락에서 접근을 시도하였다. 또한 2005년도와 2006년도에는 학회 관련 학술세미나와 연구보고서를 통해서 국제결혼과 이주여성, 다문화주의, 이념 및 문화갈등, 세계화와 여성이주 등 다양한 분야에서 연구와 발표가 이루어졌다.

학문분야별로 이루어진 연구 주제와 내용을 살펴보면, 여성학 분야에서의 연구는 주로 이주의 여성화, 지구화, 여성의 섹슈얼리티, 이주여성의 정체성 변화, 이주여성의 문화적 갈등 등에 초점을 두고 이루어졌다.[142] 홍기혜는 중국 조선족 여성과 한국 남성 간의

---

142) 홍기혜, 「중국조선족 여성과 한국남성간의 결혼을 통해 본 이주의 성별정치학」, 『한국사회학』 제28권 가을호, 2000; 김은실, 「지구화, 국민국가 그리고 여성의 섹슈얼리티」, 여성학논집 제19집, 이화여대한국여성연구원(2002), 29 – 46, 2002; 김현미, 「세계화와 이주의 여성화 – 이주여성연구의 관점과 시각들」, 이주여성인권연대. 한국여성의전화연합 주최 『이주여성 폭력전문상담원 교육』 발제문, 2004; 민가영, 『글로벌 자본과 로컬 가부장의 충돌과 공모』, 이화여자대학교 한국여성연구원 주최 『국가횡단시대 변화하는 아시아의 여성』 심포지엄 자료집, 2004; 이해경, 『한국이주 경험을 통해 본 중국 조선족 기혼여성의 정체성 변화』, 여성학논집 22(2), 107 – 143, 2005; 한국여성개발원, 『여성결혼

결혼을 통해 본 이주의 성별정치학에 관한 연구에서 국제이주에 있어 성별이 핵심적인 분석지점이 되어야 하며, 국제결혼의 문제를 성별화된 정치경제의 지구화된 가부장적 체제라는 거시적인 맥락 안에서 연구 분석하였다. 이들 이주여성들은 제3세계 여성들로서 남성들과 다른 성별화된 방식으로 이주한다는 점과 가부장적 사회체제와의 연계성에서 고찰되어야 함을 지적하였다. 실태조사와 면담방식을 통해서 조선족 여성들의 결혼생활 체험과정에서 적응의 어려움과 문제점, 가부장적 제도하의 조선족 여성의 열악함과 무력감 등의 문제점을 지적하고 있다.[143] 김은실, 김현미, 민가영[144]은 지구화된 지역에서의 자본과 이주의 담론들이 새로운 형태의 불평등을 생산해 내고 여성의 섹슈얼리티가 국가의 경계를 넘어 새로운 종류의 상품이 되어 가는 메커니즘을 탐구하였다. 이혜경[145]은 중국 조선족 기혼여성의 한국 이주경험을 노동력 제공자로서 한국 내 노동경험과 다양한 삶을 경험하면서 정체성의 변화를 사회적 맥락에서 살펴보았다. 이를 통해 그들은 대상이나 타자가 아닌 구체적 실천을 통해 자신의 사회적 조건과 끊임없는 타협과 협상을 해 나가는 주체로, 사회적 행위자로 위치시키는 데 연구의 초점을 맞추었다. 한국여성개발원[146]의 세계화와 아시아에서의 여성이주에

이민자의 문화적 갈등 경험과 소통증진을 위한 정책과제』, 2006; 한국여성개발원, 『세계화와 아시아에서의 여성이주에 관한 보고서』, 2005; 한국여성개발원·한국정치학회·한국사회학회, 『한국사회의 새로운 갈등 국면 구조와 통합: 이념 및 문화갈등과 국민통합 국면』, 2006.

143) 홍기혜, Ibid., (2000).

144) 김은실, Ibid.; 김현미, Ibid.; 민가영, Ibid.

145) 이혜경, Ibid.

146) 한국여성개발원, Ibid., (2005).

관한 보고서에서 세계화에 따른 자본주의 시장의 확대뿐 아니라 문화와 지식 그리고 사상의 교류라는 의미에서 개별 국가의 차원에서 이주문제에 접근하기보다 국제적 흐름 속에서 이주문제를 살펴보았다. 이주에 관한 국제정책을 파악하고, 성 인지적인 관점에서 여성이주에 관한 국제 협력 방안을 모색하였다.

문화인류학 분야의 연구를 살펴보면, 이주여성의 갈등과 적응, 가족생활과 갈등 및 적응, 이주여성의 딜레마와 선택 등에서 국제결혼 이주여성들의 참여관찰 및 생애사연구방법 등을 통해 기존의 피해자적인 시각에서 벗어나 보다 정체성을 가진 주체적인 존재로 변해 간다는 관점에서 연구의 초점을 보였다. 즉 일상적 저항과 적응전략을 구사하는 적극적인 행위자로서 일상생활에서 주체적이고 스스로 판단하고 선택하며, 자신의 삶에 주관적 의식과 비전을 가지고 적극 대처할 수 있는 존재로 인식하였다. 또한 국제결혼 가족에 관한 초기의 사회병리적인 수준의 논의에서 한국사회의 통합이라는 실질적이고 구체적인 논의로 전환되어야 함을 지적하면서 국제결혼 가족생활 갈등과 적응의 해결을 문화적인 요소와 부부 상호 간의 문화학습, 문화적 갈등과 적응에 관한 체계적인 연구의 필요성을 제기하였다.[147] 또한 한국여성개발원[148]은 여성 결혼이민자의 문화적 갈등 경험과 소통 증진을 위한 정책과제를 통하여 결혼이주여성과 일차적 생활세계의 구심점인 가족성원 간의 문화적 차이에 대한 관심과 가치평가, 의사소통 현실을 점검하고

---

147) 윤형숙, Ibid., (2003); 김민정, 「필리핀 이주 노동자의 '한국 남편'되기」, 『초국가 시대의 정체성: 새로운 경계만들기』, 제35차 한국문화인류학회 정기학술대회 발표집, 전남대학교 (2003); 김민정, 유명기, 이혜경, 정기선, Ibid., (2006); 한건수, Ibid., (2006).

148) 한국여성개발원, Ibid., (2006).

이주여성들의 갈등 경험을 파악하였다. 문화적 차이에 대한 관심과 상호 이해를 증진함으로써 이주여성들이 우리사회의 주체로 자리잡을 수 있도록 정책방안을 제시하였다. 이 밖에도 문화인류학 분야의 논문들[149]에서 국제결혼 이주여성의 사례를 통해 가족관계와 초국가, 마이너리티의 형성 등에 관한 연구가 이루어지고 있다.

사회학 분야의 연구에서의 국제결혼 관련 연구는 가장 활발하게 전개되고 있다. 신자유주의적 지구화와 페미니즘, 이주 노동자의 유입과 정착, 사회적 배제, 다문화 가족과 다문화 사회에서의 한국사회의 변화와 통합 등 세계화에 있어서의 전환기 한국가족의 변화에 대해 다문화의 담론을 제기하고 있다.[150] 이영자[151]는 신자유주의적 지구화와 페미니즘 연구에서 신자유주의적 지구화가 야기하는 세계적 특징을 분석하고, 이것이 여성의 현실에서 야기하는 근본문제들을 고찰하여 여성의 생존권의 위협, 소비자본주의 헤게

---

149) 조성원, 「외국인 노동자와 노동계층 한국여성의 결혼사례를 통해 알아본 새로운 마이너리티의 생성 및 재생산」(미간행 석사학위논문, 한양대학교 대학원, 2000); 전수현, 「필리핀 노동자와 결혼한 한국 여성의 주변적 지위」(미간행 석사학위논문, 서울대학교 대학원, 2002), 신란희, 「국제결혼 여성의 가족, 일 그리고 정체성: 우즈베키스탄과 필리핀 여성의 생애사 연구」(미간행 석사학위논문, 서울대학교 대학원, 2005); 임안나, 「한국 남성과 결혼한 필리핀 여성의 가족관계와 초국가적 연망」(미간행 석사학위논문, 서울대학교 대학원, 2005).

150) 이영자, 「신자유주의적 지구화와 페미니즘」, 『성평등연구』 제6집(2002), 95 – 126; 이태정, 「외국인 이주 노동자의 사회적 배제연구 – '국경 없는 마을' 사례」, 『사회연구, 한국사회조사연구소편』 제2권 제2호, 통권 제10호(2005), 139 – 178; 이혜경, Ibid., 2005; 설동훈, 「다문화 가족과 다문화 사회: 사회학적 설명」, 『전환기의 한국가족 글로벌리제이션과 탈전통·탈식민』, 『한국사회사학회, 충남대 사회과학연구소』, 2006년 정기학술대회 자료집(2006), 1 – 10; 임경택, 설동훈, 「일본의 결혼이민자 복지정책」, 『지역사회학』 제7권 제2호(2006), 5 – 68; 이혜경 외 3인, Ibid., (2006); 『한국사회학회』, Ibid., (2006); 『한국사회사학회, 충남대 사회과학연구소』, 『전환기의 한국가족 글로벌리제이션과 탈전통·탈식민』, 『한국사회사학회, 충남대 사회과학연구소』, 2006년 정기학술대회 자료집(2006); 『한국사회학회』, Ibid., (2007).

151) 이영자, Ibid., (2002).

모니를 강화시켜 주는 동조세력으로서 여성의 현실, 그리고 여성들 간의 양극화와 다양성이 두드러지는 현상을 고찰하였다. 이태정[152]은 외국인 이주 노동자의 사회적 배제연구에서 안산시 '국경 없는 마을'에 살고 있는 이주 노동자들에 대한 심층 면접에서 외부인을 쉽게 받아들이지 못하고 다양성을 인정하는 데 인색한 한국사회의 외국인 혐오증이 결합하여 독특한 형태를 띠는 사회적 배제의 메커니즘을 작동시키고 있음을 지적하고, 이주 노동자들과 지역사회 성원들의 노력이 새로운 공동체적 시도를 모색하는 데 기여한다고 보았다. 이혜경[153]은 국내로의 혼인이주의 추이와 현황, 혼인이주자의 특성 및 혼인이주 가정의 문제와 대응방식을 연구하였다. 혼인이주 가정의 문제로 가정경제의 어려움, 부부관계의 계급화, 서로 다른 기대 차이로 인한 갈등의 내포 등에 대해 각방 쓰기, 가출, 이혼 혹은 이혼 거부 등을 통해 대응하고 있음을 지적하였다. 또한 무조건 이들을 무시하는 한국인들의 태도와 관련하여 한국인 이웃에 대해 무관심으로 맞대응하고 있으며, 부정적 이미지에 대해 가까운 고향 친인척과의 만남 이외의 다른 중국교포나 한국인 이웃과의 모임을 꺼리게 만들었다고 지적하고, 중국교포 여성들은 국내 노동시장에서 일자리를 찾기가 쉬우므로 취업으로 또는 가출로 대응하고 있음을 지적하였다. 설동훈[154]은 다문화사회 한국의 이민자 통합 정책은 세계적 기준으로 볼 때, 가장 배타적인 편에 속함을 인식하고 다문화 사회 건설을 위한 이민자와 한국인 양자가 인

---

152) 이태정, Ibid., (2005).

153) 이혜경, Ibid., (2005).

154) 설동훈, Ibid., (2006).

종적·문화적 다양성을 인정하고 존중하는 자세를 학습하여야 한다고 지적하였다. 이민자 통합 정책은 한국인들이 다문화 사회의 가치관을 학습하고, 그것이 행동으로 나타나도록 훈련하여, 이민자를 통해 세계에 대한 이해를 넓히고 외국 문화를 예술적 상상력으로 배양할 수 있는 계기 마련을 주문하였다. 임경택·설동훈[155]의 일본의 결혼이민자 복지 정책 연구에서는 일본국적을 취득한 사람이나 영주자 및 정주자, 정규입국자가 받을 수 있는 복지내용을 사회보험, 생활보장 등으로 나누고 사회수당과 그 외의 일본 국내의 사회복지법 등의 적용에 수혜자가 느끼는 불공평감을 문제로 지적하였다. 이혜경 외[156]는 이주여성에 대해 최근 '초국가적 가족' 현상에 주목하면서, 이주여성이 세계화된 자본주의와 가부장제적 이데올로기가 교차하는 지점에 위치하고 있음을 지적하였다. 해외 이주여성들이 겪게 되는 '여성'으로서, '아내'로서, 그리고 '어머니'로서의 경험은 여성주의적 – 성인지적 관점에서의 분석을 요구함을 인식하고, 국내 서비스업에 취업 중인 조선족 여성의 경험을 분석하였다. 조선족 사례들은 한국정부의 '가족이주' 금지 및 이들에 대한 제한적이고 엄격한 '좁은 문' 정책은 이들의 '불법체류화'를 부추겼고, 이에 따른 장기적인 가족이산은 대규모적인 가족해체를 야기하였음을 보고하였다.

한국사회학회의 연구성과로 『동북아 '다문화'시대 한국사회의 변화와 통합』[157]과 『한국적 '다문화주의'의 이론화』[158]를 들 수 있

---

155) 임경택·설동훈, Ibid., (2006).

156) 이혜경 외 3인, Ibid., (2006)

157) 2006년 동북아시대위원회 용역과제에 참여한 집필진으로 김형균, 박경태, 설동훈, 심보선, 엄한진, 윤인진, 전광희, 그리고 책임편집으로 김혜순이 참여하였다.

다. 한국사회학회의 2006년 보고서는 한국의 다문화주의의 실현을 위해 고민과 성찰이 필요한 주제들을 열거하고, 이들에 대한 입장과 지향을 밝히면서 정책의 방향을 설정하는 것이 필요하다고 보고, '다문화사회'의 한국적 전개와 한국 '다문화사회'의 현실과 적응의 부분으로 구성하였다. 엄한진[159]은 한국의 다문화 담론을 '문화 없는 다문화주의'라고 비판하면서 특히 언론의 기사들이 이민자들의 문화적 측면, 한국에서의 문화생활, 종교생활, 일상문화에 대한 논의를 결여하면서 문화적 차이와 종족적 이질성을 강조하는 결과를 가져올 수 있다고 경고하였다. 김혜순[160]은 결혼이주여성에 대한 지금까지의 대중적 관심과 지원과 사업이 온정적이고 시혜적인 가부장적 시각에서 그들을 대상화해 온 측면을 비판적으로 분석하였다. 또한 결혼이주여성에 대한 정책 모델은 지역 밀착적이고 지역의 내생적인 접근에서부터 모색되어야 한다고 지적하였다. 한국사회학회의 2007년 보고서는 한국적 '다문화주의'의 이론화에 대한 보고서로서, 한국적 '다문화주의'의 모색은 현 한국적 상황에서 이론화는 학술적 작업인 동시에 정책적인 작업으로서 체계적이고 종합적인 정책을 세우기 위해 변화하는 정책 환경과 요구에 대한 정책연구이다. 따라서 한국적 '다문화주의'의 방향과 철학정립을 위해 현장의 주도 세력과 그들 간의 역학관계를 분석하고, 과

---

158) 2007년 동북아시대위원회 용역과제에 참여한 집필진으로 김혜순, 엄한진, 한경구, 한건수, 김은미, 김남일, 박천웅, 이혜경, 윤인진과 전문가 논평으로 김남국, 박명규, 한건수, 윤인진, 주은우, 박경태, 오경석이 참여하였다.

159) 엄한진, 「전지구적 맥락에서 본 한국의 다문화주의 이민논의」, 『한국사회학회』, 『동북아 '다문화' 시대 한국사회의 변화와 통합』(동북아시대위원회 용역과제 06-8, 45-75, 2006).

160) 김혜순, Ibid., (2006).

제와 쟁점을 제안하는 것을 이론화의 한 출발점으로 인식하였다.[161]

사회복지학 분야의 국제결혼 관련 연구로는 국제결혼에 따른 한국적응체험과 사회복지서비스, 이주여성의 사회적 지지와 심리적 복지, 국제결혼을 한 한국남성의 결혼적응, 결혼이주여성의 적응과 적응유형, 결혼만족도, 인권과 복지, 사회적 지원체계에 대한 연구 등이 있다.[162] 강유진[163]의 연구는 중국조선족 여성들이 결혼에 이르는 동기와 과정, 가족생활실태 및 양국 간 문화적 차이와 생활방식의 차이가 결혼 및 가족생활에 미치는 영향을 살펴보았다. 전반적인 가족관계 중 남편과의 관계에 가장 어려움을 나타냈으며, 생활습관, 언어장벽에 큰 갈등을 보였고, 경제문제, 남편과의 성격차이, 폭언 및 폭력의 순으로 어려움을 보였다. 최금해[164]는 조선족 결혼이주여성 8명을 대상으로 해석학적 연구방법을 사용하여 이들의 적응기 생활체험에 관한 연구를 하였다. 이들은 생활체험의 본질적 주제는 '한국에 대한 경제적 기대의 상실'로 실망하고, 남편으로부터 소외당하고 시댁식구로부터 무시당하고 한국인들의 불공평한 태도로 인해 '다양한 관계 속에서 깨어진 한국이민의 꿈' 등으로 '가정과 일 사이에서 좌절과 방황함' 등을 지적하였다. 서리나[165]는 하와이 주 한국 이민여성의 사회적 지지와 심리적 복지

---

161) 김혜순, Ibid., (2007).

162) 강유진, Ibid., (1999); 양철호 외 5인, Ibid., (2003); 최금해, 「한국남성과 결혼한 중국 조선족 여성들의 한국에서의 적응기 생활체험과 사회복지서비스에 관한 연구」, 『한국가족복지학』 제15권, 219-244, 2005; 서리나, Ibid., (2006); 양점도·김춘택, Ibid., (2006); 강기정, Ibid., (2007); 구차순, Ibid., (2007), 문순영, Ibid., (2007); 장온정, Ibid., (2007); 정천석·강기정, Ibid., (2007), 최금해, Ibid., (2007).

163) 강유진, Ibid., (1999).

164) 최금해, Ibid., (2005).

165) 서리나, Ibid., (2006).

에 관한 연구로서, 실증적 검증 과정을 통해 이민여성과 그 가정의 사회적 지지체계가 사회적 관계망과 같은 가족자원처럼 기능하고 있고, 가정생활의 만족감과 안정성, 심리적 건강에 정적으로 영향을 미쳐 이민여성의 심리적 복지 수준을 증진시킨다는 연구결과를 제시하였다. 양점도·김춘택[166]은 농촌 외국결혼 이주여성의 결혼만족도에 관한 연구로서, 외국결혼 이주여성의 결혼생활 만족과 관련하여 남편우위형이나 일치자율형이 중요한 변인임을 지적하였다. 강기정[167]은 충남 결혼이민자가족 복지 지원서비스를 특성별로 분석해 본 결과, 대상별로 이주여성을 대상으로 한 지원프로그램이 60% 이상을 차지한 것으로 나타났으며, 가족생애주기별 교육을 고려하지 않은 지원프로그램이 대부분을 차지하고 있음을 나타냈다. 또한 도농 간에 차별화된 프로그램은 거의 없으며, 일시적 지원프로그램이 대부분임을 지적하고 이들이 사회의 핵심 구성원으로 역량을 발휘할 수 있도록 다문화적 사회통합 지원방안을 제시하였다. 구차순[168]은 결혼이주여성의 적응과정을 분석하고 적응유형과 적응과정에 대한 이론 형성으로 근거이론방법을 적용하였다. 결혼이주여성의 적응과정은 '혼돈과 갈등의 단계', '둘러보고 시도해 봄의 단계', '조화로 위치를 찾음의 단계', '공동체 구성원으로 뿌리내리기 단계'를 거치는 것으로 나타났다. 적응과정의 핵심 범주는 '혼돈 속에서 자신을 찾고 뿌리내리기'로 나타났으며, 적응유형은 '안정된 뿌리내림', '희망을 걸어 봄', '회의로 흔들림'

---

166) 양점도·김춘택, Ibid., (2006).
167) 강기정, Ibid., (2007).
168) 구차순, Ibid., (2007).

의 세 가지 유형으로 분석되었다. 문순영[169]은 국제결혼 이주여성에 대한 사회적 지원체계를 현행 법(안)을 중심으로 분석하고 문제점들을 제시하였다. 현행 사회보장법체계에서 국적 취득 전 이들에 대한 사회적 지원은 외국인 특례조항으로 규정이 마련되어 있고, 지원은 급여나 서비스들이 관련 법률에서 체계성 없이 단편적으로 제공되고 있음을 지적하였다. 장온정[170]은 국제결혼을 한 한국 남성의 결혼적응에 관한 연구에서, 부부간의 의사소통, 남편의 전통적 가족주의 가치관, 자문화 전달 태도 변인이 국제결혼을 한 한국남성의 결혼적응에 대한 독립적 영향력이 큰 것으로 나타났다. 국제결혼 부부에게는 상호 이질적 문화 및 생활습관에 대한 수용과 이해를 위해 서로 다름을 인정하고 조율할 수 있는 다문화교육 프로그램이 이루어져야 하며, 전통적 가족주의가치관이 아내의 가치관과 어떻게 타협하며 조화를 이루어 갈 것인가에 대한 인식교육과, 남편의 효율적인 의사소통이 결혼적응에 긍정적 영향을 줌으로써 부부간에 상호 이해하고 배려하는 의사소통 방법을 제시하였다. 정천석·강기정[171]은 국제결혼 이주여성의 한국생활적응 유형에 관한 연구에서 생활만족 적응 유형에서 공통적인 특성은 이웃교류 수준이 낮을 경우 적응 유형으로 나타났으며, 이웃교류수준이 높을 경우에는 생활만족 부적응 유형으로 나타났다. 또한 심리적응 유형에서는 부부관계 갈등 수준이 낮은 조건을 공유하며, 이와 관련된 특성과 결합하여 심리적응 유형으로 나타났다. 심리부적응 유

---

169) 문순영, Ibid., (2007).

170) 장온정, Ibid., (2007).

171) 정천석·강기정, Ibid., (2007).

형에서는 부부관계만족 수준이 낮고, 어려울 때 상담해 줄 아는 사람이 있는 조건을 공유하며 이와 관련된 특성과 각각 결합할 때 나타났다. 최금해[172)는 조선족 여성들의 한국결혼생활 적응 유형에 관한 질적 연구에서 심층면담과 참여관찰을 통해 근거이론 패러다임 모형에 따라 한국생활 적응 유형을 파악하였다. 한국생활 적응은 '삶의 주인이 되고자 함'을 인식하고, '지속노력형', '불가피순응형', '긍정적인내형', '변화시도형'과 '유동형' 등 다섯 가지 유형을 도출하였다. 또한, 김광일[173)은 해외동포의 문화적응과 정신건강 연구에서 미국, 캐나다, 브라질, 그리고 중국에 사는 교포들의 적응과정과 정신건강문제에 관하여 살펴본 결과, 이민자들의 적응과정에서 오는 문제들이나 정신건강의 실태는 모든 이민자에게 일률적으로 적용해서 일반화시킬 문제는 아니라는 사실을 깨우쳤다. 이민자 공통의 문제가 있지만, 이민의 성격, 이민 대상의 선발과정, 수용국의 이민 정책과 사회 문화적인 여건 등에 따라 특유의 문제가 있다는 사실이다. 적응에 특히 어려움을 나타낸 집단으로 노년층, 청소년층, 전쟁신부들을 들 수 있었다. 정진경·양계민[174)의 문화적응이론의 전개와 현황 연구에서는 문화적응 분야의 이론적 발전과정과 현황을 소개하고, 사회 내 접촉과 사회 간 접촉의 구분, 문화적응을 가리키는 여러 개념, 문화적응의 결과 등 이 분야 관련 연구의 주요 개념들을 소개하고, 이민자, 체류자, 난민, 토착민, 민족문화집단, 관광객 등 문화적응 과정에 있는 집단별로 주요

---

172) 최금해, Ibid., (2007).

173) 김광일, Ibid., (1991).

174) 정진경, 양계민, Ibid., (2004).

연구주제들을 살펴보았다. 그리고 문화적응 분야의 주요 이론적 패러다임들인 문화 학습이론, 스트레스 대처 이론, 사회 정체감 이론, Berry의 문화적응 이론 등의 전개와 현황을 논의하였다.

이 밖에도 한국가정관리학회의 결혼이민자가족에 대한 연구, 가족상담학회, 한국가족치료학회의 다문화와 가족상담에 대한 연구, 충남여성정책개발원의 여성결혼이민자 문화예술교육 프로그램 기초연구, 국제보건의료발전재단의 외국인노동자 보건의료실태 조사연구, 한국청소년문화연구소의 글로벌, 다문화, 그리고 청소년에 대한 연구, 충남여성정책개발원의 충남 국제결혼가족 실태 및 지원정책 방안에 관한 연구 등[175]이 있다.

이상에서 국제결혼과 관련된 분야별 주제에 따른 특성이 추구하는 가치적 관점에 따라서 다양하고 상이한 특성에 근거하고 있음을 알 수 있다.

인권단체와 여성단체에 의한 사례연구에서는 '이주의 여성화' 물결 속에서 이주여성들은 노동자로, 성매매업 종사자로, 국제결혼으로 이주를 함에 따른 '빈곤의 여성화' 현상에 주목한다. 이들은 상업화된 국제결혼 시장을 통한 매매혼적 결혼의 문제와 여성결혼이민자의 인권문제, 서로 다른 기대와 문화에서 오는 갈등의 문제, 그리고 다문화가정 자녀에 대한 문제를 이주와 여성주의적 관점이 없이 여성결혼이민자를 지원하는 일을 한다면, 성역할 고정관념에

---

175) 한국가정관리학회, 『결혼이민자가족: 다양성과 공존을 향하여』, 『한국가정관리학회』(2006년 추계학술대회 자료집, 2006); 가족상담학회·한국가족치료학회, 『다문화와 가족상담』(2006년 한국가족상담학회 & 한국가족치료학회 추계공동학술대회 자료집, 2006); 충남여성정책개발원, Ibid., (2005); 국제보건의료발전재단, Ibid., (2005); 한국청소년문화연구소, 『글로벌, 다문화, 그리고 청소년』(청소년문화포럼, 12, 2005); 충남여성정책개발원, Ibid., (2006).

의한 한국의 가부장적 가족질서에 편입시키는 것으로 전락한다고
충고한다.[176)

　중앙정부와 지방자치단체 기관에 의한 연구를 살펴보면, 국제결
혼 이주여성의 문제를 현 정책기조에서는 다양하게 구성되어 있는
국제결혼 집단에 대해 단일한 고정관념과 이미지를 형성하고 있는
것에 대한 비판을 제기한다. 2006년 4월에 발표된 '여성결혼이민
자 가족의 사회통합 지원대책'에서도 '가족'의 사회통합 정책임에
도 불구하고 문제의 원인 제공자인 남편이나 시대 가족에 대한 내
용은 전무하다. 또한 국제결혼 이주여성 가족은 '매매혼'으로 시작
된 가족, 여성이 피해자인 가족, 빈곤 가족, 불량한 아동양육 환경
가족식으로 각각 다른 범주들을 현실적으로 동일한 집단인 것처럼
간주하는 경향이 있음을 지적한다. 특히 2008년 3월에 제정된 '다
문화가족지원법'이 다문화가족 구성원이 안정적인 가족생활을 영
위할 수 있도록 함으로써, 이들의 삶의 질 향상과 사회통합에 이
바지함을 목적으로 하고 있음을 주시하고 있다. 전 지구화 시대의
이주 관련 정책은 인종적 또는 민족적 단일성보다는 다양성을, 그
리고 남성 중심적이고 배타적 사고보다는 양성평등의 관점이 통합
된 개방적 사고를 요구하고 있다. 이러한 국제적 상황에서 우리의
정책도 결혼이민자들이 사회의 한 구성원으로 우리사회에 제대로
정착하도록 이들의 다름과 차이를 편견이나 차별 없이 수용할 수
있도록 하는 정책적 노력이 강화되어야 한다.[177)

---

176) 한국염, 「현장에서 본 이주여성 정책과 입법」, 『국제결혼 이주여성, 차별과 폭력을 넘어
　　 서……』(국회여성정책포럼 제9차 정책토론회, 2006).
177) 이선주, "문화적 다양성과 성인지적 관점에서의 이주문제",『국제결혼 이주여성, 차별과 폭
　　 력을 넘어서...』, (국회여성정책포럼 제9차 정책토론회, 2006).

국제결혼과 관련한 학계의 연구에서는 사회적 적응에 관한 지원에 있어 모든 여성 결혼이민자의 욕구수준이 동일하다기보다는 집단의 수준에 따라 특성이 있다는 점을 인식해야 한다. 결혼이주여성의 경제적 적응 수준도 사회적 적응 수준과 같이 출신국가와 거주 지역에 따라 차이가 있으며, 이들은 사회경제적 적응 수준에서도 많은 차이를 나타내고 있어, 이들에 대한 정책대안이 경제적 문제뿐만 아니라 사회적 적응 문제에서도 집단에 따라 출신국과 거주 지역에 따른 특성을 반영하여야 한다.

8) 국제결혼 이주여성의 적응 특성 요인

(1) 심리 적응

결혼만족 연구에서 가장 많은 관심을 받았던 부분은 각 배우자가 가진 고유한 심리적 특성들이 결혼만족에 어떤 영향을 미치는가에 관한 것이었다. 그동안의 결혼만족 연구에서 중요한 독립변인으로서 이해되고, 가장 빈번하게 연구된 개인내적 변인은 신경증(neuroticism)이었다.[178] 신경증은 세상을 위협적이고, 문제가 있고, 고통스러운 것으로 지각하거나 경험하는 정도에서의 개인적 차이를 반영하는 것[179]으로 결혼만족도와 관련된 성격요인들 중 가장

---

178) Karney. B. R. & Bradbury, T. N., "Neuroticism, Marital interaction, and the trajectory of marital satisfaction", Journal of Personality and Social Psychology(1997), 72, 1075－1092.

179) Cook, D. B., Casillas, A., Robbins, S. B., & Dougherty, L. M., "Goal continuity and the 'Big Five' as predictors of older adult marital adjustment. Personality and Individual Difference"(2005), 38, 519－531.

일관되게 남성과 여성 모두에게 부정적인 영향을 미치는 요인이다. 또한 시간에 따른 결혼의 결과와 가장 일관되게 연관되는 것으로 증명되어 왔다.[180] Karney와 Bradbury[181]의 결혼만족을 예측하는 장기 연구들에 대한 개관에서 신경증은 성격의 5요인(신경증, 원만성, 외향성, 충동성, 솔직성) 중에서 결혼만족에 가장 큰 영향력을 갖는 변인이었다. Rogge, Bradbury, Hahlweg, Energl과 Thurmaier[182]의 연구에 따르면, 적대감과 함께 신경증 요인이 결혼 후 18개월의 결혼만족을 예측하며, 결혼한 커플들의 5년 후 이혼이나 별거를 하는 집단과 그렇지 않은 집단을 구별해 내는 변인이었다. 그들의 연구는 신경증과 적대감이 부부 기능을 빠르게 잠식시키는 역할을 하는 것 같다고 제안하였다. Cook, Casillas, Robbins & Dougherty[183]의 장기 연구에서는 신경증이 낮고, 원만성이 높을수록 전반적인 삶의 만족뿐 아니라 결혼관계에 더 큰 만족을 보였다. 또한 이러한 결과는 6개월 후의 추적 조사에서도 유지되었다.

신경증(neurosis)은 내적인 심리적 갈등이나 외부에서 오는 스트레스를 다루는 과정에서 생기는 심리적 긴장이나 증상이 인격의 변화에 영향을 미치는 것으로 이해된다. 일반적으로 노이로제 또는 불안감이 주요 증상으로 나타나는 까닭에 불안장애(anxiety disorder)

---

180) Karney. & Bradbury, Ibid., (1997).

181) Karney, B. R., & Bradbury, T. N., "The longitudinal course of marital quality and stability: A review of theory, method and research", Psychological Bulletin. 118(1995): 3 - 34.

182) Rogge, R. D., Bradbury, Y. N., Hahlweg, K, Engl, J., & Thurmaier, F., "Predicting Marital distress and dissolution: refining the two - factor hypothesis", Journal of Family Psychology, 20(1), (2006): 156 - 159.

183) Cook, D. B., Casillas, A., Robbins, S. B., & Dougherty, L. M.. libid., (2005).

라고도 불리는데, 이는 신경증이 불안증상 자체와 이 불안을 다루기 위해 동원된 방어기제가 합쳐져서 나타나기 때문이다.[184] 현대인들은 일상생활에서 부과되는 여러 가지 과중한 부담 또는 심리적 갈등을 지속적으로 받으면서 생활한다. 그러기 때문에 현대인들이 겪는 불안은 정상적인 것이라고 볼 수 있다. 현대인은 누구나 정도의 차이는 있을지언정 어느 정도의 불안을 겪으며 살고 있기 때문이다. 이처럼 누구나 스트레스나 위험상황에 처하게 되면 불안증세와 같은 신경증을 경험하게 된다. 하지만 이러한 불안의 정도가 크거나 또는 위험에 대해 적절히 대응하지 못하거나 순리적으로 적합하지 않을 경우에 이로 인해 기능장애가 생길 수 있으며, 이때 불안을 포함한 신경증적 증상은 정상을 벗어나 병적인 상태로 진전하게 된다.

일정한 성격적 특성은 한 가지 질병뿐 아니라 여러 가지 질병에 복합적으로 영향을 주는 것으로 설명하기도 한다. 예컨대 자기존중감, 의식적인 통제력, 고집스러움은 스트레스를 완화시키는 역할을 하며, 반면에 신경증과 상호 의존성은 스트레스를 과다하게 받게 한다는 것이다. 성격적 특성은 암의 발병과 악화에 영향을 준다는 연구도 있다.

건강한 행동은 건강에 대한 신념과 태도에서 비롯된다. 옳지 못한 신념을 가진 사람은 흡연, 음주, 과식, 불안정한 성관계를 갖는 것과 같은 자기 파괴적인 행동으로 사회심리학적 요인에 중요한 영향을 끼친다.[185]

---

184) 이동원 · 박옥희, 『사회심리학』, 서울: 학지사(2004). 401 – 416.
185) 이동원, 박옥희, (2004). 404.

습관이라는 것은 반복되고 불변하고 원숙한 문제에 대한 반응인 것이다. 습관이라는 것이 세상의 항구적인 양상들에게 유용하다 할지라도, 유기체가 전에 결코 직면해 본 적이 없는 독특하고 새로운 문제를 가진 세상의 변화무쌍한 양상들을 다루어야만 될 때 습관이라는 것은 아주 방해가 되며 장애가 될 수가 있다. 습관은 의심할 바 없이 시간, 노력, 생각을 덜어 주지만 많은 희생이 뒤따른다는 것이다. 습관은 적응을 위한 최대의 무기이지만 적응에 방해가 되기도 한다. 습관은 문제해결책이면서도 결국에는 새로운 문제해결책은 되지 못하는 경우도 있다는 것이다. 비록 습관이 우리들로 하여금 세상에 적응하는 데 유용한 도움을 주긴 하지만, 습관은 종종 우리의 창의성과 창조성을 방해하고, 우리들이 세상에 적응해 나가는 데 방해가 되는 경향이 있다. 그래서 결국 습관은 참되고 새로운 주의, 지각, 학습 그리고 사고를 대신하려는 경향을 띠게 된다.[186]

정신분석 이론에 의하면 강박사고, 공포증 또는 정신·신체적 증상과 같은 신경증적 증상이 나타나는 경우에는 언제든지 정신적 갈등이 있게 마련이다. 그리고 그러한 경우는 불안을 일으키는 견딜 수 없는 생각과 기억 등으로부터 보호하기 위해 사용되었던 투사, 부인 등과 같은 방어기제가 와해된 것이다. 불안은 받아들일 수 없는 생각이나 행동이 의식화될 것이라는 것을 경고해 주는 신호이다.[187]

---

186) 조대봉 역, 『인간의 동기와 성격』, Motivation and Personality, Abraham H. Maslow, 서울: 교육과학사(1992). 277 - 278.

187) Freud, S. "The ego and the id", Standard edition. London: Hogarth Press. 12(1923). 프란시스 터너 편, 『사회복지실천이론의 이해와 적용』, 연세사회복지실천연구

(2) 사회 적응

적응은 행동의 사회적 적응성(Social Applicability of Behavior)과 다른 사람과의 상호작용 과정에서 열망되는 성과에 성공적으로 도달할 수 있는 능력으로 특징짓는다. 적응은 환경에 대한 자신의 견해가 '정확하고 완전하고 명백한 인식'이라는 확신으로 표현되는 두 번째 차원을 갖는다. 이처럼 적응은 두 가지 차원이 있는데 하나는 사회적인 것이고 다른 하나는 인식을 좌우하는 인지적인 것이다.[188]

Grove & Torbiorn은 적응이 잘되어 있고 사회적으로 숙련된 사람이 갑자기 익숙지 않은 환경에 놓이게 될 경우, 특히 자신의 이전의 환경과 현격히 대조되는 환경에 놓이게 될 경우 2가지 특징들을 보인다고 한다. 잘 적응되고 있고 사회적으로 숙달된 사람은 그들의 습관적인 행동 유형이 사회적으로 용인되는 것은 물론, 서로 비슷한 문화권의 사람들과 교류하는 과정에서 종종 바람직한 결과를 낳는다는 측면에서 상호 간 효과적인 것이 된다. 즉 이 사람의 행동 적응성(Applicability of Behavior)은 매우 높다. 또한 적응이 잘되어 있는 사람은 세계가 돌아가고 있는 방식에 대해 정확하고 완전하고, 명확하게 이해하고 있으며, 그 이해는 행동에 유용한 지침이 된다고 스스로 확신하고 있다. 그리고 그의 습관적 행동 유형과 사회의 기능에 대한 자신의 지적 모델이 일관성을 갖는다고 인식한다. 다시 말해 그의 정신적 준거틀의 명확성(Clarity of the

---

회 역, 서울: 나남출판(2004), 600 - 602.
188) Grove, Cornelius Lee & Torbiorn, Ingemar. "A new conceptualization of intercultural adjustment and the goals of training", International Journal of Intercultural Relations(1985), Vol.9, 205 - 233.

Mental Frame of Reference)은 단순한 적응 수준과 비교할 때 매우 높다.[189]

(3) 인구사회학적 특성

초기 결혼 연구들은 주로 개인의 연령, 소득 수준, 교육 수준, 종교 등 인구통계학적인 변인들에 집중되어 있었다. Karney와 Bradbury[190]가 결혼에 관한 장기 연구들을 종합해 본 결과, 연령이 증가될수록 개인들은 결혼생활에 만족하는 것으로 나타났다. 또한 남편 혹은 가족의 수입이 많을수록 그 커플은 결혼만족도가 높았다. Bowman[191]은 현대에 와서 결혼만족도와 경제 수준과의 상관 관계가 커지고 있다고 주장한 바 있으며, 강은령, 김혜경, 유은희 등[192]은 소득이 낮은 집단일수록 결혼만족도가 낮거나 부부 갈등이 많다고 하였다.[193] 교육 수준에서도 자신의 교육 수준이 결혼만족에 미치는 영향이 정적인 관계에 있었다. 대체로 남편과 부인에게 이러한 인구통계학적 요인의 영향은 크게 다르지 않은 것으로 나타났다.

---

189) Grove & Torbiorn, Ibid., (1985).

190) Karney, B. R., & Bradbury, T. N., Ibid., (2005).

191) Henry A. Bowman, "Marriage for moderns", New York: McGraw – Hill, McGraw – Hill Series in Sociology and anthropology(1978). 황동문 역, H. A. 보우맨 저, 『새로운 만남을 위하여: 현대인을 위한 결혼』, 서울: 대운당(1980).

192) 강은령, 「부부의 결혼적응에 관한 연구: 취업주부/비취업주부를 중심으로」(미간행 석사학위논문, 이화여대 대학원, 1989); 김혜경, 「결혼초기 부부의 갈등에 관한 연구」(미간행 석사학위논문, 이화여대 대학원, 1987); 유은희, 「한국 도시부인의 결혼적응에 관한 연구: 서울시를 중심으로」(미간행 석사학위논문, 이화여대 대학원, 1975).

193) 정혜선, 「중년기 여성의 의사소통 및 부부용서와 결혼만족도와의 관계」(미간행 석사학위논문, 전주대학교 상담대학원, 2005).

교육수준에서도 자신의 교육수준이 결혼만족에 미치는 영향이 정적인 관계에 있었다. 대체로 남편과 부인에게 이러한 인구통계학적 요인의 영향은 크게 다르지 않은 것으로 나타났다. 대체적으로 저소득층이 정신적, 신체적으로 더 건강하지 못하다고 한다. 이는 이들이 스트레스를 주는 사건들을 더 많이 당하기 때문이기도 한데, 일상적으로 부딪히는 어려움들, 예컨대 가족문제, 재정적 문제, 과음하는 남편, 쾌적하지 못한 작업환경, 직장에서의 불편한 사건들이 원인이 되기도 한다. 또한 스트레스를 처리할 만한 재정적인 자원의 부족, 그리고 어려움에 직면하였을 때 도움을 받을 만한 사회적 지원망이 부족하다는 것도 함께 고려되어야 한다.[194]

(4) 자아존중감

자아존중감(self-esteem)은 개인적으로 자기 자신에게 하는 평가이며, 자기 자신에게 갖는 태도 속에 나타나는 자신에 대한 가치의 판단이다. 자아존중감을 다르게 표현하면 자존심이라고 할 수 있다. 자존심이란 일반적으로 남에게 간섭을 받지 않으면서 남에게 받아들여지고, 자기를 높이 평가하려는 감정 또는 태도로서, 자기평가·자기가치·자기존중·자존감정 등과도 교차적으로 사용된다. 대부분의 사람들은 자신이 타인에게 받아들여지고 자기의 존재를 가치 있다고 긍정하고 싶은 바람을 의식적으로 또는 무의식적으로 가지고 있다. 이것이 자아존중심이다.

자아존중감은 인간의 행동과 적응 문제에 영향을 미치고 일반적

---

194) 이동원, 박옥희, Ibid., (2004), 405.

으로 높은 자아존중감은 높은 적응 수준을 의미한다는 것이다. 자아존중감은 정신적인 질환과 관련된다. 일반적으로 낮은 자아존중감을 가진 사람은 대인관계가 원만하지 못하고 작은 스트레스에도 민감하게 피해를 입게 되며, 따라서 우울증, 신경쇠약증과 같은 질환에 걸릴 가능성이 높기 때문이다. 자아개념을 형성함에 있어서 자신의 신체상에 대하여 긍정적 또는 부정적 이미지를 갖고 있는지의 여부가 중요하게 작용한다. 따라서 신체상은 자아존중감의 중요한 결정요인이다. 실제로 어떤 사람은 자신의 신체조건과 전반적인 신체 상태에 일종의 병적인 불건전한 집착을 하게 되는데, 이는 우울증과 신경쇠약증의 원인이 되기도 한다.[195]

심리학자들의 연구에 의하면 자존감이 높으면 대인관계가 원만하고 건전한 성격 발달의 기반이 되며, 궁극적인 행복감을 느끼기 위해서는 자존감을 높게 지니는 것이 필수 요건이라고 주장하고 있다. 즉 자존감은 인간의 행동과 적응 문제에 영향을 미치고 일반적으로 높은 자존감은 높은 적응 수준을 의미한다는 것이다. 일반적으로 낮은 자존감을 가진 사람은 대인관계가 원만하지 못하고 작은 스트레스에도 민감하게 피해를 입게 되며, 따라서 우울증, 신경쇠약증과 같은 질환에 걸릴 가능성이 높기 때문이다.[196]

(5) 전통적 가치관 특성

가치관은 사람들로 하여금 어떤 행동을 일으키게 하는 심리적

---

195) 이동원, 박옥희, Ibid., (2004), 403.
196) 이동원, 박옥희(2000). Ibid., (2004), 403.

요인으로서 행동의 방향을 결정해 주고 나아가 만족감이나 행복, 불행의 판단과 관계되기 때문에 모든 상황에서 매우 중요하다.[197]

가족 내에서 결혼생활을 하는 데 주요하게 작용하는 가치관으로는 결혼관, 성역할관, 가족주의 가치관을 들 수 있다. 결혼관은 결혼 및 배우자 선택에 대해 개인이 지향하는 규범 및 가치관을 의미한다.[198] 성역할관은 주로 사회적 성(gender)에 대해서 적합하다고 여기는 생각과 행동에 대한 인식이다. 즉, 성역할에 따라 가족 내에서 남편 혹은 부인의 영향력이 다르게 평가되고, 상대방에 대해 다른 기대를 형성하게 됨으로써 성역할관은 부부관계에 직접적인 영향을 미친다.[199] 가족주의 가치관은 우리사회에 오랫동안 지속되어 온 인간관계의 규범으로 가족을 다른 집단이나 개인보다 우선시하고, 부계가족원리를 근본으로 하여 가족 내의 윗세대인 부모를 공경하며, 인간관계의 질서를 확립하는 기준으로 여기고 있다.[200] 현재 우리사회의 가족주의 가치관은 과도기적이며, 특히 농어촌지역이 도시지역보다 전통적 가치관이 더 많이 남아 있어 도시화의 정도에 따른 가족주의 가치관의 차이가 있음[201]을 알 수 있다.

---

197) 김경신, 「부모와 청소년 자녀의 가족가치관과 세대간 유사성」, 『한국가족관계학회지』 제3권 제2호(1998).

198) 강은숙, 「서울시와 제주시의 미혼남녀의 결혼관에 관한 연구」(미간행 석사학위논문, 고려대 대학원, 1981).

199) 조혜선, 「결혼만족도의 결정적 요인 - 경제적 자원, 성역할관, 관계성 모형의 비교」, 『한국사회학』 제37권 제1호(2003), 91 - 115; Lewise, R. A. & Spanier, G. B., *Theorizing about the Quality and stability of marriage.* In W. R. Burr, R. Hill, F. I. Nye & I. L. Reiss(eds.), Contemporary theories about the family, 33(4), (1992), 876 - 899.

200) 이광규, 「한국사회의 가족주의 전통과 그 변화」, 『한국청소년 연구』 제17권(1994).

201) 옥선화, 「현대 한국인의 가족주의 가치에 관한 연구」(미간행 박사학위논문, 서울대 대학원, 1990); 최정혜, 「기혼자녀의 효의식, 가족주의 및 부모부양의식」, 『한국노년학회』 제18권 제2호(1998), 47 - 63. .

(6) 결혼만족도

　결혼만족도는 결혼적응, 결혼안정성, 결혼행복, 결혼의 질 등과 유사한 개념으로 혼용되어 사용되고 있다. 결혼만족도에 대한 정의를 살펴보면, Rice[202]는 결혼만족도란 개인의 욕구가 남편, 아내의 상호작용을 통해서 충족되는 정도를 말하며, 완전하게 만족하는 부부는 없고 기대와 수행 간에 항상 차이가 존재한다고 했다. Hawkins[203]는 결혼만족이란 결혼생활의 전반에 대한 행복, 만족과 기쁨의 주관적 감정이며, 일종의 태도로서 부부를 비롯한 가족 간의 애정은 물론 원만한 인간관계, 경제적 안정 및 자녀의 출산과 순조로운 성장 및 사회적인 성공이 포함되는 것으로 결혼생활 전반에 걸친 여러 가지 복합적인 요인에 의해 영향을 받는다고 하였다.[204]

　결혼관계는 친밀도가 매우 높은 대인관계이다. 부부관계에는 성적 욕망과 배타성, 깊은 애착이 존재하며 높은 만족감과 더불어 많은 갈등도 존재한다. 혼인하기 이전의 열정적이고 낭만적이었던 사랑은 결혼 후 점차 다른 종류의 사랑으로 변화한다. 바람직한 부부관계를 유지하기 위해서는 많은 시간과 노력의 투자가 필요하다. 결혼에 대한 만족도는 삶의 주기에 따라서 변화한다. 많은 연구들에 의하면 일반적으로 결혼 초기에는 만족도가 가장 높고, 자녀가 태어나서 성장하기 시작하면 점차 낮아지다가 자녀가 떠나고 난 뒤에는 다시 높아진다.[205]

---

202) Rice, P. F., *Marriage and parenthood*(boston: Allyn and Bacon, 1979).

203) Hawkins, J. L.(1968). "Association between companionship and marital satisfaction", Journal of Marriage and the Family. 30, 647－648.

204) 전귀연·구순주·박경란(1998), 「부부간 의사소통 패턴 유형이 결혼만족도에 미치는 영향」, 『아동·가족복지연구』 제2권, 1－23.

만족(satisfaction)에 대한 정의는 크게 두 가지 견해로 구분된다. 하나는 개인이 가지는 기대와 그 사람이 결혼생활과 배우자에 대해 가지는 기대와 결과 사이의 일치 정도로 정의된다. 또 하나의 견해는 개인이 주관적으로 경험하는 충족 대 불충족, 행복 대 불행, 유쾌 대 불쾌의 현상을 의미하며, 그에 따라 결혼만족은 결혼생활 전반에 대한 개인의 주관적 감정[206] 또는 일정시점에서 자신의 결혼생활에 대해 경험되는 선호의 태도[207]로 정의된다.

정승혜[208]는 결혼만족도에 대한 견해는 크게 주관적, 객관적 두 가지 차원으로 요약되는데, 첫째, 결혼만족도란 결혼에 대한 기대와 실제로 받는 보상과의 일치 정도에 대한 측정 혹은 개인의 기대와 결혼만족도 사이의 비교이며, 둘째, 개인이 결혼생활 전반에서 경험하는 즐거움, 만족, 행복 등과 같은 주관적 감정이라고 하였다.

(7) 생활 갈등

부부의 생활 갈등은 부부의 결혼생활상에서 겪을 수 있는 상황에 대한 갈등 정도를 알아보기 위한 것이다. 남성 중심의 가부장

---

205) 이동원, 박옥희, Ibid., (2004), 233.

206) Berr, W. R., G. K. Leigh, R. D. Day & J. Constantine, *Symbolic interactionism and the family.* In Burr, W. R., R. Hill, F. I. Nye & I. L. Reiss(eds.), contemporary Theories about the Family. 2(N. Y.: The Free Press, 1979), 68 – 74.

207) Roach, A. J. Frizer, L. P. and Bowden, S. R., "The Marital Satisfaction Scale: Development of a Measure for Intervention Research", Journal of Marriage and the Family(1981), 43.

208) 정승혜, 「부부의 성역할태도에 따른 결혼만족도 연구」(미간행 석사학위논문, 이화여대 대학원, 1988)

적인 가족제도는 결혼이주여성에게 많은 혼란을 준다. 일상생활에서 여성에 대한 차별과 가정 내의 모든 권한을 남편이 행사하며, 또한 시부모와 시댁식구들에게는 일방적인 순종이 요구되어 갈등의 상황이 초래된다. 언어능력의 부족으로 인한 어려움은 가족과의 의사소통이 제대로 되지 않아 대화로 해결할 수 있는 문제도 가정폭력으로 이어지는 경우가 있다. 또한 언어의 장벽은 모든 사회적인 지지망과 자원, 그리고 정보로부터 고립되게 된다. 외국인 여성을 신부로 맞이하는 한국남성은 대부분이 사회·경제적으로 저소득계층이어서 결혼이주 가족의 52.9%가 최저생계비 이하의 가구소득을 가지고 있다.[209] 국제결혼 이주여성은 한국국적을 취득하기까지 항상 불안정한 상태에서 가족 내에서 불평등한 신분을 감수해야 하며, 자녀출산과 양육의 문제에서도 정신적인 압박과 사회에서 소외를 당할 수 있다는 불안감을 항상 가지고 있다.

(8) 갈등대처 방식

갈등은 타인과 관계를 맺을 때 빈번히 발생하는 보편적이고 필연적인 현상이다. 갈등이 없는 관계만이 긍정적인 것은 아니다. 갈등은 관계를 더욱 발전시키고 성숙시키는 긍정적 역할을 하기도 한다. 두 사람 간의 갈등은 양자 간의 양립 불가능한 이해의 충돌로 발생할 수 있다. 이러한 갈등은 이해의 조정이나 양보, 타협, 일방적 압력 등에 의하여 해소된다. 또한 양자 간 갈등은 당사자들의 상호관계에 대한 시각이 일치하지 않거나 적절한 행위가 나

---

209) 보건복지부, Ibid., (2005).

오지 않는 경우에 발생할 수 있다. 갈등관계에 있는 당사자들은 서로를 적대적이고 이기적이며 양보심이 없고 악의를 지닌 것으로 간주한다.

사람들은 갈등을 해소하거나 모면하기 위하여 다양한 행위를 한다. 갈등에 대처하는 행위유형에는 강요, 타협, 대결, 회피, 중재 등 여러 가지가 있다. 대결은 직접적 대항이나 주장 등을 통하여 자신의 의지를 상대방에게 강제 내지 수용하게 하는 것이다. 쌍방의 주장을 조정하여 해결책을 모색하는 해결 지향적 행위도 있다. 직접적인 대결을 피하고 갈등을 회피하거나 갈등상황에서 물러나는 것도 한 가지 대처방법이다. 제삼자의 중재에 의하여 갈등을 해소하는 방법도 있다. 갈등 당사자 간에 타협점을 찾지 못하거나 감정대립이 격화되어 대화가 성립되지 않는 경우에는 제삼자의 중재가 효과적일 수 있다. 이 경우 제삼자는 갈등을 객관적으로 접근할 수 있고 당사자들에게 영향력을 행사할 수 있는 위치에 있어야 한다.

갈등상황에 놓인 당사자들은 갈등의 해소를 위하여 노력하지만 갈등이 악화되기도 한다. 갈등이 악화되는 이유로서 갈등 당사자들이 갈등을 인식하는 데 있어 오류가 있을 수 있다. 이러한 오류 중 하나는 자신이 중요하다고 생각하는 갈등의 측면이 상대방에게도 똑같이 중요하다고 생각하는 것이다. 이 경우 쌍방의 이해가 상충한다고 보기 때문에 자신에게는 중요하지 않지만 상대방에게는 중요한 일을 양보함으로써 상호 이익을 얻을 수 있는 가능성을 인식하지 못하고 갈등이 심화된다. 갈등의 협상 측면에서 당사자 간에 목표가 양립될 수 있음을 인식하지 못하고 서로 간의 이익이 항상 양립 불가능하다고 인식하는 오류도 있다. 또한 상대방의 행위를 그의 역할로부터 발생하는 것이 아니라 그의 개인적 특성에서 비롯된 것이라고 여기는 인식상의 오류가 발생할 수도 있다. 이 경우 상대방에 대한 감정이 악화되고 그를 적대시하게 된다.[210]

갈등대처 방식이란 개인이 갈등에 직면했을 때 문제를 처리하고 적응해 나가는 방식[211]으로서, 크게 갈등 상황을 종식시키는 직접적 대처와 자아개념을 위협하는 심리적 갈등이 생길 때 행하는 간접적 혹은 방어적 대처로 분류할 수 있다. 전자에는 정서중심대처와 문제중심대처가 포함되고, 후자에는 자아방어기제가 포함된다.[212] 이들 갈등대처 방식은 모두 문제해결, 갈등완화라는 동일한 목적을 지니지만 그 방법에서는 조금씩 차이가 있다.

그동안 국내 연구들은 주로 갈등대처 방식과 인구통계학적 변인 혹은 사회경제적 변인과의 관계를 다루고 있다.[213] 그러나 어떤 갈등영역에 대해 부부가 의사소통하는 과정은 각 배우자가 평소 문제에 부딪혔을 때 사용하는 다양한 갈등대처 방식들과 연관될 가능성(Boyd & Roach, 1977)이 높았다.

갈등대처 방식 중 문제중심대처(Problem Focused coping)는 갈등을 유발하는 환경을 변화시키거나 피할 수 있는 적극적인 방식을 모색하는 것을 의미한다. 반면 정서중심대처(emotion focused coping)

---

210) 이동원, 박옥희, Ibid., (2004), 241 - 145.

211) 최규련(1995), 「가족체계의 기능성, 부부간 갈등 및 대처방안과 부부의 심리적 적응과의 관계」, 『대한가정학회』 제33권 제6호, 1 - 14.

212) Lazarus, R. S., & Folkman, S., Ibid., (1984).

213) 김양희·전세경, 「가족스트레스와 가족자원 및 적응에 관한 연구」, 『한국가정관리학회』 제13권(1989), 25 - 42; 송영자, 「부부간의 갈등표출방법에 관한 연구」(미간행 석사학위 논문, 숙명여대 대학원, 1986).

는 갈등상황 자체는 변화시키지 못한다 할지라도 갈등상황과 연관된 부정적 정서를 처리하기 위한 노력을 시도하는 것으로 갈등상황에 대한 적극적인 해결책을 마련하기보다는 상황 자체를 무시하거나 긍정적으로 왜곡하여 해석하거나 정서적 지원을 추구하거나 종교에 의지하는 것, 외부상황을 받아들이거나 체념하는 것, 자신의 고집대로 해 나가는 것 등 다양한 방식이 포함된다.[214] 갈등상황에 대해 부부간의 의사소통은 가족 간의 친밀감과 관계를 잘 유지하기 위한 하나의 중요한 수단이다. 대화를 통해 가족끼리 의미를 공유하는 것은 자신의 생각과 느낌을 주고받으며, 서로 타협하고 논의하면서 문제를 해결할 수 있다는 것을 뜻한다. 즉, 의사소통을 잘한다는 것은 단순히 말을 잘하는 차원을 넘어, 자신의 내면에서 일어나는 것을 자각하고 상황을 적합하게 그리고 나와 상대를 존중하면서 정확하게 표현할 줄 안다는 것을 의미한다.[215]

(9) 문화적응태도

문화적응태도 척도는 장온정[216]이 국제결혼을 한 한국 남성을 대상으로 결혼적응에 적용한 것으로, 서로 다른 문화를 가진 부부 사이에서 서로의 문화를 이해하려는 태도를 알아보기 위한 것이다. 다문화 수용태도는 상대국가의 문화에 대해 알고자 하는 태도를 의미하며, 자문화 수용태도는 자국문화를 상대에게 알려 주고 적응

---

214) Lazarus, & Folkman(1984), Ibid.

215) 김영애, 「인간관계 및 부부관계 개선을 위한 사티어 의사소통 훈련프로그램」, 『김영애 가족치료연구소』(2006).

216) 장온정, Ibid., (2007).

시키기 위한 노력 및 태도를 의미한다. 문화내용의 범주에는 음식, 언어, 생활방식, 풍습이나 예절에 관한 내용으로 구성하였다.

(10) 사회적 지지

많은 연구에서 지지체계는 이주자의 적응에 중요한 역할을 한다고 보고하였다. 즉 주류 사회구성원과 접촉의 질과 양,[217] 현지인과의 관계를 맺고 유지하는 기술,[218] 가족, 이웃, 친구와 같은 중요한 사람들과의 연결망,[219] 그리고 보다 공식적으로 조직된 교회나 집단원조프로그램과 레크리에이션클럽 등[220]이 지지체계로서 이주자가 생활에 잘 대처해 나갈 수 있도록 촉진한다고 하였다.

한편 사회심리학적 관점에서도 정신사회적 요인들이 사람들의 건강함이나 병적인 행동을 이해하고 교정하는 데 결정적인 역할을 한다고 본다.[221] 똑같은 상황에서도 사람에 따라서 스트레스를 적게 받기도 하는데, 이는 그 사람의 성격, 타고난 성질, 문제해결 능력과 같은 지적 요소에 영향을 받기 때문이다. 사회적 관계와 지원은 이들 중의 하나이다. 사회적 지원은 사교성의 측면에서 볼

---

217) Furnham, A., and S. Bochner. Ibid., (1986); Ward, C. and A. Kennedy, Iibid., (1996); Ward, C. and A. Rana-Deuba. "Home and host culture influences of sojourner adjustment", International Journal of Intercultural Relations, 24(2000), 291-306.

218) Mendenhall, M. and G. Oddou, "The dimensions of expatriate acculturation: A review", Academy of management Review, 10(1985), 39-47.

219) Fontain, G., "Roles of social support systems in overseas relocation: Implications for intercultural training", International Journal of Intercultural Relation, 10(1986), 361-378.

220) Fontain, Ibid., (1986)

221) 이동원, 박옥희, Ibid., (2004), 403.

수도 있는데, 사회적 지원을 적게 받는 사람들은 대부분 고집스럽
고 권위적인 태도의 소유자이며, 다른 사람의 잘못에 대해 참을성
이 없고 삶에 대해 부정적이고 수동적이다. 따라서 외롭게 고립되
어 있는 사람들은 여러 가지 측면에서 사교성이 부족하다고 볼 수
있다. 사회적 관계와 지원, 예컨대 그 사람의 사회적인 결속력과 지
원의 정도, 결혼, 가족이나 친구, 교인들과의 접촉, 다른 사회집단과
의 교류는 모두 사망의 위험을 줄이는 데 영향을 준다고 한다.[222]

　사회적 지원은 질병에 나쁜 영향을 미치는 스트레스와 같은 것
을 예방할 수 있다. 사회적 지원이란 배우자나 가족과 같이 아주
친밀한 관계에 있는 사람들이나 친구나 동료 등에 의하여 제공되
는 정서적(평안함, 자아존중감을 갖게 해 주는 것), 인지적(정보나
충고를 제공해 주는 것), 물질적 도움을 뜻한다. Berkman과 Syme[223]
에 의하면 이와 같은 사회적 지원을 받을 수 있는 정도에 따라 사
망률에 있어 커다란 차이를 보인다. 사회적 지원은 다음과 같은
과정을 통해서 건강에 영향을 준다. 첫째, 사회적 지원이 건강한
행동을 가져오게 한다는 것은 증명된 사실이다. 둘째, 가족들은 서
로 보살펴 주며, 부부관계가 면역체계에 도움을 주는 역할을 하기
때문이기도 하다. 셋째, 친구들과의 관계는 오락 등을 함께 함으로
써 우울감, 불안과 같은 부정적인 정서를 감소시킨다는 것이다. 넷
째, 낮은 지위와 무력감은 건강에 해로운 요인이다. 직장동료들의
지원은 힘의 원천이 되기도 한다는 측면에서 직장동료들의 지원이

---

222) Berkman, L., & Syme S., "Social Networks, Host Resistance and Mortality: a
　　　Nine‑Year Follow‑Up Study of Alameda County Residences", American
　　　Journal of Epidemiology(2000), 109, 186‑204.
223) Berkman, L., & Syme S., Ibid., (2000).

건강에 미치는 효과를 이해할 수 있다. 친밀한 관계에서 사회적 지원은 스트레스를 약화시킴으로써 발병의 가능성을 줄여 주는 완충효과로서 작용하고, 특히 친구관계에 의한 지원은 스트레스의 개입이 없이도 건강에 직접적인 영향을 미친다고 한다.

사회적 지원은 사교성의 측면에서 볼 수도 있는데, 사회적 지원을 적게 받는 사람들은 대부분 고집스럽고 권위적인 태도의 소유자이며 다른 사람의 잘못에 대해 참을성이 없고 삶에 대해 부정적이고 수동적이다. 따라서 외롭고 고립되어 있는 사람들은 여러 가지 측면에서 사교성이 부족하다고 볼 수 있다. 사회적 관계와 지원, 예컨대 그 사람의 사회적인 결속력과 지원의 정도, 결혼, 가족이나 친구, 교인들과의 접촉, 다른 사회집단과의 교류는 모두 사망의 위험을 줄이는 데 영향을 준다고 한다.[224] 장수하는 사람들의 특징 중의 하나는 그들이 원만한 사회적 관계를 유지하고 있다는 것이다.[225]

9) 연구의 과정

본 연구는 선행연구로서 국내외 문헌을 수집하고 분류하는 사전조사 단계, 조사도구 작성 단계, 자료수집 및 정리 단계, 자료평가 단계, 자료분석 단계, 그리고 마지막 단계로서 후속연구 및 제언으로 대안을 제시하는 단계로 나누어 볼 수 있다. 전체적인 연구의 과정[226]은 <그림 1 - 4>와 같다.

---

224) Berkman, L., & Syme S., Ibid., (2000).
225) 이동원·박옥희(2004), 402, 412.
226) 본 연구의 과정은 김형태(2004)의 『북한이탈청소년의 남한사회 적응유형에 관한 통합적

첫째, 사전조사 단계로 국제결혼 이주여성의 적응과 관련된 특성을 알아보기 위하여 국내외 문헌을 수집하고 분석하였다.

둘째, 조사도구 작성 단계에서 국제결혼 이주여성의 한국사회 적응을 연구하기 위해 필요한 개념들을 형성하고 조사도구를 작성하였다. 이 단계에서는 국제결혼 이주여성의 한국사회 적응과 관련된 개념으로 사회문화적 적응과 심리적 적응으로 나누고, 적응과 관련된 개념 형성에서 도출된 특성을 나타내는 척도를 채택하였다. 조사도구로는 국제결혼 이주여성들의 특성을 파악하기 위해 통계적 처리가 가능한 구조화된 자기기입식 설문지를 작성하였다. 또한 예비조사 차원에서 학회지에 이주여성의 적응 관련 소논문[227]을 불리언대수를 이용한 질적 비교연구 방법을 적용한 연구물을 게재하였다.

셋째, 자료수집 및 정리 단계로서 전 단계에서 자기기입식 설문지를 통해 수집된 자료들을 사례별, 특성에 따른 평가와 분석을 하였다.

비교연구』의 연구모형을 참고하였다.
227) 정천석 · 강기정, Ibid., (2008).

1. 사전조사 단계
2. 조사도구 작성 단계
3. 자료수집 및 정리단계
4. 자료평가 단계
5. 자료분석 단계
6. 연구결과 해석 및 대안제시
문헌연구
국제결혼 이주여성 관련 자료수집
이주여성 적응관련 자료수집 및 분류
국제결혼 이주 관련 학회, 세미나 참석
개념 형성
국제결혼 이주여성의 적응관련 변인
국제결혼 이주여성 한국사회 적응
의견 청취
국제결혼 이주관련 전문가
국제결혼 이주여성 지원단체 활동가
조사도구 작성
구조화된 자기기입식 설문지
예비조사, 설문지 보완
자료 수집
설문지를 통한 면접
자료 정리
자기기입식 설문지
사례회의
원인변수 평가
결과변수 평가
양적분석
기술통계, 계층분석, T－test
통합적 질적 비교분석
심리적응, 부적응 유형
사회적응, 부적응 유형
연구결과 해석
함의 및 제언

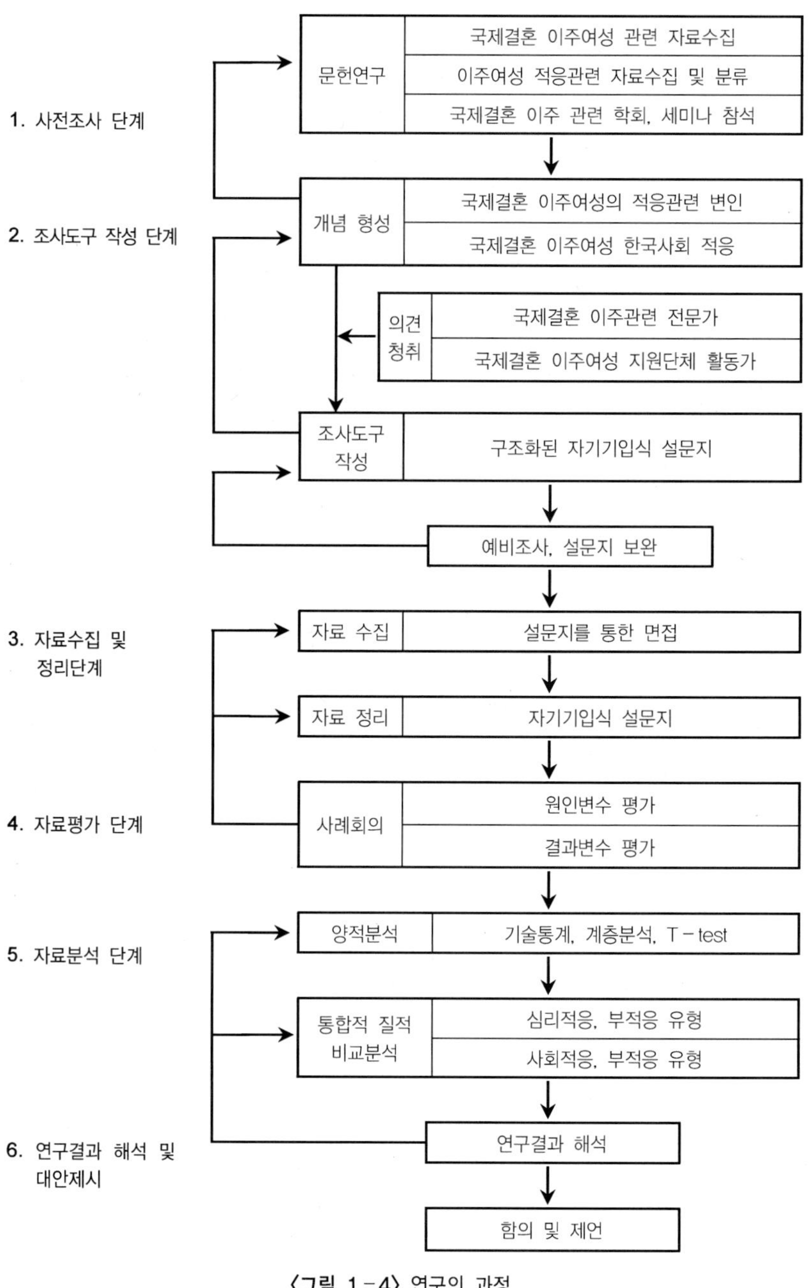

〈그림 1－4〉 연구의 과정

넷째, 수집된 자료를 면밀히 검토하여 적응에 영향을 미치는 특성들을 최대한 도출하기 위해 자료평가 단계를 거쳤다. 즉, 국제결혼 이주여성의 경험한 내용과 관련된 특성들을 최대한 확장하여 인과관계의 복잡성을 최대화한 후, 수차례의 축약하는 과정에서 다양한 인과관계의 유형과 의미 있는 인과관계의 유형을 파악하기 위한 자료평가 단계이다.

다섯째, 자료분석 단계에서는 국제결혼 이주여성들의 기술 통계를 실시하였다. 또한 이들 적응 관련 특성들에 대해 0과 1로 코딩을 하여 두 집단 간에 차이가 있는지를 알아보기 위해, 계층적 군집분석 방법 중에서 Ward법에 의한 결합방식을 통해 집단 간의 군집을 판별하였고, 이 자료를 다시 이분법으로 나눈 후 T–test의 방법을 통해 유의수준을 확인하여 사례를 코딩하였다. 전 단계에서 사례별로 작성된 이분화된 자료들을 적응 특성에 대해 질적 비교분석(fs / QCA)을 하여, 조사대상 국제결혼 이주여성의 적응 관련 결합 유형을 알아보고, 주요 특성들을 도출하였다.

마지막 단계에서는 전 단계에서 분석결과 도출된 조사대상 국제결혼 이주여성의 적응 특성들의 결합 유형과 주요 특성들에 대해 해석적 맥락에서 평가하였다. 아울러 사회복지적 함의와 후속연구를 위한 제언을 하였다.

본 연구의 문제는 다음과 같다.

연구문제 1. 국제결혼 이주여성들은 한국사회에서 적응 변인에 따라 심리적으로 적응하고 있는 특성은 어떠하며, 어떤 조합으로 결합하고 있는가?

연구문제 2. 국제결혼 이주여성들은 한국사회에서 적응 변인에 따라 심리적으로 부적응하고 있는 특성은 어떠하며, 어떤 조합으로 결합하고 있는가?

연구문제 3. 국제결혼 이주여성들은 한국사회에서 적응 변인에 따라 사회적으로 적응하고 있는 특성은 어떠하며, 어떤 조합으로 결합하고 있는가?

연구문제 4. 국제결혼 이주여성들은 한국사회에서 적응 변인에 따라 사회적으로 부적응하고 있는 특성은 어떠하며, 어떤 조합으로 결합하고 있는가?

본 연구에서는 중소도시 지역에 거주하는 국제결혼 이주여성[228] 21명을 대상으로 유의표집을 하였다. 자료수집은 2008년 4월 16일부터 3주간 설문조사를 위해 기관을 방문하여 업무담당자와 연구 참여 대상자들과 라포를 형성하였고, 2008년 4월 30일부터 2008년 6월 28일까지 약 2개월에 걸쳐 면접과 설문조사를 실시하였다. 자기기입식 설문지를 통해 인구사회학적 특성, 자아존중감, 전통적 가치관, 결혼만족도, 생활 갈등, 갈등대처방식, 문화적응태도, 사회적 지지 등이 파악되었으며, 설문지의 내용을 깊이 있게 이해하기 위해 심층면접을 하였다. 연구참여 대상을 중소도시 지역에 거주하는 국제결혼 이주여성으로 제한한 것은 지역에 따라 나타날 수 있는 변인을 줄이고 분석을 보다 용이하게 하기 위해서이다.[229]

---

228) 이들 국제결혼 이주여성을 유의 표집하게 된 이유는 2년 전부터 이주여성의 적응과 관련하여 실태조사와 프로그램 지원을 위해 라포를 형성해 왔고, 앞으로 이주여성과 그의 가족을 위한 적응 관련 프로그램의 개발과 적용에서 폭넓은 이론적 이해를 확장해 나가기 위함이다.

229) 질적 비교분석방법은 변인이 하나 증가할 때마다 가능한 원인변인의 조합이 두 배씩 증가하고, 가능한 원인변인의 묶음(grouping)은 세 배씩 증가하므로, 원인변인의 조합을 축약하는 과정이 분석에 있어 매우 중요하다. 변인의 수를 제한하면 설명력은 낮아지지만 간략화전략(parsimony)을 통해 현상에 대한 명확한 이해가 가능하다.

조사도구의 작성을 위해 국제결혼 이주여성 관련 활동가와 전문가의 의견을 참고하였으며, 명확한 개념형성과 조사도구의 작성을 위해 수차례에 걸친 학회세미나 참석과 문헌연구 및 자료수집과 전문가 의견을 반복 수행하였다. 작성된 조사도구는 국제결혼 이주 관련 전문가와 활동가의 내용 검토와 수정 및 보완을 거치고, 국제결혼 이주여성을 대상으로 먼저 예비조사를 실시한 후 최종적으로 조사도구를 완성하였다.

자기기입식 설문지는 국제결혼 이주여성의 한국사회 적응을 알아보기 위해 사용하였다. 측정도구의 구성은 <표 1 - 12>와 같다.

국제결혼 이주여성의 한국사회 적응은 심리 적응과 사회 적응으로 나누어 측정하였으며, 본 연구에서 사용된 측정도구는 종속변인으로 심리적응 척도와 사회적응 척도를 채택하였다. 조사대상자의 인구사회학적 변인, 자아존중감, 가치관 특성(결혼관, 성역할관, 가족가치관), 결혼만족 변인(생활만족, 애정, 헌신), 생활갈등 변인(일상생활의 갈등, 일상생활 문화의 차이), 갈등대처방식(감정표출, 무조건 양보, 갈등무시, 적극적 대처), 문화적응태도(다문화수용태도, 자문화전달태도), 사회적 지지 등은 국제결혼 이주여성의 적응을 알아보기 위해 독립변인으로 구성하였다.

(1) 심리 적응

Goldberg(1999)의 5요인 특성(신경증, 원만성, 외향성, 충동성, 솔직성)을 측정하는 International Personality Item Pool(IPIP) 척도를 신현균과 장재윤[230]이 단축형으로 만든 것 중 신경증 요인에 해당하는 20문항을 서정선[231]의 연구에서 사용한 것을 채택하였다.

<표 1-12> 측정도구의 구성

평가항목			세부 내용	문항수	Cronbach's α
변인	척도	하위변인			
종속 변인	심리 적응		신경증, 원만성, 외향성, 충동성, 솔직성	20	.69
	사회 적응		가사생활(2), 부부관계(4), 부모-자녀관계(3), 시댁 및 친정 부모와의 관계(4), 친구관계(3)	16	.63
독립 변인	인구사회학적 특성	결혼 전	국적, 연령, 학력, 종교, 직업	5	
		결혼 후	결혼일, 결혼과정, 재혼여부, 소득, 생활수준, 자녀수, 가족유형, 처가지원, 처가방문, 국적 취득, 국제결혼권유,	11	
	자아존중감		자신 만족, 불만, 장점, 유능감, 자랑 없음, 쓸모없음, 가치 있음, 자신감, 실패감, 긍정적 태도	10	.57
	전통적 가치관 특성	결혼관	결혼의 의미, 성관계, 이혼	3	.37
		성역할관	남성우월주의, 남성의 가사일, 남성과 여성의 역할	3	
		가족가치관	가족의 중요성, 형제 지원, 가부장적 의식	3	
	결혼만족도	생활만족	정적인 감정, 부적인 감정	4	.78
		애정	친밀성, 애정	4	
		헌신	희생, 의존도, 의무감과 책임감	4	
	생활갈등	일상생활의 차이	생활방식의 차이, 한국어 능력, 성격 차이, 경제적 어려움, 신체건강문제	5	.89
		일상생활 문화의 차이	자녀출산 및 양육문제, 노인부양문제, 이웃과 친척과의 관계, 생활전반 어려움	4	
	갈등대처 방식	감정표출	감정 표출 행동	2	.58
		무조건 양보	상대방 주장에 수용, 양보	2	
		갈등무시	소극적, 무시	2	
		적극적 대처	해결하려는 노력	2	
	문화적응태도	다문화수용	상대국가 문화를 알고자 하는 태도	6	.88
		자문화전달	자국문화를 알려주고자 하는 태도	6	
	사회적 지지	사회적 지지	가족지지(4), 친구(4), 이웃(2), 사회기관지지(2)	10	.89
		종교적 지지	신앙의 의미, 맞서는 힘, 어려움 이해, 공동체 참여	4	

신현균 등[232])의 연구에서 사용된 심리 척도의 신뢰도 계수는 .85

---

230) 신현균·장재윤, 「대학 4학년생의 성격특성과 성별에 따른 취업 스트레스 및 정신건강」, 『한국심리학회: 임상』 제22권 제4호(2003), 815-827.

231) 서정선, 「부부의 결혼만족에 미치는 용서의 자기효과와 상대방효과」(미간행 석사학위논문, 아주대학교 대학원, 2007).

이었다. 서정선[233]의 연구에서 사용된 척도의 내적 일치도는 남편의 경우 .88, 부인의 경우 .87이었다. 이들 항목으로는 '쉽게 불안해진다', '걱정을 많이 하는 편이다'와 같은 정적 질문은 6번, 8번, 10번, 12번, 13번, 14번, 15번, 16번, 18번, 20번으로서 채점을 하였다. 부적 질문은 '따뜻하고 부드러운 마음을 가지고 있다'와 '사람들을 편안하게 해 준다'와 같은 질문으로 1번, 2번, 3번, 4번, 5번, 7번, 9번, 11번, 17번, 19번 문항으로 역채점을 하였다. 각 문항에 대하여 '전혀 그렇지 않다(1점)'에서 '매우 그렇다(5점)'의 5점 Likert 척도로 점수가 높을수록 심리 적응이 낮음을 의미한다. 본 연구에서 사용된 심리 적응 척도의 신뢰도 계수는 .69이었다.

(2) 사회 적응

사회적응의 정도를 평가하는 척도는 Weissman과 Paykel[234]이 개발한 척도를 채택하였다. 사회적응의 원척도 내용은 학업수행, 여가활동, 대인관계 등의 영역에서의 적응을 측정하고 있으며, 전반적으로 사회적인 적응을 평가한다. 본 척도의 출처는 김영미[235]가 우울성 성격장애 진단의 임상적 타당성 및 유용성 연구에 사용한 척도를 사용하였다.

사회적응 척도의 내용으로는 가사생활, 부부관계, 부모 – 자녀관계, 시댁 및 친정 부모와의 관계, 친구관계에 관한 문항으로서, 5

---

232) 신현균 · 장재윤, Ibid., (2003).

233) 서정선, Ibid., (2007).

234) Weissman & Paykel, Ibid., (1974)

235) 김영미, 「우울성 성격장애 진단의 임상적 타당성 및 유용성 연구」(미간행 박사학위논문, 연세대학교 대학원, 1998).

점 Likert 척도로 아내 16문항 중 역채점 문항이 6문항(5, 6, 9, 10, 12, 15문항)으로 점수가 높을수록 사회적응 수준이 높음을 의미한다. 본 연구에서 사용된 사회 적응 척도의 신뢰도 계수는 .63이었다.

(3) 인구사회학적 특성

본 연구에서는 인구사회학적 특성으로 결혼 전의 변인은 이주여성의 국적, 연령, 학력, 종교, 본인의 직업과 결혼 후의 변인으로 결혼기간, 결혼과정, 재혼 여부, 소득과 생활수준, 자녀수와 가족유형, 거주유형, 국적취득, 모국방문 등을 알아보았다.

(4) 자아존중감

자아존중감 척도는 Rosenberg[236]의 자아존중감 척도를 사용하였으며, 신뢰도 계수는 .85였다.

10개 문항으로 '전반적으로 볼 때 나는 내 자신이 만족스럽다'와 같은 문항으로서 '전혀 그렇지 않다(1점)'에서 '매우 그렇다(5점)'의 5점 Likert 척도로 점수가 높을수록 자아존중감이 높음을 의미한다. 부적 질문은 1번, 2번, 3번, 6번, 8번 문항으로 역채점하였다. 본 연구에서 사용된 자아존중감 척도의 신뢰도 계수는 .57이었다.

(5) 전통적 가치관 특성

전통적 가치관 특성 변인 척도는 김경신[237]이 개발한 가족가치

---

236) Rosenberg, M., *Conceiving the self*(New York: Basic Books, 1979).

관 척도를 기초로 수정 보완하여 국제 결혼한 남성을 대상으로 장
온정[238]이 사용한 척도를 채택하였다.

3개의 하위영역인 결혼관, 성역할관, 전통주의적 가족가치관으로
총 35개 문항으로 구성된 영역별 신뢰도 계수는 결혼관이 .61, 성
역할이 .63, 전통적인 가족주의 가치관이 .76이었다.

본 연구에서는 국제결혼 이주여성의 설문에 적합하도록 3개의
하위영역별 각 3개 문항, 총 9개 문항으로 수정 보완하였으며, 국
제결혼 단체 활동가 및 전문가들로부터 타당도 검증을 실시하였다.
본 연구에서 사용된 전통적 가치관 특성 척도의 신뢰도 계수는
.37이었다. 각 문항은 5점 리커트 척도로 구성되어 1점이 '전혀 그
렇지 않다'에서, 5점이 '매우 그렇다'까지 중간점수 3점을 기준으
로, 이보다 높은 경우는 전통적인 경향이 있는 것으로, 낮은 경우
는 근대적인 경향을 의미한다.

가치관 하위영역별 세부내용을 살펴보면, 결혼관 영역은 결혼의
필요성과 의미, 성관계, 결혼 및 이혼에 관한 내용으로 점수가 높
을수록 전통적인 결혼관을 가진 것이다. 결혼관은 1번에서 3번 문
항으로 구성되었으며, 2번 문항은 역점수화시켜 산출하였다. 성역
할관은 4번에서 6번 문항, 가족주의 가치관은 7번 문항에서 9번
문항으로 구성하였다. 성역할관 영역은 남성우월주의와 남성의 가
사에 대한 내용이며, 점수가 높을수록 전통적인 성역할 태도를 취
한다고 할 수 있다. 전통적 가족주의가치관 영역은 가족의 중요성,

---

237) 김경신, 「결혼이민자가족의 수용과 정착을 위한 학문적, 실천적 측면에서의 접근」, 『한국
가정관리학회』 추계학술대회(2006), 82 - 110.

238) 장온정, Ibid., (2007).

가부장의식에 관한 내용으로 구성되어 점수가 높을수록 전통적인 가족주의 가치관을 가졌다고 할 수 있다.

(6) 결혼만족도

국제결혼 이주여성의 결혼만족도를 측정하기 위하여 이경성과 한덕웅[239]의 연구에서 사용된 문항들을 사용하였다.

이 문항들 중에서 결혼만족도를 생활만족, 애정(passion) 및 헌신 등의 3개의 하위 영역 35문항으로 구성된 것을 사용하였으며, 각 하위영역에 대한 신뢰도 계수는 생활만족(남편 .90, 아내 .90), 애정(남편 .93, 아내 .94), 그리고 헌신(남편 .84, 아내 .88)이었다. 본 연구에서는 국제결혼 이주여성의 적합성을 고려하여 국제결혼 단체 및 전문가의 검증을 거쳐 3개 하위 영역별 4문항으로 총 12개 문항으로 구성하였다. 본 연구에서 사용된 결혼만족도 척도의 신뢰도 계수는 .78이었다.

첫째, 생활만족 문항들은 총 4문항으로, 관계 속에서 본인이 느끼는 감정을 정적인 방향으로 묻는 '나는 현재 결혼생활에 만족한다'와 같은 2개 문항과 부적인 방향을 묻는 '나는 배우자와 결혼한 것을 후회한다'와 같은 2문항으로 구성되어 있다. 각 문항에 대해 5점 척도로 '전혀 그렇지 않다(1점)', '매우 그렇다(5점)'로 표시하게 하였다. 부적인 질문(1번, 4번)은 역산하였으며, 각 문항의 평균 점수가 높을수록 생활만족이 높은 것으로 보았다.

둘째, 애정은 성적 열정을 포함하는 애정 중에서도 친밀성을 나

---

239) 이경성·한덕웅, 「부부관계에서 배우자 행동의 귀인이 결혼만족과 이혼 외도에 미치는 영향」, 『한국심리학회: 사회 및 성격』 제15권 제2호(2001), 41－64.

타내는 '내 배우자의 행복이 곧 나의 행복이다'와 같은 2문항과, 애정을 측정하는 '우리 부부는 서로 애정 표현을 잘하는 편이다'와 같은 2문항으로 구성하였다. 이 중에서 부적인 질문(5번, 8번)인 문항은 역산을 하였으며, 각 문항에 대해 5점 척도로 '전혀 그렇지 않다(1점)', '매우 그렇다(5점)'로 표시하게 하여, 각 문항의 평균 점수가 높을수록 애정이 높은 것으로 보았다.

셋째, 헌신은 현재 부부관계를 유지하기 위하여 과거에 투자한 수준을 측정하는 '나는 결혼생활을 유지하기 위해서 많은 희생을 감수했다'와 같은 2문항과, 결혼관계를 지속해야 한다는 의무감과 책임감을 측정하는 '나는 결혼관계를 지속해야 한다는 의무감이 있다'와 같은 2문항으로 측정하였다. 각 문항에 대해 5점 척도로 '전혀 그렇지 않다(1점)', '매우 그렇다(5점)'로 표시하게 하였다. 각 문항의 평균 점수가 높을수록 헌신이 높은 것으로 보았다.

(7) 생활 갈등

생활 갈등 척도는 장온정[240]이 국제결혼을 한 남성을 대상으로 사용한 문항인 아내와의 성격과 생활방식에서의 차이, 음주로 인한 갈등, 경제적 어려움, 아내의 가족 및 시부모와의 갈등, 자녀양육 및 교육, 부부간의 성관계 갈등에 대한 문항으로 이루어졌으며, 신뢰도 계수는 .69이었다.

본 연구에서는 이를 보완하여 국제결혼을 한 이주여성의 결혼생활에서 나타나는 갈등상황에 대한 갈등 정도를 측정하기 위한 문

---

240) 장온정, Ibid., (2007).

항으로, 생활방식의 차이에서 오는 갈등 4문항과 일상생활 문화의 차이에서 겪는 갈등 5문항으로 2개 영역 총 9문항으로 구성되었다. 본 연구에서 사용된 생활 갈등 척도의 신뢰도 계수는 .89이었다.

첫째, 생활방식의 차이에서 오는 갈등은 배우자와 생활방식 차이, 한국어 능력 부족에서 오는 의사소통의 어려움, 배우자와 성격 차이에서 겪는 갈등이다. 이에 대한 문항으로는 '배우자와 생활방식의 차이에서 오는 어려움이 있다'와 같은 문항으로 각 문항에 대해 5점 척도로 '전혀 그렇지 않다(1점)', '매우 그렇다(5점)'로 표시하게 하여 점수가 높을수록 갈등이 높은 것으로 보았다.

둘째, 일상생활 문화 차이의 갈등으로는 배우자의 신체 건강문제, 자녀출산 및 양육의 문제, 노인부양의 어려움, 이웃, 친척과의 관계에서의 어려움, 전반적인 생활의 어려움에서 겪는 갈등이다. 이에 대한 문항으로는 '경제적인 어려움이 있다'와 같은 문항으로 각 문항에 대해 5점 척도로 '전혀 그렇지 않다(1점)', '매우 그렇다(5점)'로 표시하게 하였다. 점수가 높을수록 갈등수준이 높은 것을 의미한다.

(8) 갈등대처 방식

본 연구에서는 부부간 갈등 시 국제결혼 이주여성이 어떤 대처 행동을 많이 사용하는지를 알아보기 위해, 전겸구 외[241]의 다차원적 대처 척도 중 문제 중심적 대처방식에 해당하는 6가지 하위요인(제3자의 지지추구, 제3자의 중재요청, 감정표출, 무조건 양보,

---

241) 전겸구 외 4인, 「다차원적 대처척도개발」, 『한국심리학회지: 임상』(1994), 제13권 제1호, 114－135.

적극적 대처, 갈등무시)으로 총 25문항으로 구성되었고, 각 영역별 신뢰도 계수는 제3자의 지지추구(.86), 제3자의 중재요청(.88), 감정표출(.83), 무조건 양보(.79), 적극적 대처(.75), 갈등무시(.70)였다.

본 연구에서는 6가지 하위영역 중 제3자의 지지추구와 제3자의 중재요청을 제외한 4개의 하위영역(감정표출, 무조건 양보, 갈등무시, 적극적 대처) 각 2문항 총 8문항으로 수정 보완하여 구성하였다. 본 연구에서 사용된 갈등대처 방식 척도의 신뢰도 계수는 .58이었다. 각 하위 요인들의 내용과 해당 문항들은 다음과 같다.

첫째, 감정표출이다. 이는 갈등 시 자신이 느끼는 감정을 자제하지 않고 그대로 표출하는 행동이다. 여기에는 '나는 화가 나면 소리를 지른다' 등과 같은 2문항으로 구성되었다. 각 문항에 대해 5점 척도로 '전혀 그렇지 않다(1점)', '매우 그렇다(5점)'로 표시하게 하였다. 점수가 높을수록 감정표출이 높은 것을 의미한다.

둘째, 무조건 양보이다. 이는 부부간 갈등 시 상대방의 주장이나 요구에 무조건적으로 따르고 양보하는 행동들이다. 여기에는 '나는 배우자에게 양보한다' 등과 같은 2문항으로 구성되었다. 각 문항에 대해 5점 척도로 '전혀 그렇지 않다(1점)', '매우 그렇다(5점)'로 표시하게 하였다. 점수가 높을수록 양보수준이 높은 것을 의미한다.

셋째, 갈등무시이다. 이는 부부간 갈등 시 소극적으로 그 갈등을 무시하거나 갈등 해결을 위한 노력을 하지 않는 것이다. 여기에는 '나는 문제 상황을 피한다' 등과 같은 2문항으로 구성되었다. 각 문항에 대해 5점 척도로 '전혀 그렇지 않다(1점)', '매우 그렇다(5점)'로 표시하게 하였다. 점수가 높을수록 갈등을 무시하는 수준이 높은 것을 의미한다.

마지막으로 적극적 대처이다. 이는 부부간 갈등을 적극적으로 해결하려는 노력이다. 여기에는 '나는 문제를 해결하기 위해 모든 노력을 쏟는다' 등과 같은 2문항으로 구성되었다. 각 문항에 대해 5점 척도로 '전혀 그렇지 않다(1점)', '매우 그렇다(5점)'로 표시하게 하였다. 점수가 높을수록 적극적으로 대처하는 수준이 높은 것을 의미한다.

(9) 문화적응태도

문화적응태도 척도는 서로 다른 문화를 가진 부부 사이에서 서로의 문화를 이해하려는 태도를 알아보기 위한 것이다. 다문화 수용태도는 상대국가의 문화에 대해 알고자 하는 태도를 의미하며, 자문화 전달태도는 한국문화를 상대에게 알려 주고 적응시키기 위한 노력 및 태도를 의미한다. 문화내용의 범주는 음식, 언어, 생활방식, 풍습이나 예절에 관한 내용으로 구성하였다.

문화적응태도 척도는 장온정[242]이 사용한 척도를 사용하였다. 문화적응태도를 위한 문항으로 2개의 하위영역인 다문화 수용태도에 관한 6문항과 자문화 전달태도에 관한 6문항으로, 총 12문항을 구성하였다. 장온정이 사용한 문화적응태도 척도의 신뢰도는 다문화 수용태도는 .80이며, 자문화 수용태도는 .90이었다. 각 문항은 5점 리커트 척도로 구성되어 '전혀 그렇지 않다(1점)'에서 '매우 그렇다(5점)'까지 하위영역별 점수가 높을수록 다문화 수용태도와 자문화 전달태도가 높음을 의미한다. 본 연구에서 사용된 문화적응태도 척

---

242) Ibid., (2007).

도의 신뢰도 계수는 .88이었다.

(10) 사회적 지지

사회적 지지 척도는 장온정[243]이 국제결혼을 한 한국 남성의 결혼적응을 측정하기 위하여 주변 도움이나 지원을 받는 정도를 알아보기 위하여 사용하였다. 본 연구에서 사용된 사회적 지지 척도의 신뢰도 계수는 .89이었다 사회적 지지 문항은 4개의 하위영역인 가족의 지지, 친구나 이웃의 지지, 사회기관의 지지이며, 종교의 지지는 추가하여 구성하였다. 총 15문항으로, '배우자와 다투어 힘들 때 얘기할 가족이 있다'와 같은 가족의 지지 4문항, '경제적으로 어려울 때 도와줄 친구나 이웃이 있다'와 같은 친구나 이웃의 지지 4문항, '배우자의 생활에 도움을 줄 사회기관을 이용한 적이 있다'와 같은 사회기관의 지지 2문항, '신앙은 내가 살아가는데 의미가 있다'와 같은 신앙의 지지 5문항으로 이루어졌다. 각 문항에 대해 5점 척도로 '전혀 그렇지 않다(1점)', '매우 그렇다(5점)'로 표시하게 하였다. 점수가 높을수록 이들 4개의 하위영역별 사회적 지지 수준이 높은 것을 의미한다.

10) 자료수집 절차

자기기입식 설문 면접자는 국제결혼 이주여성 관련 활동가 3명의 도움과 사회복지학과 박사과정에 있는 여성 3명의 도움을 받아

---

243) Ibid., (2007).

2008년 4월 16일부터 2008년 6월 28일까지 약 2개월에 걸쳐 면접과 설문조사를 실시하였다.

국제결혼 이주여성들과 관계형성을 위해 면접을 하기 전 이들 대상 부부들과 면접자들과 자연스런 대화로 친밀한 관계를 형성하여 면접 자료수집을 준비하였다.

첫 회의 면접은 9쌍의 부부를 저녁식사에 초대하여 식사와 더불어 면접을 실시하기로 하였으나, 부부와 함께 참석한 어린 자녀와 오랜만에 만난 국제결혼 부부들 간의 대화로 지연되었고, 처음 면접자와 만남으로 인해 면접은 그들이 경험한 내용에 대해 큰 틀 안에서 대화를 가지면서 관찰을 하는 정도에서 마쳐야 했다. 연구의 취지와 연구목적, 연구방법에 대한 설명을 한 후 연구와 관련된 의견을 수렴[244]하는 데 만족해야 했다. 2회째의 면접은 기관의 관리자와 면접 과정 협의를 거친 후 이주여성 10명을 대상으로 면접을 실시하였다. 3회째의 면접은 이주여성 7명을 대상으로 면접 방식에 의해 이루어졌다. 마지막 4회째의 면접은 그동안 참여하지 못했던 이주여성을 대상으로 실시하였다. 각 사례에 대한 평가를 위해 면접자들과 기관 업무담당자들이 모여 사례회의를 갖고, 사례별로 각 영역에 대한 평가를 하였다. 사례회의는 면접자들 각자가 갖고 있는 주관적인 판단을 배제하고 객관성을 확보하기 위해 다원화(triangulation)[245]하는 것이다.

---

244) 질적 연구의 신빙성을 높일 수 있는 방법 가운데 하나는 사전연구(pilot study)를 실시하는 것이다. 본 연구에 앞서 소규모 사전연구를 실시함으로써 연구자는 본 연구를 순조롭게 진행하는 데 도움이 될 만한 정보를 얻을 수 있을 뿐 아니라 성공적인 연구수행 능력에 대한 자신감을 얻을 수 있다(데보라 K. 패짓, 『사회복지 질적연구방법론』, 유태균 역, 서울: 나남출판, 2005, 67).

245) 다원화란 다양한 시각 또는 관점의 수렴(convergence)을 말하는 것으로, 이러한 다양한

11) 자기기입식 설문지를 통한 적응 평가

국제결혼 이주여성의 적응 변수에 대해 QCA 분석을 위해서 0과 1로 이분화하여야 하는데 그 기준은 다음의 단계를 거쳐 검증하였다.

자료를 두 집단으로 나누어 평가하여야 한다. 자료를 나눌 수 있는 기준은 다양한데 가장 적절한 기준을 찾기 위해 자료를 평균의 값과 군집분석을 통해서 이분화를 시도하였다.

첫째, 국제결혼 이주여성 21사례에 해당되는 변수를 SPSS 15.0 for windows를 활용하여 기술통계에 의해 집중화 경향(빈도, 비율, 최솟값, 최댓값, 평균, 중앙값, 표준편차)을 구하여 우선 평균의 값을 중심으로 이분화하였다.

둘째, 군집분석(cluster analysis)[246]을 통해 군집 내의 구성원들은 가급적 유사하게 그리고 군집들 간에는 가급적 상이하게 대상들을 그루핑하여 자료의 구조를 평가하여 이분화하였다. 전체 21사례에 대하여 집단 간 Ward법에 의한 결합방식을 지정하여 케이스를 처리하고, 관측대상들 간의 제곱 Euclidean 거리행렬을 통해 매트릭스상의 값들은 상이성(dissimilarity) 자료이기 때문에 작은 값을 가

시각의 수렴을 통해서 연구자는 정확하게 자신이 알고자 하는 바를 알 수 있다는 자신감을 얻을 수 있다(데보라 K. 패짓, 유태균 역, 『사회복지 질적연구방법론』, 2005, 70).

246) 군집분석(cluster analysis)은 다수의 대상들(소비자, 제품, 기타)을 그들이 소유하는 특성을 토대로 유사한 대상들끼리 그룹핑하는 다변량 통계기법이다. 군집분석에 의해 두 개 이상의 그룹이 형성되며 각 그룹을 군집(cluster)이라 부른다. 계층적 군집화(hierarchical clustering)는 처음 각 대상이 독립군집으로 출발하는데, 거리가 가장 가까운 어느 두 대상이 군집을 이루기 시작하여 가까운 군집들끼리 계속적인 군집화가 이루어지는 방법이다. 이 과정에서 계속적으로 군집의 수가 감소한다. 계층적 군집화에는 몇 가지(단일결합법, 완전결합법, 평균결합법, Ward법)가 있는데, 여기에서는 Ward법으로 최단거리를 기준으로 군집화가 진행되는 것으로, 두 군집 간의 거리는 각 군집을 구성하는 대상들이 평균으로부터 떨어진 정도, 즉 '편차'의 제곱을 그 군집을 구성하는 대상들에 걸쳐 합한 것이다 (이학식·임지훈, 『SPSS 12.0 매뉴얼, 통계분석방법 및 해설』, 법문사(2005), 412－416).

질수록 유사성이 높음을 의미한다. 21개 사례들이 군집화되는 과정은 계수 값이 클수록 비유사한 관계에 있으므로 군집화가 늦어지게 된다. 최종군집의 수에 따라 어떤 케이스가 군집화되었는지를 수직 고드름도표에 나타난다. 덴드로그램은 케이스들이 군집화되는 과정을 그림으로 보여 주는 것이다. 따라서 군집화 일정표, 수직 고드름도표 및 덴드로그램을 보고 적절한 군집의 수를 판단하여 결정해야 한다.

셋째, 평균과 군집분석 등 이분화 결과를 T-test를 실시하였다. 그 결과 군집분석이 유의미한 분류기준으로 나타나 군집분석에 의한 분류기준을 채택하였다. 군집분석에 의해 이분화된 데이터를 독립표본 T-test를 통해 유의수준을 검증하였다. 먼저 케이스의 수, 평균, 표준편차 등이 나타나고 검증 값에 대한 t-test 결과가 제시되면, 분석결과 t-value(유의확률)와 α=.05의 양측검증에서 유의수준을 평가하였다. 국제결혼 이주여성 21사례에 해당하는 변인들은 모두 α=0.001 수준에서 유의적으로 나타났다. 따라서 두 개의 독립모집단 평균 차이 검증에서 적응 특성 변수들의 0과 1의 이분화는 평균의 차이가 있는 것으로 추측된다.

넷째, 이분화된 변수를 인구사회학적 특성, 독립변수 하위영역 특성별로 구분하여, 변인을 산출하는 원인변인들이 어떤 조합들로 결합하는지를 밝히고, 이론적 인수분해를 통해 주요 변인들을 발견해 내며, 다중결합적 인과관계(multiple causality)에 대한 탐색과 설명을 가능하게 하는 불리언대수를 이용한 질적 비교분석(Qualitative Comparative Analysis: QCA)을 적용하였다.

다섯째, 질적 비교분석(QCA)을 통해 국제결혼 이주여성들의 심리 적응과 심리 부적응, 사회 적응과 사회 부적응 유형을 도출하고 해석하였다.

(1) 인구사회학적 특성 평가와 적응 사례

가. 인구사회학적 특성에 따른 평가 기준표

인구사회학적 특성들은 연령, 학력, 종교, 결혼기간, 결혼방법, 소득 수준, 가족 유형, 자녀 유무, 거주 유형, 국적 취득, 모국 방문 등 평가항목을 영문의 상징적인 문자로 표기되었으며, 불리언대수를 이용하기 위해 평가 기준(기술통계, 군집분석, T–검정)에 따라 0과 1로 코딩되었다. 이의 평가 결과 기준표는 <표 1–13>과 같다.

<표 1–13> 인구사회학적 특성에 따른 평가 기준표

(단위: N, %)

인구사회학적 특성		N(%)	코딩	N	Std.	Minimum	Maximum	t
연령 (A)	20세 이하	1(4.8)	0(28.6)	6	.408	1	6	–5.44***
	21~25세	5(23.8)						
	26~30세	5(23.8)	1(71.4)	15	.990			
	31~35세	4(19.0)						
	36~40세	5(23.8)						
	41~50세	1(4.8)						
학력 (E)	중학교 졸업	2(9.5)	0(71.4)	15	–	2	4	–7.77***
	고등학교졸업	13(61.9)						
	대학교 졸업	6(28.6)	1(28.6)	6	–			
종교 (R)	없다	5(23.8)	0(23.8)	5	–	1	8	–3.84***
	천주교	6(28.6)	1(76.2)	16	–			
	불교	4(19.0)						
	힌두교	2(9.5)						
	러시아교	2(9.5)						
	기독교	1(4.8)						
	통일교	1(4.8)						

***p<.001

〈표 1-13〉 인구사회학적 특성에 따른 평가 기준표(계속)

인구사회학적 특성		N(%)	코딩	N	Std.	Minimum	Maximum	t
결혼과정 (M)	결혼중개업체	4(19.0)	0(76.2)	16	–	1	6	-7.96***
	종교단체	1(4.8)						
	친구, 아는 사람	10(47.6)						
	가족, 친척	1(4.8)						
	직접 만남	5(23.8)	1(23.8)	5	–			
결혼기간 (T)	1년 미만	5(23.8)	0(57.1)	13	.630	1	6	-8.63***
	1~3년	7(33.3)						
	4~5년	1(4.8)	1(42.9)	8	.707			
	6년 이상	8(38.1)						
가족유형 (F)	부부	4(19.0)	0(57.1)	12	–	1	5	-8.93***
	부부, 자녀	8(38.1)						
	부부, 부모	2(9.5)						
	부부, 부모, 자녀	5(23.8)	1(42.9)	9	–			
	부부, 부모, 형제	2(9.5)						
소득 (I)	100만 원 미만	3(14.3)	0(76.2)	16	.966	1	6	-4.58***
	100~150만 원 미만	1(4.8)						
	150~200만 원 미만	12(57.1)						
	200~300만 원 미만	2(9.5)	1(23.8)	5	.548			
	300만 원 이상	3(14.3)						
거주유형 (P)	전세, 월세, 임대	10(47.6)	0(47.6)	10	–	1	5	6.44***
	자가 주택	11(52.4)	1(52.4)	11	–			
자녀 (C)	없다	5(23.8)	0(23.8)	7	.000	0	6	-7.06***
	1~2명	12(57.2)	1(76.2)	14	1.109			
	3~5명	4(19.0)						
경제지원	도움 못 함	7(33.3)	0(33.3)	7	–	1	2	
	도움 드림	14(66.7)	1(66.7)	14	–			
모국방문 (V)	방문 없음	9(47.7)	0(47.7)	11	.000	1	4	-5.80***
	1번	7(33.3)	1(52.3)	10	1.033			
	2번 이상	4(19.0)						
한국국적 (N)	취득 못 함	14(66.7)	0(66.7)	16	–	1	2	
	취득	7(33.3)	1(33.3)	5	–			

***p<.001

① 연령(Age: A): 연구에 참여한 국제결혼 이주여성의 연령을 나타내며, 이주여성의 연령은 25세 이하이면 0으로 나타내고, 26세 이상이면 1로 코딩되었다.

② 학력(Education: E): 국제결혼 이주여성의 학력을 나타내며, 고등학교 졸업 이하는 0으로, 대학교 졸업 이상은 1로 코딩되었다.

③ 종교(Religion: R): 국제결혼 이주여성의 종교생활을 나타내며, 종교생활을 하지 않으면 0으로, 종교생활을 영위할 경우에는 1로 코딩되었다.

④ 결혼 기간(Length of Marriage: T): 국제결혼 이주여성의 결혼기간을 나타내며, 3년 이하는 0으로, 4년 이상 결혼기간은 1로 코딩되었다.

⑤ 결혼 과정(Marriaged Process: M): 국제결혼 이주여성의 결혼과정을 나타내며, 결혼방법에서 국제결혼정보업체를 통하여, 종교단체를 통하여, 친구나 아는 사람을 통하여, 가족이나 친척을 통하여 결혼하였으면 0으로, 직접 만남을 통하여 결혼하였으면 1로 코딩되었다.

⑥ 월 가구소득(a Monthly Income: I): 국제결혼 이주여성의 월 가구소득을 나타내며, 200만 원 미만은 0으로, 200만 원 이상은 1로 코딩되었다.

⑦ 가족 유형(Family Residential Differences: F): 국제결혼 이주여성과 함께 거주하고 있는 가족의 유형을 나타내며, 부부나, 부부와 자녀와 함께 지내는 가족은 0으로, 부모와 부부, 부모와 자녀, 부모와 형제가 함께 거주할 경우에는 1로 코딩되었다.

⑧ 자녀 유무(Children Existence: C): 국제결혼 이주여성의 자녀 유무를 나타내며, 자녀가 없을 경우에는 0으로, 자녀가 있는 경우

에는 1로 코딩되었다.

⑨ 거주 유형(Patterns of Residential Life: P): 국제결혼 이주여성의 거주 유형을 나타내며, 전세나 월세, 임대거주 유형일 경우에는 0으로, 자가 아파트나 자가 단독주택일 경우에는 1로 코딩되었다.

⑩ 국적 취득(Change of Nationality: N): 국제결혼 이주여성의 국적 취득 여부를 나타내며, 국적 취득을 하지 않았거나 못 했을 경우에는 0으로, 국적을 취득하였을 경우에는 1로 코딩되었다.

⑪ 모국 방문(Visit to Native Homeland: V): 국제결혼을 한 후 한국에 생활하면서 모국을 방문한 경험을 나타내며, 방문을 하지 못했을 경우에는 0으로, 방문의 경험이 있는 경우에는 1로 코딩되었다.

나. 인구사회학적 특성에 따른 진리표

<표 1-13>의 평가 코딩 기준표에 의해 연구에 참여한 국제결혼 이주여성의 인구사회학적인 특성과 심리·사회 적응의 진리표는 <표 1-14>와 같다.

〈표 1-14〉 인구사회학적 특성에 따른 진리표

사례	사례 코드	적응 코드	인구사회학적 특성											심리	사회
			A	E	R	T	M	I	F	C	P	N	V	Y_1	Y_2
1	①	a	1	1	1	1	0	0	1	1	1	0	0	1	1
2	②	*	1	0	1	1	1	0	0	1	0	1	1	0	1
3	③	*	1	1	1	0	0	0	1	1	1	0	1	0	1
4	④	*	1	0	1	1	0	0	0	1	0	1	1	0	1
⑤	⑤	*	1	1	1	1	1	0	0	1	1	0	1	0	1
6	⑥	*	1	0	1	0	0	0	0	0	0	0	0	0	1
7	⑦	*	0	0	0	0	0	0	1	0	1	0	0	1	0
8	⑧	*	0	0	1	0	0	0	1	1	1	0	1	0	1

사례	사례 코드	적응 코드	인구사회학적 특성											심리	사회
			A	E	R	T	M	I	F	C	P	N	V	Y1	Y₂
9	⑨	a	1	0	0	0	0	1	1	1	0	0	0	1	1
10	⑩	m	0	0	0	0	0	1	1	0	1	0	0	0	0
11	⑪	a	1	0	1	1	0	0	1	1	1	1	1	1	1
12	⑫	*	1	0	1	1	0	0	0	1	1	0	0	0	1
13	⑬	*	0	0	1	0	0	0	1	1	1	0	0	0	1
14	⑭	m	1	0	1	1	0	0	0	1	0	1	1	0	0
15	⑮	a	1	1	1	0	1	0	0	1	0	0	0	1	1
16	⑯	*	1	0	0	1	0	0	0	1	0	1	1	1	0
17	⑰	m	0	0	1	0	0	1	0	0	0	0	0	0	0
18	⑱	m	1	1	1	0	1	1	1	0	1	0	1	0	0
19	⑲	m	1	0	1	0	0	0	0	0	0	0	0	0	0
20	⑳	*	0	0	1	0	1	0	0	1	0	0	1	0	1
21	㉑	*	1	1	0	0	0	1	0	0	1	0	0	1	0

Y₁	심리 적응		M	결혼방법
Y₂	사회 적응		I	소득 수준
			F	가족 유형
A	연령		C	자녀 유무
E	교육 수준		P	거주 유형
R	종교 유무		N	국적취득 여부
T	결혼기간		V	모국 방문 여부

a   adaptation: 심리와 사회 모두 적응인 사례

m   maladaptation: 심리와 사회 모두 부적응인 사례

*   심리와 사회 중 하나는 적응이고 나머지 하나는 부적응인 사례

다. 인구사회학적 특성에 따른 심리·사회 적응 해당 사례

위의 <표 1-14>에 의해 연구에 참여한 국제결혼 이주여성들의 심리·사회 적응 해당 사례를 적응 영역별로 살펴보면, <표 1-15>와 같다.

<표 1-15> 인구사회학적 특성에 대한 적응 해당 사례

(단위: N, %)

적응 영역	사례수 (%)	해당 사례
심리·사회 적응	4 (19.0)	①, ⑨, ⑪, ⑮
심리·사회 부적응	5 (23.8)	⑩, ⑭, ⑰, ⑱, ⑲
둘 중 하나만 적응, 부적응	12 (57.2)	②, ③, ④, ⑤, ⑥, ⑦, ⑧, ⑫, ⑬, ⑯, ⑳, ㉑

연구 참여자의 심리·사회 모두 적응인 4사례(19.0%), 심리·적응 모두 부적응인 5사례(23.8%)이며, 심리·사회 적응 중 하나만 적응이고 나머지 하나는 부적응인 12사례(57.2%)로 나타났다. 따라서 심리·사회 모두 적응인 경우(19.0%)와 심리·사회 모두 부적응인 경우(23.8%)의 결과를 살펴보면, 이주여성들이 심리·사회 모두 부적응인 경우가 1사례(4.8%)가 많았다.

위의 <표 1-15>에 의해 연구 참여자의 인구사회학적 특성에 따른 심리·사회 적응 해당 사례를 구체적으로 살펴보면, <표 1-16>과 같다.

<표 1-16> 인구사회학적 특성에 대한 적응 해당 사례(1)

(단위: N, %)

적응영역		사례수 (%)	해당 사례
심리 21 (100.0)	적응	7 (33.3)	①, ⑦, ⑨, ⑪, ⑮, ⑯, ㉑
	부적응	14 (66.7)	②, ③, ④, ⑤, ⑥, ⑧, ⑩, ⑫, ⑬, ⑭, ⑰, ⑱, ⑲, ⑳
사회 21 (100.0)	적응	13 (61.9)	①, ②, ③, ④, ⑤, ⑥, ⑧, ⑨, ⑪, ⑫, ⑬, ⑮, ⑳
	부적응	8 (38.1)	⑦, ⑩, ⑭, ⑯, ⑰, ⑱, ⑲, ㉑

연구에 참여한 국제결혼 이주여성들의 심리 적응 영역을 자세히 살펴보면, 심리 적응의 경우 7사례(33.3%)이며, 심리 부적응의 경우 14사례(66.7%)로 나타났다. 따라서 심리 영역에서는 심리 부적응(66.7%)이 심리 적응(33.3%)보다 7사례(33.3%) 많은 것으로 나타났다.

사회 적응 영역을 살펴보면, 사회 적응의 경우 13사례(61.9%)이며, 사회 부적응의 경우 8사례(38.1%)로 사회 적응이 사회 부적응보다 5사례(23.8%) 많은 것으로 나타났다.

(2) 변인 척도 영역 특성 평가와 적응 사례

가. 변인 척도 영역 특성 평가

〈표 1-17〉 변인 척도 영역 특성에 따른 평가 기준표

변인의 특성		Descriptive Statistics						Group Statistics			Independent Samples test	
		Range	Min.	Max.	Mean	Std.	Variance	N	Mean	Std.	F	t
종속변인	심리적응(Y1)	26	48	74	59.24	7.75	59.99	0(14) 1(7)	54.57 68.57	4.014 3.552	.145	− 7.807***
	사회적응(Y2)	27	41	68	52.90	8.26	68.19	0(8) 1(13)	44.00 58.38	3.162 4.735	1.232	− 7.578***
매개변인	자아존중감(B)	21	25	46	33.19	5.02	25.26	0(8) 1(13)	28.38 36.15	1.996 3.848	1.694	− 5.263***
전통적 가치관	결혼관(M)	6	8	14	10.81	1.36	1.86	0(7) 1(14)	9.43 11.50	.787 1.019	.279	14.701***
	성역할(Z)	10	4	14	9.05	2.58	6.65	0(10) 1(11)	6.90 11.00	1.370 1.673	.160	− 6.104***
	가족주의(F)	7	6	13	10.10	2.02	4.10	0(12) 1(9)	8.75 11.89	1.545 .781	3.543	− 5.560***
결혼 만족도	생활만족(S)	10	10	20	14.90	3.78	14.29	0(6) 1(15)	10.67 16.60	1.033 3.043	9.735	− 4.609***
	애정도(P)	16	4	20	15.76	3.77	14.19	0(10) 1(11)	13.10 18.18	3.755 1.471	3.893	− 4.160***
	헌신도(D)	10	10	20	16.48	2.48	6.16	0(4) 1(17)	12.25 17.47	1.708 1.281	.393	− 6923***

변인의 특성		Descriptive Statistics						Group Statistics			Independent Samples test	
		Range	Min.	Max.	Mean	Std.	Variance	N	Mean	Std.	F	t
생활갈등	생활적 갈등(L)	16	5	21	14.81	4.98	24.76	0(3) 1(18)	5.00 16.44	.000 3.053	9.133	− 6.355***
	문화적 갈등(V)	12	4	16	10.76	3.70	13.69	0(10) 1(11)	7.60 13.64	2.319 1.859	.659	− 6.612***
갈등대처 방식	감정표출(E)	6	2	8	5.95	1.75	3.05	0(4) 1(17)	3.25 6.59	.957 1.176	1.321	− 5.251***
	무조건 양보(O)	6	2	8	6.48	1.54	2.36	0(11) 1(10)	5.36 7.70	1.286 .483	3.412	− 5.398***
	갈등무시(T)	8	2	10	6.19	2.20	4.86	0(6) 1(15)	3.67 7.20	1.033 1.656	2.233	− 4821***
	적극적 대처(I)	6	4	10	7.86	1.68	2.83	0(5) 1(16)	5.40 8.63	.894 .957	.250	− 6.664***
문화적응 태도	다문화수용(U)	10	20	30	25.24	3.52	12.39	0(9) 1(12)	21.89 27.75	1.616 2.137	2.669	− 6.869***
	자문화전달(R)	22	6	28	21.19	5.38	28.96	0(14) 1(7)	18.57 26.43	4.586 1.718	1.935	− 4.336***
사회적 지지	가족지지(Y)	14	4	18	10.14	4.30	18.53	0(8) 1(13)	5.38 13.08	1.685 2.178	.120	− 8.525***
	친구, 이웃(N)	16	4	20	10.62	5.13	26.35	0(7) 1(14)	4.57 13.64	.976 3.249	5.658	− 7.145***
	사회기관(A)	8	2	10	5.86	2.24	5.03	0(8) 1(13)	3.63 7.23	1.408 1.363	.032	− 5.815***
	종교지지(Q)	14	10	24	17.10	3.47	12.09	0(9) 1(12)	14.00 19.42	2.121 2.234	.231	− 5.616***

***p<.001

국제결혼 이주여성의 종속변인 척도영역의 특성으로 심리 적응 영역과 사회 적응 영역을 평가하고, 독립변인 척도의 하위영역 특성에 대한 매개변인으로 자아존중감 특성을 평가하였다.

독립변인 척도 하위영역 특성으로서 자아존중감, 전통적 가치관 영역(결혼관, 성역할, 가족주의), 결혼만족도 영역(생활만족, 애정도, 헌신도), 생활갈등 영역(생활적 갈등, 문화적 갈등), 갈등대처방식 영역(감정표출, 무조건 양보, 갈등무시, 적극적 대처), 문화적응태도 영역(다문화수용태도, 자문화전달태도), 사회적 지지 영역(가족지지,

친구나 이웃 지지, 사회기관 지지, 종교 지지)에 대해 평가하였다. 이들 변인의 특성에 따른 기술통계, 계층분석, T-검정 결과 평가 기준은 <표 1-17>과 같다.

가) 심리 적응(Y1): 연구에 참여한 국제결혼 이주여성의 심리 적응에 대한 평가는 Goldberg[247]의 5요인 특성을 측정하는 International Personality Item Pool(IPIP) 척도를 신현균과 장재윤[248]이 단축형으로 만든 것 중 심리 적응의 신경증 5요인(신경증, 원만성, 외향성, 충동성, 솔직성)에 해당하는 20문항을 서정선[249]의 연구에서 사용한 것을 채택하였다.

나) 사회 적응(Y2): 사회 적응의 정도를 평가하는 척도는 Weissman과 Paykel[250]이 개발한 척도를 채택하였다. 척도내용은 가사생활, 부부관계, 부모-자녀관계, 시댁 및 친정 부모와의 관계, 친구관계 등의 영역에서의 적응을 측정하고 있으며, 전반적으로 사회적인 적응을 평가한다.

다) 자아존중감(Self esteem: B): 자아존중감은 개인적으로 자기 자신에게 하는 평가이며, 자기 자신에게 갖는 태도 속에 나타나는 자신에 대한 가치의 판단이다. 자아존중감 척도는 인간의 행동과 적응 문제에 영향을 미치고 일반적으로 높은 자아존중감은 높은 적응 수준을 의미한다는 것이다.

라) 전통적 가치관 영역(Traditional one's Values): 결혼관, 성역할관, 전통적인 가족주의 가치관으로 3개의 하위영역을 나타

---

247) Goldberg, Ibid., (1999).
248) 신현균 · 장재윤, Ibid., (2003).
249) 서정선, Ibid., (2007).
250) Weissman & Paykel, Ibid., (1974)

내며, 전통적인 가치관을 알아보기 위하여 사용하였다.

① 전통적 결혼가치관 영역(Marital Family Values: M)은 결혼의 필요성과 의미, 성관계, 결혼 및 이혼에 관한 내용으로 구성되었다.

② 성역할관 영역(Gender Roles: Z)은 남성 우월주의와 남성의 가사에 대한 내용으로 구성되었다.

③ 전통적 가족주의 가치관 영역(Traditional Family Values: F)은 가족의 중요성, 가부장의식에 관한 내용으로 구성되었다.

마) 결혼만족도(Satisfaction of Marriage): 국제결혼 부부의 결혼만족도를 생활만족, 애정 및 헌신 등의 3개의 하위영역으로 구성하였다.

① 생활만족 영역(a Feeling of Life Satisfaction: S)은 가족 관계 속에서 본인이 느끼는 감정을 정적인 방향과 부적인 방향으로 구성하였다.

② 애정 영역(Intimacy: P)은 성적 열정을 포함하는 애정 중에서도 친밀성을 나타내는 문항으로 구성되었다.

③ 헌신 영역(Devotion: D)은 현재 부부관계를 유지하기 위하여 과거에 투자한 수준을 측정하는 것으로 구성되었다.

바) 생활갈등(Conflicts): 생활갈등 척도로서 아내와의 성격과 생활방식에서의 차이, 음주로 인한 갈등, 경제적 어려움, 아내의 가족 및 시부모와의 갈등, 자녀양육 및 교육, 부부간의 성관계 갈등에 대한 문항으로 구성되었다.

① 일상생활의 차이(Daily Living Differences: L)에서 오는 갈등은 배우자와 생활방식 차이, 한국어 능력 부족에서 오는 의사소통의 어려움, 배우자와 성격 차이에서 겪는 갈등으로서 구성되었다.

② 일상생활 문화 차이(Daily Culture Conflicts: V)의 갈등으로는 배우자의 신체 건강문제, 자녀출산 및 양육의 문제, 노인부양의 어려움, 이웃 친척과의 관계에서의 어려움, 전반적인 생활의 어려움에서 겪는 갈등으로 구성되었다.

사) 갈등대처 방식(Resolution of Conflicts): 부부간 갈등 시 부부 각자가 어떤 대처행동을 많이 사용하는지를 알아보기 위해 4개의 하위영역 즉, 감정표출, 무조건 양보, 적극적 대처, 갈등무시 문항으로 구성하였다.

① 감정표출 영역(Expression of Emotions: E)은 갈등 시 자신이 느끼는 감정을 자제하지 않고 그대로 표출하는 행동으로 구성되었다.

② 무조건 양보 영역(Compromise Unconditionally: O)은 부부간 갈등 시 상대방의 주장이나 요구에 무조건적으로 따르고 양보하는 행동들로 구성되었다.

③ 갈등무시 영역(Ignorance of Conflicts: T)은 부부간 갈등 시 소극적으로 그 갈등을 무시하거나 갈등해결을 위한 노력을 하지 않는 것으로 구성되었다.

④ 적극적 대처 영역(Actively Resolving: I)은 부부간 갈등을 적극적으로 해결하려는 노력으로 구성되었다.

아) 문화적응태도(Cultural Adaptation): 서로 다른 문화를 가진 부부 사이에서 서로의 문화를 이해하려는 태도를 알아보기 위해 다문화 수용태도와 자문화 전달태도 영역으로 구성되었으며, 문화내용의 범주에는 음식, 언어, 생활방식, 풍습이나 예절에 관한 내용으로 구성하였다.

① 다문화 수용태도 영역(Accommodation of Multi‑Cultural Values: U)

은 상대국가의 문화에 대해 알고자 하는 태도를 의미한다.

② 자문화 전달태도 영역(Communication of Own Culture: R)은 자국의 문화를 상대에게 알려 주고 적응시키기 위한 노력 및 태도를 의미한다.

자) 사회적 지지(Social Support): 사회적 지지 문항은 4개의 하위영역인 가족의 지지, 친구나 이웃의 지지, 사회기관의 지지, 신앙의 지지로 구성하였다. 점수가 높을수록 이들 4개의 하위영역별 사회적 지지 수준이 높은 것을 의미한다.

① 가족의 지지(Family Support: Y)는 다투어 힘들 때 얘기할 가족의 유무를 나타내었다.

② 친구나 이웃의 지지(Friend Support: N)는 경제적으로 어려울 때 도와줄 친구나 이웃의 유무로 나타내었다.

③ 사회기관의 지지(Governmental Support: A)는 배우자의 생활에 도움을 줄 사회기관을 이용한 적이 있는지 유무를 나타내었다.

④ 종교의 지지(Religious Support: Q)는 신앙은 내가 살아가는 데 의미가 있는지를 나타내었다.

나. 독립변인 척도 하위영역 특성 진리표

<표 1-17>의 독립변인 척도 하위영역 특성 평가 기준표에 의해, 연구에 참여한 국제결혼 이주여성의 독립변인 척도 하위영역 특성에 따른 심리·사회 적응 진리표는 <표 1-18>과 같다.

독립변인 척도 하위영역 특성에 대한 적응 해당 사례는 <표 1-15>와 <표 1-16>의 인구사회학적 특성에 대한 적응 해당 사례와 같다.

<표 1-18> 독립변인 척도 하위영역 특성에 따른 진리표

사례	사례코드	적응코드	자아존중감	전통적 가치관			결혼만족			생활갈등		갈등대처방식				문화적응태도		사회적지지				심리	사회
			B	M	Z	F	S	P	D	L	V	E	O	T	I	U	R	Y	N	A	Q	Y1	Y2
1	1	a	1	1	1	1	1	0	1	1	1	1	1	1	1	1	1	1	1	1	1	1	1
2	2	*	1	0	1	1	1	0	1	1	0	1	0	1	1	1	1	1	1	1	0	0	1
3	3	*	1	0	0	0	0	0	1	1	0	1	0	0	0	1	1	1	1	1	0	0	1
4	4	*	1	0	1	0	0	1	1	1	1	1	1	0	1	1	0	1	1	1	1	0	1
5	5	*	1	0	0	0	0	0	1	1	1	1	0	1	1	0	0	0	1	1	1	0	1
6	6	*	0	1	0	0	1	1	1	1	1	0	0	0	1	0	0	0	0	1	1	0	1
7	7	*	0	1	1	1	0	0	0	1	1	1	0	1	1	0	0	1	1	1	0	1	0
8	8	*	1	1	1	1	1	1	1	1	0	1	1	1	1	1	1	1	1	1	1	0	1
9	9	a	1	1	1	0	1	1	1	1	1	1	1	1	1	1	1	0	1	0	1	1	1
10	10	m	1	1	0	0	1	1	1	1	0	0	0	0	1	0	0	1	1	1	0	0	0
11	11	a	1	1	1	0	0	0	1	1	1	1	1	1	1	1	0	0	0	0	1	1	1
12	12	*	1	1	1	0	0	0	1	1	1	1	0	1	1	1	0	0	0	0	1	0	1
13	13	*	1	1	0	1	1	0	1	0	0	1	0	1	1	1	1	1	0	1	1	0	1
14	14	m	1	0	1	0	1	1	1	1	1	1	0	1	1	0	0	1	1	1	0	0	0
15	15	a	0	0	0	0	1	0	0	1	1	1	0	1	1	0	0	0	0	0	1	1	1
16	16	*	1	1	1	1	1	1	1	1	1	1	1	1	1	1	1	1	1	0	0	1	0
17	17	m	0	1	1	1	1	1	1	0	0	1	1	1	0	1	0	1	1	0	0	0	0
18	18	m	0	1	0	1	1	1	1	0	0	1	1	0	1	1	0	1	1	1	1	0	0
19	19	m	0	1	0	0	1	1	0	1	0	0	1	1	0	0	0	0	0	1	0	0	0
20	20	*	0	0	0	1	1	1	1	1	0	0	1	0	0	0	0	0	0	0	1	0	1
21	21	*	0	1	0	0	1	0	0	1	0	1	0	1	0	1	0	1	1	0	0	1	0

B	자아존중감 수준	L	일상생활의 차이
M	전통적 결혼가치관	V	일상생활 문화의 차이
Z	성역할가치관	E	감정표출 수준
F	가족중심가치관	O	무조건 양보 수준
S	생활만족 수준	T	갈등무시 수준
P	애정도	I	적극적 대처 수준
D	헌신도	U	다문화수용태도
		R	자문화전달태도

Y	가족지지 정도
N	친구, 친척 지지 정도
A	사회기관 지지 정도
Q	종교적 지지 정도
Y1	심리 적응
Y2	사회 적응

a adaptation: 심리와 사회 모두 적응인 사례

m maladaptation: 심리와 사회 모두 부적응인 사례

* 심리와 사회 중 하나는 적응이고 나머지 하나는 부적응인 사례

12) 분석 방법

본 연구에서 수집된 정성적 자료는 국제결혼 이주여성들의 심리·사회적 적응 특성들을 해석적 맥락에서 이해하기 위해 평가되어 사용되었다. 자기기입식 설문으로 얻어진 정량적 자료의 분석을 위해 SPSS 14.0 for Windows가 사용되어 분석을 하였다. 이를 평가기준에 의해서 이분화된 자료로 코딩을 하여 fs / QCA 2.0을 사용하여 분석하였다. 구체적인 분석방법을 단계로 나누어 설명을 하면 아래와 같다.

첫째, 국제결혼 이주여성의 적응 특성을 도출하기 위해 자기기입식 설문조사에서 얻어진 정량적 자료는 인구사회학적 특성을 포함하여 독립변인 척도 특성과 독립변인 척도 하위영역 특성에 따라 기술통계와 계층분석방법을 통해서 0과 1로 이분화를 거쳐 T-test를 실시하였다.

둘째, 이들 이주여성들의 적응 영역 변인을 통계분석에 따라 이분화된 자료들을 진리표로 나타내었다.

셋째, 국제결혼 이주여성의 적응 관련 특성들을 단순하고 명료한 조합의 식으로 도출하고 분석하기 위해 fs / QCA 2.0을 사용하였다.

넷째, 심리·사회 적응과 부적응을 나타내는 특성들의 조합을 도출하고 축약하여 해석적 관점에서 분석하였다.

위와 같은 방법으로 불리언대수법[251]에 의한 질적 비교분석을 적

---

[251] 질적 비교를 위한 분명한 수학적 기반이 불리언대수(Boolean algebra)에 존재한다. 논리대수와 집합 대수로 알려져 있는 불리언대수는 19세기 중반 조지 불(George Boole)에 의하여 개발되었다. 불리언 연산들은 1950년대에 전환 회로(switching circuits)를 단순화시키기 위해 개발한 전기공학자의 연구에 기반을 두고 있다(Charles C. Ragin. 『비교방법

용하기 위해 연구 참여자(일부 발췌)의 인구사회학적 특성에 대한 진리표(truth table)[252]는 <표 1 - 19>와 같다.

5개의 원인 특성과 1개의 적응 관련 영역은 모두 평가 기준에 따라 이분적으로 평가되었다. 진리표 위에 표시된 영문 대문자는 적응 관련 특성을 나타내는 상징문자로서, 각 특성들이 적응과 관련된 식으로 표현될 때 간략하게 표현하고 쉽게 분간할 수 있도록 표현한 것이다.

〈표 1 - 19〉 인구사회학적 특성(일부 발췌) 진리표

사례	해당 사례수 (0의 사례, 1의 사례)	인구사회학적 특성					심리
		G	A	E	T	M	Y1
1	1(0, 1)	0	1	1	1	0	1
2	1(1, 0)	0	1	1	0	0	0
3	3(2, 1)	1	1	1	0	1	1
4	1(1, 0)	1	1	0	0	0	0

G: 성별(0은 여성, 1은 남성), A: 연령, E: 교육수준, T: 결혼기간, M: 결혼방법

론』, 이재은 외 역(서울: 대영문화사, 2002), 122.).

252) 질적 비교 기법으로서의 불리언대수를 활용하기 위해서는, 원자료 행렬(raw data matrix)을 진리표(truth table)로 재구성하는 것이 필요하다. 자료들이 명목척도 변수들로 재부호화(recode)되고 이진수 형태(예: 1과 0)로 나타낸다면, 그 자료들을 독립 변수들에 대한 상이한 조합 값으로 분류하는 것이 필요하다. 각각의 독립 변수 값의 논리적 조합은 진리표에서 하나의 열(row)로 나타난다. 일단 진리표의 이 부분이 형성되면, 각 열은 산출 값(종속 변수의 0과 1 점수)이 부여된다. 이러한 산출 값은(독립 변수에 대한 점수의 조합인) 투입 값들의 조합을 공유하는 사례들의 점수에 기초하고 있다. 따라서 투입 값(독립변수)과 연관된 산출 값(종속변수)들의 상이한 조합 모두가 진리표에 요약 기술된다. 진리표들은 인과 변수들 값의 논리적으로 가능한 조합들이 있는 것과 같은 수만큼의 열(row)들을 갖고 있다. 예를 들면, 네 개의 이진수 독립 변수가 있다면, 진리표는 24 = 16개의 열을 지니게 될 것이다. 각 열은 하나의 단일 사례라기보다는 투입 값들의 어떤 조합을 지닌 모든 사례들의 요약이라는 것이다. 이러한 관점에서 진리표의 한 열은 몇 개의 범주적인 독립 변수들의 다방향 교차 분류의 한 셀(a cell from a multiway cross - classification)과 같다(Charles C. Ragin. 이재은 외 역. 124 - 125).

<표 1-19>는 다음과 같은 [수식 1-1]과 [수식 1-2]와 같이 표현될 수 있다.

$$Y_1 = g \cdot A \cdot E \cdot T \cdot m + G \cdot A \cdot E \cdot t \cdot M$$

[수식 1-1] 인구사회학적 특성에 따른 심리 적응 유형의 표현식

$$y_1 = g \cdot A \cdot E \cdot t \cdot m + G \cdot A \cdot e \cdot t \cdot m$$

[수식 1-2] 인구사회학적 특성에 따른 심리 부적응 유형의 표현식

불리언 대수에서 덧셈은 논리 덧셈[253]의 방식을 따르며, 위의 식에서 '+'는 불리언 대수의 덧셈을 의미한다. 따라서 [수식 1-1]에 따르면 심리 적응 유형($Y1$)은 $g \cdot A \cdot E \cdot T \cdot m$ 또는 $G \cdot A \cdot E \cdot t \cdot M$라고 할 수 있다.

또한 위의 식에서 점(dot)은 불리언 곱셈을 의미하여 논리 곱셈[254]의 방식을 따른다. 즉, $G \cdot A \cdot E \cdot t \cdot M$에서 변인 G, A, E, M은 영문대문자이므로 1의 값을 갖고, 변인 t는 영문소문자이므로 0의 값을 갖는다는 것을 의미한다. [수식 1-1]에서 심리 적응 유형($Y1$)은 $g \cdot A \cdot E \cdot T \cdot m$이란 국제결혼을 한 이주여성(g) 중에서

---

253) 불리언 덧셈은 만일 A+B=Z에서, A=1이고 B=1이면, Z=1이다. 만일 덧셈 항의 어떤 것이 충족되면(실재하면), 결과는 참이다(발생한다). 불리언대수에서의 덧셈은 논리적 연산자인 OR과 같다. 그러므로 A+B=Z라는 말은 만일 A가 1 OR B가 1이라면, Z는 1이 된다(Charles C. Ragin. 이재은 외 역. 127).

254) 불리언 곱셈은 정상적인 곱셈과는 실질적으로 다르다. 하나의 산출물은 특정한 인과적 조건들의 조합이다. 실재를 나타내는 대문자와 부재를 나타내는 소문자를 가지고 있다.

나이가 26세 이상(A)으로, 교육수준이 대학교 졸업 이상(E)이며, 결혼기간이 4년 이상(T)으로 결혼중개업체나 종교단체, 친구나 아는 사람, 그리고 가족이나 친척의 도움을 통해서 만나 결혼을 한 경우(m)이거나, $G \cdot A \cdot E \cdot t \cdot M$란 국제결혼을 한 남성(G) 중에서 나이가 35세 이상(A)인, 교육수준이 대학교 이상의 학력(E)으로, 결혼기간이 3년 미만인 경우로(t)서 직접 만남을 통해서 결혼을 한 경우(M)가 이에 해당하며, 그 사례수는 2명이다.

[수식 1 - 1]과 [수식 1 - 2]만을 가지고 심리 적응을 평가하면, G가 0이고 A, E, T가 1이거나($g \cdot A \cdot E \cdot T$) 또는 G, A, E, M이 1이고 T가 0일 때[255]($G \cdot A \cdot E \cdot t \cdot M$) 심리 적응(Y1)으로 나타나며, 심리 부적응은 G, T, M이 0이고 A와 E가 1일 때($g \cdot A \cdot E \cdot t \cdot m$), 또는 G와 A가 1이고 E, T, M이 0일 때($G \cdot A \cdot e \cdot t \cdot m$) 심리 부적응(y1)으로 나타난다.

[수식 1 - 1]과 [수식 1 - 2]에는 2개의 산출물(product)이 있는데 불리언 최소화(Blootean minimization)[256]에 의해 축약될 수 있다.

[수식 1 - 1]에서 $g \cdot A \cdot E \cdot T \cdot m$과 $G \cdot A \cdot E \cdot t \cdot M$에서 G,

---

255) 조합 논리는 불리언 분석에서 조합적 성격을 지니는 것으로 설계되었다. 불리언 분석에서 원인의 부재는 원인의 실재와 동일한 논리적 지위를 지니기 때문에 불리언 곱셈은 실재와 부재 조건들이 혼합되어 있고, 그들이 교차한다는 것을 지적해 준다. 조합 논리(combinatorial logic)를 엄격하게 적용하기 위해서는 사례들의 제한된 다양성으로부터 추출된 결론에 제한을 두는 것이 필요하다. 특히 인과적으로 관련 있는 특징들을 전체적으로 고찰해야 한다. 전체주의적 특성(holistic character)은 맥락적으로 상이한 원인들을 검토하는 질적인 비교 사회과학자들의 정향성과 일치한다. 불리언에 기초한 질적 비교에서 원인은 개별적으로가 아니라 언제나 인과적으로 관련되어 있는 다른 조건들의 실재와 부재의 맥락 내에서 검토되고 있다(Charles C. Ragin. 이재은 외 역. 131 - 132).

256) 불리언 최소화는 복잡성을 단순화시키기 위한 단순하고 간단한 규칙들이다. 만일 두 가지 불리언 표현들이 단지 하나의 인과적 조건에서 다르지만 동일한 결과를 산출한다면, 두 표현을 구분하는 인과적 조건은 부적절한 것으로 고려될 수 있고 좀 더 간단한 결합 표현(a simpler, combined expression)을 창출하기 위해 제거될 수도 있다(Charles C. Ragin. 이재은 외 역. 132).

T, M이라는 요소만 다르고 다른 요소들은 같으므로, 다음 [수식 1-
3]과 같이 이론적 인수분해[257)가 되어 [수식 1-4]와 같이 축약되
어 표현될 수 있다. 이 G, T, M이라는 요소의 존재여부와 상관없
이 Y1이 발생하기 때문에 제거될 수 있는 것이다.

따라서 심리 적응의 유형은 국제결혼 부부가 성별, 결혼기간, 결
혼방식에 관계없이 나이가 많거나 학력수준이 높을 경우에 심리
적응의 유형에 해당됨을 알 수 있다.

$$Y_1 = A \cdot E(g \cdot T \cdot m + G \cdot t \cdot M)$$

[수식 1-3] 인구사회학적 특성에 따른 심리 적응 유형의 표현식(1)

[수식 1-3]은 A·E가 필요조건[258)임을 보여 준다. 이는 연령이

---

257) 불리언 표현의 인수분해(Boolean factoring)는 불리언 분석의 결과들을 인수 분해하는 것
으로서, 표준 대수 인수분해(standard algebraic factoring)와 크게 다르지 않다. 예를 들
면, 불리언 진술 S=AB+AC+AD는 A가 필요조건임을 보여 주기 위해 인수 분해될 수
있다. S=A(B+C+D). 또한 인수 분해는 비록 등식의 인수분해가 등식을 단순화하지 않
을 때조차도 등식을 명쾌하게 하기 위해 사용될 수 있다. 예를 들면, 연구자는 S에 대한
다음과 같은 등식을 찾을 수 있다. S=abc+Abc+abd+E. 이론은 상이한 맥락에서 A
의 모순되는 효과(contrary effects)를 강조할 수 있고, 그 결과는 이러한 강조점을 지지
하는 것처럼 보인다. 몇몇 맥락에서는 S가 발생하기 위해 A가 실재해야만 하지만, 다른
경우에는 A가 부재해야만 한다. A가 실재하고 부재하는 상태에서 조건 A를 강조하는 방
식으로 다음과 같이 등식이 분해될 수 있다. S=a(bc+bd+E)+A(bc+E). 이 같은 등
식은 S가 발생하도록 하기 위해 어떤 맥락이 A가 실재할 것을 요구하는지, 그리고 어떤
맥락이 A가 부재할 것을 요구하는지를 나타내 준다. 조건 E는 두 집합 모두에서 나타난
다(Charles C. Ragin. 이재은 외 역. 142-143).

258) 필요조건은 [수식 1-3]에서 A, E가 있어야만 Y1이 발생하므로A, E는 필요조건이다. 필
요조건과 충분조건은 다음과 같이 설명될 수 있다.
S=A·C+B·C (C는 필요조건이며, 충분조건은 아님.)
S=A+B·c (A는 충분조건이지만 필요조건은 아님.)
S=B (B는 필요조건이고 충분조건임.)
S=A·C+B·c (필요조건과 충분조건이 없음.)
이들 예는 매우 간단하지만, 이들은 불리언 접근법이 필요와 충분 인과 관계의 표현 형식

많고 학력수준이 높은 경우를 나타낸다.

$$Y_1 = A \cdot E$$

[수식 1 – 4] 인구사회학적 특성에 따른 심리 적응 유형의 표현식(2)

[수식 1 – 2]에서 $g \cdot A \cdot E \cdot t \cdot m$과 $G \cdot A \cdot e \cdot t \cdot m$은 G, E라는 요소만 다르고 다른 요소들은 같으므로, [수식 1 – 5]와 같이 축약되어 표현될 수 있다. 따라서 심리 부적응 유형은 국제결혼 부부가 성별, 교육수준에 관계없이 나이가 많거나 결혼기간이 짧고 결혼중개업체 등의 소개로 만나 결혼한 경우에 심리 부적응 유형에 해당됨을 알 수 있다.

$$y_1 = A \cdot t \cdot m$$

[수식 1 – 5] 인구사회학적 특성에 따른 심리 부적응 유형의 표현식(1)

이와 같이 불리언 표현식은 복합적인 의미를 함축적으로 표현하는 데 유용하다.

일단 진리표가 최소화되고 결과와 연관된 조건의 상이한 조합들이 결정되었다면, 종종 결과 부재와 연관된 조건의 결합들을 평가

에 매우 적합하다는 것을 보여 준다. 이 같은 특징은 질적 비교 분석을 위한 도구로서 불리언 접근법의 가치를 한층 높여 준다. 특히 동일하거나 유사한 결과를 경험하는 다양한 사례들을 검토하는 연구에서는 더욱 그러하다(Charles C. Ragin. 이재은 외 역. 140 – 141).

하는 것이 유용하다. 처음부터 곧바로 새로운 진리표를 만들고 최소화시키는 것보다는, 부정적 결과에 대한 해답을 얻기 위해 드 모르강 법칙(De Morgan's Law)[259]을 이미 추출된 긍정적 결과에 대한 해답에 적용할 수 있다.

13) 연구 참여자의 인구사회학적 특성

연구에 참여한 국제결혼 이주여성의 특성은 <표 1-20>과 같다.

<표 1-20> 연구 참여자의 특성

국적 구분	사례 번호	연령	학력	종교	직업	결혼 기간	결혼과정	월소득	가족유형	자녀 수	거주 유형	국적취득	모국 방문
필리핀 (6)	1	41	대졸	통일교	주부	6년	중개업	150만	부부, 부모, 자녀	2	자가	아니오	없음
	2	33	고졸	천주교	교사	18년	직접	300만	부부, 자녀	3	전세	예	3번 이상
	3	36	대졸	천주교	영어강사	4.6년	직접, 친구	300만	부부, 부모, 자녀	1	자가	예	1번
	4	40	고졸	천주교	주부	8년	친구	170만	부부, 자녀	3	전세	예	3번 이상
	5	35	대졸	기독교	주부	6.2년	직접	250만	부부, 자녀	2	자가	아니오	3번 이상
	6	37	고졸	천주교	주부	1.3년	중개업	100만	부부	3	전세	아니오	없음
베트남 (4)	7	24	고졸	없음	주부	1년	친구	150만	부부, 부모, 자녀	1	자가	아니오	없음
	8	21	고졸	천주교	주부	1.7년	친구	120만	부부, 부모, 자녀	1	자가	아니오	1번
	9	26	중졸	없음	주부	4.5년	친구	250만	부부, 부모, 자녀	1	전세	예	없음
	10	20	고졸	없음	주부	0.7년	중개업	250만	부모, 부부	0	자가	아니오	1번

---

259) 예를 들면, S=AC+Bc. 환원된 등식에서 실재하는 것으로 부호화된 요소(즉, AC항에서의 A와 같이)들은 실재하는 것으로 재부호화된다. 다음으로, 논리적인 AND는 논리적인 OR로 재부호화되고, 논리적인 OR은 논리적인 AND로 재부호화된다. 이들 두 규칙을 적용하면, S=AC+Bc는 s=(a+c)(b+C)=ab+aC+bc가 된다. 따라서 드 모르강의 법칙은 부정적 사례를 최소화하기 위한 유용한 지름길을 제공한다.

국적 구분	사례 번호	연령	학력	종교	직업	결혼 기간	결혼과정	월소득	가족유형	자녀 수	거주 유형	국적취득	모국 방문
네팔 (2)	11	33	고졸	힌두교	주부	6.5년	친구	100만	부부, 부모, 자녀	5	자가	예	1번
	12	28	고졸	힌두교	주부	6.6년	친구	150만	부부, 자녀	2	자가	아니오	없음
우즈베키 스탄(1)	13	24	고졸	러시 아교	주부	2.2년	친구	180만	부부, 부모, 자녀	1	자가	아니오	없음
인도네시 아(1)	14	34	고졸	천주교	주부	7.4년	친구	90만	부부, 자녀	2	전세	예	1번
러시아 (1)	15	31	대졸	불교	주부	2.7년	직접	150만	부부, 자녀	2	월세	아니오	없음
캄보디아 (2)	16	36	중졸	없음	주부	8.3년	친구	150만	부부, 자녀	2	전세	예	2번
	17	25	고졸	기타	주부	0.5년	중개업	300만	부부	0	전세	아니오	없음
중국 (1)	18	26	대졸	불교	주부	0.8년	직접	250만	부부, 부모	0	자가	아니오	3번 이상
태국 (1)	19	27	고졸	불교	주부	0.9년	친구	150만	부부	0	전세	아니오	1번
카자흐스 탄(1)	20	24	대졸	기독교	주부	2.6년	직접	180만	부부, 자녀	1	전세	아니오	1번
몽골 (1)	21	28	대졸	없음	주부	0.8년	친구	300만	부부	0	자가	아니오	없음
11개국	21명												

연구에 참여한 대상은 충남 천안시에 거주하는 국제결혼 이주여성들로서 사회기관에서 정규적인 한국어교육에 참여하고 있는 21명의 이주여성을 대상으로 유의표집으로 실시하였다. 연구에 참여한 대상자의 인구사회학적 특성은 <표 1-13>의 인구사회학적 특성에 따른 평가 기준표에 제시한 바와 같다.

국적별로는 필리핀이 6사례(28.5%), 베트남 4사례(19.0%), 네팔과 캄보디아가 각각 2사례(19.0%), 그리고 우즈베키스탄, 인도네시아, 러시아, 중국, 태국, 카자흐스탄, 몽골이 각각 1사례(33.5%)였다.

국제결혼 이주여성의 연령대별 분포를 살펴보면, 20대 11명(52.4%), 30대 9명(42.8%), 40대 1명(4.8%)으로 나타났다. 이들 이주여성과 남편의 연령 차이를 보면, 아내의 평균나이는 30.0세이며, 남편의 평균나이는 41.1세로서 아내와 남편의 연령 차이는 평균 11살의 차이를 보였다. 이주여성의 학력별 분포를 살펴보면, 중학교 이하 2명(9.5%), 고등학교 졸업 13명(61.9%), 대학교 졸업 6명(28.6%)으로 나타났다. 이들의 종교를 살펴보면, 천주교 6명(28.6%), 불교 4명(19.0%), 힌두교 2명(9.5%), 러시아교 2명(9.5%), 기독교, 통일교가 각각 1명(9.5%), 종교가 없는 경우가 5명(23.8%)이었다.

국제결혼 이주여성의 직업은 전업주부가 대부분(18명, 85.7%)이며, 이 중에서 3명(14.3%)은 통역사 자격을 취득하기 위해 정기적으로 기관에서 교육을 받고 파트타임 영어교사로 활동하는 것으로 나타났다.

이들 국제결혼 이주여성들의 결혼한 기간은 1년 미만 5명(23.8%), 1년에서 3년 미만이 7명(33.3%), 4년에서 5년 1명(4.8%), 6년에서 10년 7명(33.3%), 18년이 1명(4.8%)으로 총 21사례로 나타났다. 이들의 결혼과정에서 혼인방법을 살펴보면, 16사례(76.2%)가 결혼중개업체를 통하거나 종교단체를 통해서, 친구나 가족, 친척의 소개로 결혼이 이루어졌고, 직접만남을 통해서 결혼한 사례는 5사례(23.8%)로 나타났다.

이들 이주여성들의 월 가구소득을 살펴보면, 100만의 미만이 3명(14.3%), 100만 원에서 150만 원 미만 1명(4.8%), 150만 원에서 200만 원 미만 12명(57.1%), 200만 원에서 300만 원 미만 2명(9.5%), 300만 원 이상이 3명(14.3%)으로 나타났다.

이들 이주여성의 동거가족 유형을 살펴보면, 부부세대가 4사례(19.0%), 부부와 자녀 세대가 8사례(38.1%), 부모를 모시면서 부부와 자녀, 그리고 형제세대가 9사례(42.8%)로서 총 21사례로 나타났다.

이들 이주여성들의 자녀수를 살펴보면, 1명에서 2명 12사례(57.2%), 3명에서 5명이 4사례(19.0%), 자녀가 없는 경우가 5사례(23.8%)로 나타났다.

이들의 거주유형을 살펴보면, 자신들의 주택에 거주하는 사례가 11사례(52.4%), 월세나 전세로 거주하고 있는 사례가 10사례(47.6%)로 나타났다.

국제결혼을 한 이주여성들의 국적취득을 살펴보면, 아직 한국국적을 취득하지 않은 경우가 14사례(66.7%), 한국국적을 취득한 경우가 7사례(33.3%)로 나타났다.

이들 이주여성들의 결혼 후 모국방문의 경험을 살펴보면, 한 번 이상 모국을 방문한 경험이 있는 경우가 12사례(57.1%), 아직 모국을 방문한 경험이 없는 경우가 9사례(42.9%)로 나타났다.

1. 국제결혼 이주여성의 심리 적응

1) 인구사회학적 특성에 따른 심리 적응

연구 참여대상 중 국제결혼 이주여성의 심리 적응 7사례는 인구사회학적 특성 11개 변인(A, E, R, T, M, I, F, C, P, N, V)에 대해 <표 1-13>의 평가 기준표에 따라 인구사회학적 특성에 따른 심리 적응 진리표가 <표 2-1>과 같이 도출되었다.

<표 2-1> 인구사회학적 특성에 따른 심리 적응 진리표

사례	사례코드	적응코드	인구사회학적 특성											심리
			A	E	R	T	M	I	F	C	P	N	V	Y_1
1	①	a	1	1	1	1	0	0	1	1	1	0	0	1
2	⑦	*	0	0	0	0	0	0	1	0	1	0	0	1
3	⑨	a	1	0	0	0	0	1	1	1	0	0	0	1

사례	사례코드	적응코드	인구사회학적 특성											심리
			A	E	R	T	M	I	F	C	P	N	V	Y_1
4	⑪	a	1	0	1	1	0	0	1	1	1	1	1	1
5	⑮	a	1	1	1	0	1	0	0	1	0	0	0	1
6	⑯	*	1	0	0	1	0	0	0	1	0	1	1	1
7	㉑	*	1	1	0	0	0	1	0	0	1	0	0	1

A	연령	I	소득 수준	Y1	심리 적응
E	교육 수준	F	가족 유형		
R	종교 유무	C	자녀 유무		
T	결혼기간	P	거주 유형		
M	결혼방법	N	국적취득 여부		
		V	모국 방문 여부		

a   adaptation: 심리와 사회 모두 적응인 사례
*   심리와 사회 중 하나는 적응이고 나머지 하나는 부적응인 사례

<표 2-1>에서 인구사회학적 특성 영역에 따른 심리 적응 유형을 살펴보기 위해, 인구사회학적 특성 11개 변인(A, E, R, T, M, I, F, C, P, N, V)에 심리 적응 7사례를 투입하여 Quine McCluskey 연산을 실시한 결과 [수식 2-1]과 같이 산출되었다.

$$Y_1 = aertmIFcPnv + AertmIFCpnv + AErtmIfcPnv + AERtMIfCpnv + AeTmIfCpNV + AERTmIFCPnv + AeRTmIFCPNV$$

[수식 2-1] 인구사회학적 특성에 따른 심리 적응 유형

위의 식은 나이가 적지만 가족유형에서 부모님을 모시고 살거나

(F), 거주유형에서 자가 주택에 거주하는 경우(P)와 나이가 많은 경우(A)에 심리 적응 유형을 보이고 있다.

위의 식은 투입된 변수가 너무 많아 맥락에 대한 이해를 하기에는 한계가 있다. 투입된 11개 변인들의 조합이 그대로 나열된 결과이기 때문이다.[260]

총 11개 변인에 대한 심리 적응을 파악할 수 있는 공통의 변인들을 알아보기 위해 교차 연산(Intersection Algorithm)[261]을 실시한 결과 [수식 2 - 2]와 같이 축약되어 산출되었다.

$$Y_1 = e\,r\,m\,i + A\,r\,m + A\,E\,n\,v + A\,e\,m\,F\,C + A\,t\,C$$
$$p\,n\,v +$$
$$A\,m\,F\,C\,n\,v + A\,R\,T\,m\,I\,F\,C\,P$$

[수식 2 - 2] 인구사회학적 특성에 따른 심리 적응 유형(1)

위의 식은 이론적 인수분해를 통해 다음과 같이 축약되어 표현할 수 있다.

$$Y_1 = e\,r\,m\,i + A(r\,m + E\,n\,v + e\,m\,F\,C + t\,C\,p\,n\,v +$$

---

260) Quine McCluskey 연산에서는 축약 대상 조합 중에 하나의 변인만이 상이할 경우 축약이 이루어지므로 변인이 많은 경우 축약이 이루어지기 어렵다.

261) 교차 연산(Intersection Algorithm)은 원인변인들에 존재하는 공통의 특성들을 찾아내는 것으로 사례들이 가지고 있는 분명한 특성들을 의미 또는 이론적 관련성에 의해 선택하는 것이다. C. Ragin(2000), op. cit, 31.
  *fs / QCA 2.0에서는 'Commonalities'라는 메뉴로 교차 연산을 수행한다. 예를 들면 AbcD와 ABCD의 공통적인 변인의 조합은 AD이다. 즉, AbcD와 ABCD는 AD의 부분집합이기 때문에 AD로 간결하게 표현될 수 있다.

$$m F C n v + R T m I F C P)$$

[수식 2-3] 인구사회학적 특성에 따른 심리 적응 유형(2)

위의 식에서 국제결혼 이주여성들의 인구사회학적 특성에 따른 심리 적응 유형은 2개의 특징을 보였다.

이주여성들은 학력이 낮고(고졸 이하, e) 종교가 없으며(r) 결혼 방법에서 직접만남을 통하지 않고 결혼(m)한 자로서, 월 가구소득이 200만 원 미만의 소득 수준의 경우(i)와 각 특성의 필요조건으로 이주여성들은 연령이 많은 경우(26세 이상, A)로서 부모와 함께 살거나 자녀가 있는 경우에 심리 적응 유형을 보였다.

2) 독립변인 척도 하위영역 특성에 따른 심리 적응

국제결혼 이주여성의 독립변인 척도 하위영역 특성은 자아존중감, 전통적 가치관 영역, 결혼만족도, 부부갈등, 갈등대처방식, 문화적응태도, 그리고 사회적 지지 척도에 대해 19개 특성으로 제시되어 있어, 이를 3회에 걸쳐 적응척도 하위영역을 나누어서 Quine McCluskey 연산과 Intersection 연산을 하고자 한다. 너무 많은 변인을 한꺼번에 함으로써 유실될 수 있는 특성을 최소화하기 위함이다. 적응척도 하위영역 특성에서 첫째, 자아존중감, 전통적 가치관, 결혼만족도, 생활갈등 영역의 9개 특성과, 둘째, 자아존중감, 갈등대처방식, 문화적응태도 영역의 7개 특성, 그리고 자아존중감,

사회적 지지 영역의 5개 특성을 3개 부문으로 나누어 심리 적응 유형을 살펴보았다.

(1) 독립변인 척도 하위영역 9개 특성에 따른 심리 적응

국제결혼 이주여성의 심리 적응 7사례는 <표 1-17>의 평가 기준표에 의해 <표 2-2>와 같이 독립변인 척도 하위영역 특성에 따른 심리 적응 진리표로 제시되었다.

<표 2-2> 독립변인 척도 하위영역 특성에 따른 심리 적응 진리표

사례	사례코드	적응코드	자아존중감	전통적 가치관			결혼만족			생활갈등		갈등대처방식				문화적응태도		사회적지지				심리
			B	M	Z	F	S	P	D	L	V	E	O	T	I	U	R	Y	N	A	Q	Y₁
1	1	a	1	1	1	1	1	0	1	1	1	1	1	1	1	1	1	1	1	1	1	1
2	7	*	0	1	1	1	0	0	0	1	1	1	0	1	1	0	0	1	1	1	0	1
3	9	a	1	1	1	0	1	1	1	1	1	1	1	1	1	1	1	0	1	0	1	1
4	11	a	1	1	1	0	0	0	1	1	1	1	1	1	1	1	0	0	0	0	1	1
5	15	a	0	1	0	0	1	0	0	1	1	1	0	1	1	0	0	0	0	0	1	1
6	16	*	1	1	1	1	1	1	1	1	1	1	1	1	1	1	1	1	1	0	0	1
7	21	*	0	1	0	0	1	0	0	1	0	1	0	1	0	0	0	1	1	0	0	1

B	자아존중감	L	일상생활의 차이
M	전통적 결혼가치관	V	일상생활 문화의 차이
Z	성역할가치관	E	감정표출 수준
F	가족중심가치관	O	무조건 양보 수준
S	생활만족 수준	T	갈등무시 수준
P	애정도	I	적극적 대처 수준
D	헌신도	U	다문화수용태도
		R	자문화전달태도

Y　가족지지 정도
N　친구, 친척 지지 정도
A　사회기관 지지 정도
Q　종교적 지지 정도
Y1　심리 적응
Y2　사회 적응

a　adaptation: 심리와 사회 모두 적응인 사례
*　심리와 사회 중 하나는 적응이고 나머지 하나는 부적응인 사례

먼저 자아존중감, 전통적 가치관(결혼관, 성역할, 가족주의) 영역, 결혼만족도(생활만족, 애정도 헌신도) 영역, 생활갈등(일상생활의 차이, 일상생활 문화의 차이) 영역 9개 특성(B, M, Z, F, S, P, D, L, V)에 대한 심리 적응 7사례를 투입하여 Quine McCluskey 연산을 실시한 결과 [수식 2-4]와 같이 산출되었다.

$$Y_1 = m\,Z\,F\,S\,D\,L\,V\,B + M\,z\,f\,s\,p\,d\,L\,v\,b + M\,Z\,F\,s\,p\,d$$
$$L\,v\,b + M\,z\,f\,S\,p\,d\,L\,v\,B + m\,Z\,f\,s\,p\,D\,L\,V\,B$$

[수식 2-4] 독립변인 척도 하위영역 9개 특성에 따른 심리 적
응 유형

위의 식은 이론적 인수분해를 통해 아래와 같이 축약되어 표현할 수 있다.

$$Y_1 = m\,Z\,D\,L\,V\,B(F\,S + f\,s\,p) + M\,s\,p\,d\,L\,v\,b(z\,f + Z\,F)$$

[수식 2-5] 독립변인 척도 하위영역 9개 특성에 따른 심리 적
응 유형(1)

위의 식은 전통적 결혼가치관이 낮고(m) 일상생활의 차이 수준과 자아존중감이 높은 경우(L, B)와 전통적 결혼가치관과 일상생활의 차이 수준이 높고(L, M) 자아존중감이 낮은 경우(b)에 심리 적응 유형을 보였다.

<표 2-2>의 독립변인 척도 하위영역 9개 특성(B, M, Z, F, S, P, D, L, V)에 대한 심리 적응 7사례를 Intersection 연산을 실시한 결과 좀 더 축약되어 [수식 2-6]과 같이 산출되었다.

$$Y_1 = M\,p\,d\,L\,v + m\,Z\,F\,S\,D\,L\,V\,B + m\,Z\,f\,s\,p\,D\,L\,V\,B$$

[수식 2-6] 독립변인 척도 하위영역 9개 특성에 따른 심리 적응 유형(2)

위의 식은 이론적 인수분해를 통해 아래와 같이 축약되어 표현할 수 있다.

$$Y_1 = M\,p\,d\,L\,v + m\,Z\,D\,L\,V\,B(F\,S + f\,s\,p)$$

[수식 2-7] 독립변인 척도 하위영역 9개 특성에 따른 심리 적응 유형(3)

위의 식에서 국제결혼 이주여성의 독립변인 척도 하위영역 9개 특성에 따른 심리 적응은 2개의 유형을 보였다.

이주여성들은 전통적 결혼가치관과 일상생활의 차이 수준이 높고(M, L), 애정도와 헌신도, 그리고 일상생활 문화의 차이 수준이 낮은 경우(p, d, v)와 전통적 결혼가치관이 낮고(m), 성역할 가치관과 헌신도, 일상생활의 차이 수준과 일상생활 문화의 차이 수준, 그리고 자아존중감이 높은 경우(Z, D, L, V, B)에 심리 적응 유형을 보였다.

이 결과를 전통적 결혼가치관이 높은 경우(M)와 낮은 경우(근대적인 가치관이 높은 경우, m)로 살펴볼 수 있는데, 이주여성들이 전통적 결혼가치관이 높은 경우에는 전통적 가치관을 가진 가족구성원으로부터 정적인 영향으로 나타나, 일상생활의 차이 수준이 높더라도 심리 적응 유형으로 나타남을 유추해 볼 수 있다. 또한 전통적 결혼가치관이 낮은 경우에는 이주여성들이 근대적인 가치관을 가지고 있고, 자아존중감 수준이 높아 일상생활의 차이나 일상생활 문화의 차이 수준이 높더라도 심리 적응 유형을 보이는 것으로 나타났다.

(2) 독립변인 척도 하위영역 7개 특성에 따른 심리 적응

국제결혼 이주여성의 독립변인 척도 하위영역 특성에 따른 심리 적응 <표 2-2> 진리표에서 자아존중감, 갈등대처방식(감정표출, 무조건 양보, 갈등무시, 적극적 대처), 문화적응태도(다문화수용태도, 자문화전달태도) 영역 7개 특성(B, E, O, T, I, U, R)에 대해 심리 적응 7사례를 투입하여 Quine McCluskey 연산을 실시한 결과 [수식 2-8]과 같이 산출되었다.

$$Y_1 = E\,o\,T\,u\,r\,b + E\,O\,T\,u\,R\,I\,B$$

[수식 2-8] 독립변인 척도 하위영역 7개 특성에 따른 심리 적응 유형

7개 특성(B, E, O, T, I, U, R)에 대해 좀 더 축약된 공통의 변인을 알아보기 위해, 심리 적응 7사례를 투입하여 Intersection 연산을 실시한 결과 [수식 2-9]와 같이 산출되었다.

$$Y_1 = E\ T\ u$$

[수식 2-9] 독립변인 척도 하위영역 7개 특성에 따른 심리 적응 유형(1)

위 식은 이주여성들은 갈등대처방식에서 감정표출 수준과 갈등무시 수준이 높고(E, T), 다문화수용태도 수준이 낮은 경우(u)에 심리 적응 유형으로 나타났다. 따라서 심리 적응 유형에 해당되는 이주여성들은 갈등대처방식에서 갈등 시 자신이 느끼는 감정을 자제하지 않고 그대로 표출하는 행동 수준이 높거나, 소극적으로 그 갈등을 무시하거나 갈등 해결을 위한 노력을 하지 않는 수준이 높은 경우이다. 또한 다문화수용태도에서 상대국가의 문화에 대해 알고자 하는 태도가 낮은 경우에 해당된다.

(3) 독립변인 척도 하위영역 5개 특성에 따른 심리 적응

<표 2-2>에서 자아존중감, 사회적 지지(가족의 지지, 친구·친척의 지지, 사회기관 지지, 종교 지지) 영역 5개 특성(B, Y, N, A, Q)에 대해 심리 적응 7사례를 투입하여 Quine McCluskey 연산을 실시한 결과 [수식 2-10]과 같이 산출되었다.

$$Y_1 = y\,N\,a\,q\,b + y\,n\,a\,q\,B$$

[수식 2-10] 독립변인 척도 하위영역 5개 특성에 따른 심리 적
응 유형

7개 특성(B, E, O, T, I, U, R)에 대한 좀 더 축약된 공통의 변
인을 알아보기 위해 심리 적응 7사례를 투입하여 Intersection 연산
을 실시한 결과 [수식 2-11]과 같이 산출되었다.

$$Y_1 = y\,a\,q$$

[수식 2-11] 독립변인 척도 하위영역 5개 특성에 따른 심리 적
응 유형(1)

위의 식에서 국제결혼을 한 이주여성들은 사회적 지지영역에서
가족의 지지와 사회기관의 지지, 그리고 종교적 지지가 낮은 경우
(y, a, q)에 심리 적응 유형으로 나타났다.

일반적으로 사회적 지지는 이주자의 적응에 중요한 역할을 한다
고 보고하였다.[262] 하지만 국제결혼 이주여성들의 경우에 사회적
지지 중 가족의 지지와 사회기관의 지지, 그리고 종교적 지지가
낮은 경우에 심리 적응 유형을 보인 것은 많은 시사점을 주고 있
다. 이의 결과는 의외의 결과로, 국제결혼 이주여성들은 일상생활

---

262) Furnham, A., and S. Bochner. Ibid., (1986); Ward, C. and A. Kennedy, Ibid., (1996); Ward, C. and A. Rana-Deuba. Ibid., (2000); Mendenhall, M. and G. Oddou(1985); Fontain, G., Ibid., (1986).

문화의 차이를 가지고 있는 경우로서, 사회적 지지가 오히려 부적
인 영향을 미치는 것으로 보인다. 따라서 그들이 필요할 때 지지
를 해 주는 것이 아닌, 일방적이고 과도한 사회적 지지는 심리 적
응에 스트레스로 나타난다는 보고[263]를 지지하는 결과이다.

3) 연구 참여자의 심리 적응 유형

국제결혼 이주여성들의 인구사회학적 특성, 독립변인 척도 하위
영역 특성에 따른 심리 적응 사례에 대해 Intersection 연산을 실시
하여 표현된 심리 적응 유형은 <표 2-3>과 같다.

〈표 2-3〉 연구 참여자의 심리 적응 유형표

투입변인	연산방법	심리 적응(Y1)	
		유형	필요조건
인구사회학적 특성 (A, E, R, T, M, I, F, C, P, N, V)	Intersection	e r m i + A	e r m i, A
독립변인 척도 하위영역 9개 특성 (B, M, Z, F, S, P, D, L, V)	Intersection	M p d L v + m Z D L V B(F S + f s p)	M p d L v, m Z D L V B
독립변인 척도 하위영역 7개 특성 (B, E, O, T, I, U, R)	Intersection	E T u	E T u
독립변인 척도 하위영역 5개 특성 (B, Y, N, A, Q)	Intersection	y a q	y a q

인구사회학적 특성		적응척도 하위영역 9개 특성		적응척도 하위영역 7개 특성	
A	연령	B	자아존중감 수준	E	감정표출 수준
E	교육 수준	M	전통적 결혼가치관	O	무조건 양보 수준
R	종교 유무	Z	성역할가치관	T	갈등무시 수준
T	결혼기간	F	가족중심가치관	I	적극적 대처 수준
M	결혼방법	S	생활만족 수준	U	다문화수용태도

---

263) 정천석·강기정, Ibid., (2007); 최금해, Ibid., (2007).

I	소득 수준	P	애정도	R	자문화수용 태도
F	가족 유형	D	헌신도	B	자아존중감 수준
C	자녀 유무	L	일상생활의 차이	**적응척도 하위영역 5개 특성**	
P	거주 유형	V	일상생활 문화의 차이	Y	가족지지 수준
N	국적취득 여부			N	친구·친척지지 수준
V	모국 방문 여부			A	사회기관 지지 수준
				Q	종교적 지지 수준
				B	자아존중감 수준

심리 적응 7사례에 해당하는 국제결혼 이주여성들의 인구사회학적 11개 특성(A, E, R, T, M, I, F, C, P, N, V), 적응척도 하위영역 9개 특성(B, M, Z, F, S, P, D, L, V), 적응척도 하위영역 7개 특성(B, E, O, T, I, U, R), 그리고 적응척도 하위영역 5개 특성(B, Y, N, A, Q)에 대한 Intersection 연산의 결과로 표현된 심리 적응 유형은 아래와 같다.

연구에 참여한 국제결혼 이주여성들의 인구사회학적 11개 특성에 따른 7사례의 심리 적응 유형은, 이주여성들은 학력이 낮고(고졸 이하) 종교가 없으며 결혼방법에서 직접만남을 통하지 않고 결혼하였고, 월 가구소득이 낮은 경우(e, r, m, i)와 연령이 비교적 많은 경우(26세 이상, A)로서 부모와 함께 살거나 자녀가 있는 경우(F, C)에 심리 적응 유형의 특성을 보였다.

연구에 참여한 국제결혼 이주여성들의 독립변인 척도 하위영역 9개 특성에 따른 심리 적응 유형은, 이주여성들은 전통적 결혼가치관과 일상생활의 차이 수준이 높고(M, L), 애정도와 헌신도, 그리고 일상생활 문화의 차이 수준이 낮은 경우(p, d, v)와 전통적 결혼가치관이 낮고(m), 성역할 가치관과 헌신도, 그리고 일상생활의 차이 수준과 일상생활 문화의 차이 수준이 높고 자아존중감이 높은 경우(Z, D, L, V, B)에 심리 적응 유형을 보였다.

연구에 참여한 국제결혼 이주여성들의 독립변인 척도 하위영역 7개 특성에 따른 심리 적응 유형은, 이주여성들은 갈등대처방식에서 감정표출 수준과 갈등무시 수준이 높고(E, T) 다문화수용태도 수준이 낮은 경우(u)에 심리 적응 유형으로 나타났다.

연구에 참여한 국제결혼 이주여성들의 독립변인 척도 하위영역 5개 특성에 따른 심리 적응 유형은, 이주여성들은 사회적 지지영역에서 가족의 지지와 사회기관의 지지, 그리고 종교적 지지가 낮은 경우(y, a, q)에 심리 적응 유형으로 나타났다.

2. 국제결혼 이주여성의 심리 부적응

1) 인구사회학적 특성에 따른 심리 부적응

연구 참여대상 중 국제결혼 이주여성의 심리 부적응 14사례는 인구사회학적 특성 11개 변인(A, E, R, T, M, I, F, C, P, N, V)에 대해 <표 1−13>의 평가 기준표에 따라 인구사회학적 특성에 따른 심리 부적응 진리표가 <표 2−4>와 같이 도출되었다.

<표 2-4> 인구사회학적 특성에 따른 심리 부적응 진리표

사례	사례코드	적응코드	인구사회학적 특성											심리
			A	E	R	T	M	I	F	C	P	N	V	y_1
1	2	*	1	0	1	1	1	0	0	1	0	1	1	0
2	3	*	1	1	1	0	0	0	1	1	1	0	1	0
3	4	*	1	0	1	1	0	0	0	1	0	1	1	0
4	5	*	1	1	1	1	1	0	0	1	1	0	1	0
5	6	*	1	0	1	0	0	0	0	0	0	0	0	0
6	8	*	0	0	1	0	0	0	1	1	1	0	1	0
7	10	m	0	0	0	0	0	1	1	0	1	0	0	0
8	12	*	1	0	1	1	0	0	0	1	1	0	0	0
9	13	*	0	0	1	0	0	0	1	1	1	0	0	0
10	14	m	1	0	1	1	0	0	0	1	0	1	1	0
11	17	m	0	0	1	0	0	1	0	0	0	0	0	0
12	18	m	1	1	1	0	1	1	1	0	1	0	1	0
13	19	m	1	0	1	0	0	0	0	0	0	0	0	0
14	20	*	0	0	1	0	1	0	0	1	0	0	1	0

A	연령	F	가족 유형
E	교육 수준	C	자녀 유무
R	종교 유무	P	거주 유형
T	결혼기간	N	국적취득 여부
M	결혼방법	V	모국 방문 여부
I	소득 수준		

Y_1 심리 부적응

m maladaptation: 심리와 사회 모두 부적응인 사례
* 심리와 사회 중 하나는 적응이고 나머지 하나는 부적응인 사례

<표 2-4>에서 국제결혼 이주여성의 인구사회학적 특성에 따른 심리 부적응 유형을 살펴보기 위해, 인구사회학적 특성 11개 변인(A, E, R, T, M, I, F, C, P, N, V)에 대한 심리 부적응 14사례를 투입하여 Quine McCluskey 연산을 실시한 결과 [수식 2-12]와 같이 산출되었다.

$$y_1 = a\,e\,R\,m\,I\,F\,C\,P\,n + A\,e\,R\,T\,I\,f\,C\,p\,N\,V +$$
$$A\,e\,R\,t\,m\,I\,f\,c\,p\,n\,v + a\,e\,R\,t\,m\,I\,f\,c\,p\,n\,v +$$
$$a\,e\,r\,t\,m\,I\,F\,c\,P\,n\,v + a\,e\,R\,t\,M\,I\,f\,C\,p\,n\,V +$$
$$A\,e\,R\,T\,m\,I\,f\,C\,P\,n\,v + A\,E\,R\,t\,m\,I\,F\,C\,P\,n\,V +$$
$$A\,E\,R\,t\,M\,I\,F\,c\,P\,n\,V + A\,E\,R\,T\,M\,I\,f\,C\,P\,n\,V$$

[수식 2 - 12] 인구사회학적 특성에 따른 심리 부적응 유형

위의 식은 투입된 변수가 너무 많아 맥락에 대한 이해를 하기에는 한계가 있다. 투입된 11개 변인들의 조합이 그대로 나열된 결과이기 때문이다.

총 11개 변인에 대한 심리 적응을 파악할 수 있는 공통의 변인들을 알아보기 위해 Intersection 연산을 실시한 결과 [수식 2 - 13]과 같이 축약되어 산출되었다.

$$y_1 = t\,I\,F\,c\,P\,n + R\,n\,V + e\,R\,n + e\,R\,f + R\,t\,m\,n +$$
$$R\,I\,f\,C\,V + A\,R\,T\,I\,f\,C$$

[수식 2 - 13] 인구사회학적 특성에 따른 심리 부적응 유형(1)

위의 식에서 이론적 인수분해를 통해 다음과 같이 축약되어 표현할 수 있다.

$$y_1 = t\,I\,F\,c\,P\,n + R\,n(V + e + t\,m) + R\,f(e + I\,C\,V +$$

A T I C)

[수식 2 - 14] 인구사회학적 특성에 따른 심리 부적응 유형(2)

　위의 식에서 국제결혼을 한 이주여성들은 인구사회학적 특성 11개 변인에 따른 심리 부적응은 Intersection 연산 결과 3개의 유형으로 나타났다.

　이주여성들은 혼인기간이 짧고(3년 이하, t) 비교적 소득 수준이 높고(200만 원 이상, I), 부모님을 모시고 살면서(F), 아직 자녀가 없고(c), 자가 주택에 살며(P), 한국 국적을 취득하지 않은 경우(n)와 종교를 가지고 있으며(R), 한국 국적을 취득하지 않은 경우(n), 그리고 종교를 가지고 있고(R), 가족 유형에서 부모를 모시지 않은 경우(f)에 심리 부적응 유형을 보였다.

　혼인 기간이 짧은 특성을 가진 이주여성들은 초기 적응에서 부적인 영향으로 작용함을 알 수 있다. 종교를 가진 경우의 이주여성들이 부적인 영향으로 나타나는데, 이들은 다양한 종교적 특성을 가지고 있지만 이를 수용하는 사회적 지지가 부정적인 요인으로 작용하고 있지는 않는지 추측해 볼 수 있다. 또한 부모를 모시지만 자녀가 없는 경우와, 부모를 모시고 있지 않은 경우에도 심리 부적응의 특성을 보였다.

2) 독립변인 척도 하위영역 특성에 따른 심리 부적응

　국제결혼 이주여성의 독립변인 척도 하위영역 특성은 자아존중감, 전통적 가치관, 결혼만족도, 부부갈등, 갈등대처방식, 문화적응태도, 그리고 사회적 지지체계의 19개 특성에 대해, 3부문으로 영역을 나누어서 Quine McCluskey 연산과 Intersection 연산을 하고자한다. 너무 많은 변인을 한꺼번에 연산을 함으로써 유실될 수 있는 특성을 최소화하기 위함이다. 적응척도 하위영역 특성에서 첫째, 자아존중감, 전통적 가치관, 결혼만족도, 생활갈등 영역의 9개 특성과, 둘째, 자아존중감, 갈등대처방식, 문화적응태도 영역의 7개 특성, 그리고 자아존중감, 사회적 지지 영역의 5개 특성을 3개 부문으로 나누어 심리 부적응을 살펴보았다.

(1) 독립변인 척도 하위영역 9개 특성에 따른 심리 부적응

국제결혼 이주여성의 심리 부적응 14개 사례는 <표 1 - 17>의 평가 기준표에 의해 독립변인 척도 하위영역 특성에 따른 심리 부적응 진리표 <표 2 - 5>와 같이 도출되었다.

〈표 2-5〉 독립변인 척도 하위영역 특성에 따른 심리 부적응 진리표

사례	사례코드	적응코드	자아존중감	전통적 가치관			결혼만족			생활 갈등		갈등대처방식					문화적 응태도	사회적지지				심리
			B	M	Z	F	S	P	D	L	V	E	O	T	I	U	R	Y	N	A	Q	y_1
1	②	*	1	0	1	1	1	0	1	1	0	1	0	1	1	1	1	1	1	1	0	0
2	③	*	1	0	0	0	0	0	1	1	0	1	0	0	0	1	1	1	1	1	0	0
3	④	*	1	0	1	0	0	1	1	1	1	1	0	1	1	0	1	1	1	1	1	0
4	⑤	*	1	0	0	0	0	0	1	1	1	1	0	1	1	0	0	0	1	1	1	0
5	⑥	*	0	1	0	0	1	1	1	1	1	0	0	0	1	0	0	0	0	1	1	0
6	⑧	*	1	1	1	1	1	1	1	1	0	1	1	1	1	1	1	1	1	1	1	0
7	⑩	m	1	1	0	0	1	1	1	1	0	0	0	0	1	0	0	1	1	1	0	0

사례	사례코드	적응코드	독립변인 척도 하위영역 특성																			심리
			자아존중감	전통적 가치관			결혼만족			생활갈등		갈등대처방식				문화적 응태도		사회적지지				
			B	M	Z	F	S	P	D	L	V	E	O	T	I	U	R	Y	N	A	Q	y1
8	12	*	1	1	1	0	0	0	1	1	1	1	0	1	1	1	0	0	0	0	1	0
9	13	*	1	1	0	1	1	0	1	0	0	1	0	1	1	1	1	1	0	1	1	0
10	14	m	1	0	1	0	1	1	1	1	1	0	1	1	0	1	0	1	1	0	0	0
11	17	m	0	1	1	1	1	1	1	0	0	1	1	1	0	1	0	1	1	0	0	0
12	18	m	0	1	0	1	1	1	1	0	0	1	1	0	1	1	0	1	1	1	1	0
13	19	m	0	1	0	0	1	1	0	1	0	0	1	1	0	0	0	0	0	1	0	0
14	20	*	0	0	0	1	1	1	1	1	0	0	1	0	0	0	0	0	0	0	1	0

B 자아존중감 수준   L 일상생활의 차이   Y 가족지지 정도
M 전통적 결혼가치관   V 일상생활 문화의 차이   N 친구, 친척 지지 정도
Z 성역할가치관   E 감정표출 수준   A 사회기관 지지 정도
F 가족중심가치관   O 무조건 양보 수준   Q 종교적 지지 정도
S 생활만족 수준   T 갈등무시 수준   y1 심리 부적응
P 애정도   I 적극적 대처 수준
D 헌신도   U 다문화수용태도
                        R 자문화전달태도

m maladaptation: 심리와 사회 모두 부적응인 사례
* 심리와 사회 중 하나는 적응이고 나머지 하나는 부적응인 사례

먼저 자아존중감, 전통적 가치관(결혼관, 성역할, 가족주의), 결혼만족도(생활만족, 애정도 헌신도), 생활갈등(생활적 갈등, 문화적 갈등) 영역의 9개 특성(B, M, Z, F, S, P, D, L, V)에 대한 심리 부적응 14사례를 투입하여 Quine McCluskey 연산을 실시한 결과 [수식 2 − 15]와 같이 산출되었다.

$$y_1 = zfSPDLvB + mzfSPdLvb + mzfspDLvB + mzFSpDlvB + MzFSPDlvb + mZFS$$

P D l v b + m z F S P D L v b + m z f S P D L V b + m
z f s P D L V B + m Z F S p D L v B + m Z F s p D L V
B + M Z f s P D L V B + M Z F S P D L V B

[수식 2 - 15] 독립변인 척도 하위영역 9개 특성에 따른 심리 부
적응 유형

위의 식은 투입된 변수가 너무 많아 맥락에 대한 이해를 하기에
는 한계가 있다. 투입된 9개 변인들의 조합이 그대로 나열된 결과
이기 때문이다. 9개 변인에 대한 심리 부적응을 파악할 수 있는
공통의 변인들을 알아보기 위해 Intersection 연산을 실시한 결과
[수식 2 - 16]과 같이 축약되어 산출되었다.

$$y_1 = m v + M P D + m Z F s p D L V B + \begin{bmatrix} z P + \\ m z + \\ f P L \end{bmatrix}$$

[수식 2 - 16] 독립변인 척도 하위영역 9개 특성에 따른 심리 부
적응 유형(1)

위의 식은 왼쪽 항의 3개 유형과 오른쪽 3개의 항 중에 하나와
결합하여 심리 부적응 유형으로 나타남을 보여 주고 있다.
국제결혼 이주여성의 독립변인 척도 하위영역 9개 특성에 따른
심리 부적응 유형은, 전통적 결혼가치관과 일상생활 문화의 차이

수준이 낮은 경우(m, v), 결혼가치관과 애정도, 그리고 헌신도 수준
이 높을 경우(M, P, D), 그리고 전통적 결혼가치관과 생활만족, 그
리고 애정도 수준이 낮고(m, s, p) 성역할가치관과 가족중심가치관,
그리고 헌신도와 일상생활의 차이, 일상생활 문화의 차이, 그리고
자아존중감 수준이 높은 경우(Z, F, D, L, V, B)에 심리 부적응 유
형을 보였고, 더불어 오른쪽 항의 하나와 결합하여 심리 부적응
유형을 보였다. 따라서 성역할가치관 수준이 낮고 애정도가 높은
경우(z, P), 전통적 결혼가치관과 성역할가치관 수준이 낮은 경우
(m, z), 가족중심가치관 수준이 낮고 애정도와 일상생활의 차이 수
준이 높은 경우(f, P, L) 중 1개의 유형과 왼쪽 3개의 유형과 결합
하여 심리 부적응 유형으로 나타났다.

(2) 독립변인 척도 하위영역 7개 특성에 따른 심리 부적응

국제결혼 이주여성의 심리 부적응 14사례는 <표 2-5>에서 자
아존중감, 갈등대처방식(감정표출, 무조건 양보, 갈등무시, 적극적
대처), 문화적응태도(다문화수용태도, 자문화전달태도) 영역 7개 특
성(B, E, O, T, I, U, R)에 대해 Quine McCluskey 연산을 실시한
결과 [수식 2-17]과 같이 산출되었다.

$$y_1 = eOturb + eOTrIb + EOtUrI + EoTUIB + eoturIB + EotURIB$$

[수식 2-17] 독립변인 척도 하위영역 7개 특성에 따른 심리 부

적응 유형

위의 식은 투입된 7개 변수가 6개 산출물로 나타나 맥락에 대한 이해를 하기에는 한계가 있다. 투입된 7개 변인들의 조합이 그대로 나열된 결과이기 때문이다. 위와 같은 7개 특성(E, O, T, I, U, R)에 대해 Intersection 연산을 실시한 결과 [수식 2 − 18]과 같이 보다 축약되어 산출되었다.

$$y_1 = t + U + oB + er + Or$$

[수식 2 − 18] 독립변인 척도 하위영역 7개 특성에 따른 심리 부적응 유형(1)

위의 식에서 국제결혼 이주여성의 독립변인 척도 하위영역 7개 특성 에 따른 심리 부적응 유형은, 이주여성들은 갈등대처방식에서 갈등무시 수준이 낮은 경우(t), 다문화수용태도 수준이 높은 경우(U), 무조건 양보 수준이 낮고 자아존중감 수준이 높은 경우(o, B), 감정표출 수준과 자문화전달태도 수준이 모두 낮은 경우(e, r), 그리고 무조건 양보 수준이 높고 자문화전달태도 수준이 낮은 경우(O, r)에 심리 부적응 유형을 보였다.

이주여성들은 갈등대처방식에서 대결적 행위인 직접적 대항이나 주장 등을 통하여 자신의 의지를 상대방에게 강제 내지 수용하게 하는 것이 아니라, 직접적인 대결을 피하고 갈등을 회피하거나 갈등상황에서 물러나는 대처방법을 택하는 것으로 나타나 심리 부적응에 영향을 미치는 것으로 보인다. 또한 다문화수용태도 수준이 높거나 자문화전달태도 수준이 낮은 경우에 심리 부적응 유형을 보였다.

(3) 독립변인 척도 하위영역 5개 특성에 따른 심리 부적응

국제결혼 이주여성의 심리 부적응 14사례는 <표 2-5>에 도출된 자아존중감, 사회적 지지(가족의 지지, 친구·친척의 지지, 사회기관 지지, 종교 지지) 영역 5개 특성(B, Y, N, A, Q)에 대해 Quine McCluskey 연산을 실시한 결과 [수식 2-19]와 같이 산출되었다.

$$y_1 = y \, n \, A \, b + y \, n \, Q \, b + y \, N \, A \, q \, B + Y \, n \, A \, Q \, B$$

[수식 2-19] 독립변인 척도 하위영역 5개 특성에 따른 심리 부적응 유형

위의 식을 축약된 공통된 변인을 찾기 위해 5개 특성(B, Y, N, A, Q)에 대한 심리 부적응 14사례를 투입하여 Intersection 연산을 실시한 결과 [수식 2-20]과 같이 산출되었다.

$$y_1 = A + \begin{bmatrix} n \, Q \, + \\ y \, n \, b \end{bmatrix}$$

[수식 2-20] 독립변인 척도 하위영역 4개 특성에 따른 심리 부적응 유형(1)

위의 식에서 왼쪽 항의 필요조건(A)과 오른쪽 2개의 항 중 하나
와 결합하여 심리 부적응 유형으로 나타났다·

국제결혼을 한 이주여성들의 독립변인 척도 하위영역 5개 특성
에 따른 심리 부적응은, 왼쪽 항의 사회기관의 지지가 높은 경우
(A)와 더불어 오른쪽 항의 친구나 친척의 지지 수준이 낮고 종교
적 지지가 높은 경우(n, Q), 혹은 가족지지 수준과 친구나 친척 지
지 수준, 그리고 자아존중감 수준이 모두 낮은 경우(y, n, b) 중 1
개 특성과 결합하여 심리 부적응 유형을 보였다·

사회기관의 지지가 높은 경우(A)가 심리 부적응 유형의 필요조
건으로 나타나는데, 이의 결과는 이주여성들이 지방자치단체의 주
민 센터, 각급 부처에서 시행하고 있는 이주여성 관련 프로그램,
사회복지기관이나 사회교육기관 및 민간단체에서 실시하고 있는
이주여성을 대상으로 하는 프로그램의 중복성과 지원이나 서비스
들이 체계성 없이 단편적으로 제공되고 있는 데 따른 혼란을 가져
올 수 있다[264]는 결과를 지지한다.

3) 연구 참여자의 심리 부적응 유형

국제결혼 이주여성들의 심리 부적응 14개 사례는 인구사회학적
특성(A, E, R, T, M, I, F, C, P, N, V), 적응척도 하위영역 9개 특
성(B, M, Z, F, S, P, D, L, V), 적응척도 하위영역 7개 특성(B, E,

---

264) 강기정, Ibid., (2007); 문순영, Ibid., (2007); 설동훈, Ibid., (2006); 충남여성정책개발
　　　원, Ibid., (2006); 한국여성개발원, Ibid., (2006).

O, T, I, U, R), 그리고 적응척도 하위영역 5개 특성(B, Y, N, A, Q)에 대해 Intersection 연산을 실시한 결과 심리 부적응 유형은 <표 2-6>과 같다.

<표 2-6> 연구 참여자의 심리 부적응 유형표

투입변인	연산방법	심리 부적응(y1)	
		유형	필요조건
인구사회학적 특성 (A, E, R, T, M, I, F, C, P, N, V)	Intersection	t I F c P n + R n(V + e + t m) + R f(e + I C V + A T I C)	t I F c P n, R n, R f
독립변인 척도 하위영역 9개 특성 (B, M, Z, F, S, P, D, L, V)	Intersection	m v + M P D + m Z F s p D L V B + - - - - - - - - - - - - - - - - z P + m z + f P L	m v, M P D, m Z F s p D L V B
독립변인 척도 하위영역 7개특성 (B, E, O, T, I, U, R)	Intersection	t + U + o B + e r + O r	t, U, o B, e r, O r
독립변인 척도 하위영역 5개 특성 (B, Y, N, A, Q)	Intersection	A + - - - - - - - - - - - - - - - n Q + y n b	A

인구사회학적 특성		적응척도 하위영역 9개 특성		적응척도 하위영역 7개 특성	
A	연령	M	전통적 결혼가치관	E	감정표출 수준
E	교육 수준	Z	성역할가치관	O	무조건 양보 수준
R	종교 유무	F	가족중심가치관	T	갈등무시 수준
T	결혼기간	S	생활만족 수준	I	적극적 대처 수준
M	결혼방법	P	애정도	U	다문화수용태도
I	소득 수준	D	헌신도	R	자문화수용 태도
F	가족 유형	L	생활적 갈등 수준	B	자아존중감 수준
C	자녀 유무	V	문화적 갈등 수준	**적응척도 하위영역 5개 특성**	
P	거주 유형	B	자아존중감 수준	Y	가족지지 수준
N	국적취득 여부			N	친구·친척지지 수준
V	모국 방문 여부			A	사회기관 지지 수준
				Q	종교적 지지 수준
				B	자아존중감 수준

국제결혼 이주여성들의 심리 부적응 14개 사례에 대해 인구사회학적 특성(A, E, R, T, M, I, F, C, P, N, V)에 따른 Intersection 연산을 실시한 결과 심리 부적응 유형은, 이주여성들은 혼인기간이 짧고(3년 이하, t) 비교적 소득 수준이 높고(200만 원 이상, I), 부모님을 모시며 살면서(F) 아직 자녀가 없고(c) 자가 주택에 살며(P) 한국 국적을 취득하지 않은 경우(n)와 종교를 가지고 있으며(R) 한국 국적을 취득하지 않은 경우(n), 그리고 종교를 가지고 있으며(R) 가족 유형에서 부모를 모시지 않은 경우(f)에 심리 부적응 유형을 보였다.

독립변인 척도 하위영역 9개 특성(B, M, Z, F, S, P, D, L, V)에 대해 Intersection 연산을 실시한 결과 심리 부적응 유형은, 이주여성들은 전통적 결혼가치관과 일상생활 문화의 차이 수준이 낮은 경우(m, v), 전통적 결혼가치관과 애정도, 그리고 헌신도 수준이 높을 경우(M, P, D), 그리고 전통적 결혼가치관과 생활만족 수준, 그리고 애정도가 낮고(m, s, p) 성역할가치관과 가족중심가치관, 그리고 헌신도와 일상생활의 차이, 일상생활 문화의 차이, 그리고 자아존중감 수준이 높은 경우(Z, F, D, L, V, B)에 심리 부적응 유형을 보였다.

독립변인 척도 하위영역 7개 특성(B, E, O, T, I, U, R)에 대해 Intersection 연산을 실시한 결과 심리 부적응 유형은, 이주여성들은 갈등대처방식에서 갈등무시 수준이 낮은 경우(t), 다문화수용태도 수준이 높은 경우(U), 무조건 양보 수준이 낮고 자아존중감 수준이 높은 경우(o, B), 감정표출 수준과 자문화전달태도 수준이 모두 낮은 경우(e, r), 그리고 무조건 양보 수준이 높고 자문화전달태도 수준이 낮은 경우(O, r)에 심리 부적응 유형을 보였다.

독립변인 척도 하위영역 5개 특성(B, Y, N, A, Q)에 대해 Intersection 연산을 실시한 결과 심리 부적응 유형은, 이주여성들은 사회기관의 지지가 높은 경우(A)와 더불어 친구나 친척의 지지 수준이 낮고 종교적 지지가 높은 경우(n, Q), 혹은 가족지지 수준과 친구나 친척 지지 수준, 그리고 자아존중감 수준이 모두 낮은 경우(y, n, b) 중 1개 특성과 결합하여 심리 부적응 유형을 보였다.

3. 국제결혼 이주여성의 사회 적응

1) 인구사회학적 특성에 따른 사회 적응

국제결혼 이주여성의 사회 적응 13사례는 인구사회학적 특성 11개 변인(A, E, R, T, M, I, F, C, P, N, V)에 대해 <표 1-13>의 평가 기준표를 적용하여, 인구사회학적 특성에 따른 사회 적응 진리표로 <표 2-7>과 같이 도출되었다.

〈표 2-7〉 인구사회학적 특성에 따른 사회 적응 진리표

사례	사례코드	적응코드	인구사회학적 특성											사회
			A	E	R	T	M	I	F	C	P	N	V	Y_2
1	①	a	1	1	1	1	0	0	1	1	1	0	0	1
2	②	*	1	0	1	1	1	0	0	1	0	1	1	1
3	③	*	1	1	1	0	0	0	1	1	1	0	1	1
4	④	*	1	0	1	1	0	0	0	1	0	1	1	1
5	⑤	*	1	1	1	1	1	0	0	1	1	0	1	1
6	⑥	*	1	0	1	0	0	0	0	0	0	0	0	1
7	⑧	*	0	0	1	0	0	0	1	1	1	0	1	1
8	⑨	a	1	0	0	0	0	1	1	1	0	0	0	1
9	⑪	a	1	0	1	1	0	0	1	1	1	1	1	1
10	⑫	*	1	0	1	1	0	0	0	1	1	0	0	1
11	⑬	*	0	0	1	0	0	0	1	1	1	0	0	1
12	⑮	a	1	1	1	0	1	0	0	1	0	0	0	1
13	⑳	*	0	0	1	0	1	0	0	1	0	0	1	1

A	연령	F	가족 유형
E	교육 수준	C	자녀 유무
R	종교 유무	P	거주 유형
T	결혼기간	N	국적취득 여부
M	결혼방법	V	모국 방문 여부
I	소득 수준		

Y_2　사회 적응

a　adaptation: 심리와 사회 모두 적응인 사례

*　심리와 사회 중 하나는 적응이고 나머지 하나는 부적응인 사례

<표 2-7>에서 사회 적응 13사례는 인구사회학적 특성 11개 변인(A, E, R, T, M, I, F, C, P, N, V)을 투입하여 Quine McCluskey 연산을 실시한 결과 [수식 2-21]과 같이 산출되었다.

$$Y_2 = aeRtmIFCPn + AeRTIfCpNv +$$
$$AeRtmIfcpnv + AertmIFCpnv +$$

$$aeRtMIfCpnV + AERtMIfCpnv +$$
$$AeRTmIfCPnv + AERTmIFCPnv +$$
$$AERtmIFCPnV + AERTMIfCPnV +$$
$$AeRTmIFCPNV$$

[수식 2-21] 인구사회학적 특성에 따른 사회 적응 유형

위의 식은 투입된 변수가 너무 많아 맥락에 대한 이해를 하기에
는 한계가 있다. 투입된 11개 변인들의 조합이 그대로 나열된 결
과이기 때문이다.

11개 변인에 대한 사회 적응을 파악할 수 있는 공통의 변인들을
알아보기 위해 사회 적응 13사례에 대해 인구사회학적 특성 11개
변인(A, E, R, T, M, I, F, C, P, N, V)을 투입하여 Intersection 연
산을 실시한 결과 [수식 2-22]와 같이 산출되었다.

$$Y_2 \ = \ Ri \ + \ \begin{bmatrix} Cn + \\ mFC + \\ Atpnv + \\ Aemnv \end{bmatrix}$$

[수식 2-22] 인구사회학적 특성에 따른 사회 적응 유형(1)

위 식은 왼쪽 항(R, I)의 필요조건과 결합하여 오른쪽 4개 항 중
에서 하나와 결합하여 사회 적응 유형으로 나타났다.

국제결혼 이주여성들의 인구사회학적 11개 특성에 따른 사회 적

응 유형은, 이주여성들은 종교를 가졌고(R) 월 가구소득이 비교적 적은 경우(200만 원 미만, i)와 필요조건을 가지며, 오른쪽 항 중 하나의 특성과 결합하여 사회 적응 유형을 보였다. 즉, 이주여성들은 자녀가 있고 한국 국적을 취득하지 못한 경우(C, n), 직접 만남으로 결혼을 하지 않았고 부모님을 모시며 자녀가 있는 경우(m, F, C), 연령이 많고(26세 이상) 혼인기간이 짧고 자가 주택에 거주하지 않고 한국 국적을 취득하지 못하고 모국 방문의 경험이 없는 경우(A, t, p, n, v), 그리고 연령이 많고(26세 이상) 교육수준이 낮고(고졸 이하) 직접 만남으로 결혼을 하지 않았고, 한국 국적을 취득하지 못하고 모국 방문의 경험이 없는 경우(A, e, m, n, v)의 특성 중 하나와 결합하여 사회 적응 유형으로 나타났다.

사회 적응 유형의 이주여성들은 종교를 가지고 있고, 혼인기간이 짧고 교육수준이 낮더라도 연령이 많으며 자녀가 있고 국적을 취득하지 않았고 모국 방문 경험이 없는 경우에 사회 적응 유형을 보였다.

2) 독립변인 척도 하위영역 특성에 따른 사회 적응

국제결혼 이주여성의 독립변인 척도 하위영역 특성은 자아존중감, 전통적 가치관 영역, 결혼만족도, 부부갈등, 갈등대처방식, 문화적응태도, 그리고 사회적 지지 척도에 19개 특성은 3부문으로 나누어서 Quine McCluskey 연산과 Intersection 연산을 하고자 한다. 너무 많은 변인을 한꺼번에 함으로써 유실될 수 있는 특성을 최소화하기 위함이다. 적응척도 하위영역 특성에서 첫째, 자아존중감, 전통적 가치관, 결혼만족도, 생활갈등 영역의 9개 특성과, 둘째, 자아존중감, 갈등대처방식, 문화적응태도 영역의 7개 특성, 그리고 자아존중감, 사회적 지지 영역의 5개 특성으로 나누어 사회 적응을 살펴보았다.

(1) 독립변인 척도 하위영역 9개 특성에 따른 사회 적응

국제결혼 이주여성의 사회 적응 13사례에 대해 <표 1 - 17>의 평가 기준표를 적용하면, <표 2 - 8>과 같이 독립변인 척도 하위영역 특성에 따른 사회 적응 진리표로 도출되었다.

〈표 2 -8〉 독립변인 척도 하위영역 특성에 따른 사회 적응 진리표

사례	사례코드	적응코드	자아존중감	전통적가치관			결혼만족			생활갈등		갈등대처방식				문화적응태도		사회적지지				사회
			B	M	Z	F	S	P	D	L	V	E	O	T	I	U	R	Y	N	A	Q	Y_2
1	1	a	1	1	1	1	1	0	1	1	1	1	1	1	1	1	1	1	1	1	1	1
2	2	*	1	0	1	1	1	0	1	1	0	1	0	1	1	1	1	1	1	1	0	1
3	3	*	1	0	0	0	0	0	1	1	0	1	0	0	0	1	1	1	1	1	0	1
4	4	*	1	0	1	0	0	1	1	1	1	1	1	0	1	1	0	1	1	1	1	1
5	5	*	1	0	0	0	0	0	1	1	1	1	0	1	1	0	0	0	1	1	1	1
6	6	*	0	1	0	0	1	1	1	1	1	0	0	0	1	0	0	0	0	1	1	1
7	8	*	1	1	1	1	1	1	1	1	0	1	1	1	1	1	1	1	1	1	1	1
8	9	a	1	1	0	1	1	1	1	1	1	1	1	1	1	1	1	0	1	0	1	1
9	11	a	1	1	1	0	0	0	1	1	1	1	1	1	1	1	0	0	0	0	1	1
10	12	*	1	1	1	0	0	0	1	1	1	1	0	1	1	1	0	0	0	0	1	1
11	13	*	1	1	0	1	1	0	1	0	0	1	0	1	1	1	1	1	0	1	1	1
12	15	a	0	0	0	0	1	0	0	1	1	1	0	1	1	0	0	0	0	0	1	1
13	20	*	0	0	0	1	1	1	1	1	0	0	1	0	0	0	0	0	0	0	1	1

B	자아존중감 수준	L	일상생활의 차이	Y	가족지지 정도
M	전통적 결혼가치관	V	일상생활 문화의 차이	N	친구, 친척 지지 정도
Z	성역할가치관	E	감정표출 수준	A	사회기관 지지 정도
F	가족중심가치관	O	무조건 양보 수준	Q	종교적 지지 정도
S	생활만족 수준	T	갈등무시 수준	Y2	사회 적응
P	애정도	I	적극적 대처 수준		
D	헌신도	U	다문화수용태도		
		R	자문화전달태도		

a   adaptation: 심리와 사회 모두 적응인 사례

*   심리와 사회 중 하나는 적응이고 나머지 하나는 부적응인 사례

먼저 사회 적응 13사례에 대해 자아존중감, 전통적가치관(결혼관, 성역할, 가족주의), 결혼만족도(생활만족, 애정도 헌신도), 생활갈등(일상생활의 차이, 일상생활 문화의 차이) 영역 9개 특성(B, M, Z, F, S, P, D, L, V)을 투입하여 Quine McCluskey 연산을 실시한 결과 [수식 2 – 23]과 같이 산출되었다.

$$Y_2 = m\,Z\,s\,p\,D\,L\,V\,B + m\,Z\,F\,S\,p\,D\,L\,B + m\,z\,f\,s\,p\,D\,L\,v\,B + m\,z\,F\,S\,p\,D\,l\,v\,B + M\,z\,f\,S\,p\,d\,L\,v\,B + m\,z\,F\,S\,P\,D\,L\,v\,b + m\,z\,f\,S\,P\,D\,L\,V\,b + m\,z\,f\,S\,P\,D\,L\,v\,B + m\,z\,f\,s\,P\,D\,L\,V\,B + M\,Z\,f\,s\,P\,D\,L\,V\,B$$

[수식 2 – 23] 독립변인 척도 하위영역 9개 특성에 따른 사회 적응 유형

위의 식은 투입된 변수가 너무 많아 맥락에 대한 이해를 하기에는 한계가 있다. 사회 적응 13사례에 대해 위와 같은 조건의 9개

변인에 대한 사회 적응을 파악할 수 있는 공통의 변인들을 알아보기 위해 Intersection 연산을 실시한 결과 [수식 2-24]와 같이 보다 축약된 결과가 산출되었다.

$$Y_2 = p\ B +$$

$$----- One\ of\ the\ Following\ -----$$

$$m\ z\ D\ +\ m\ D\ L +$$

$$----------------------------$$

$$---- One\ of\ the\ Following\ -----$$

$$f\ D\ L\ V\ +\ s\ D\ L\ B$$

[수식 2-24] 독립변인 척도 하위영역 9개 특성에 따른 사회 적
응 유형(1)

위의 식은 이론적 인수분해를 통해 다음과 같이 축약되어 표현할 수 있다.

$$Y_2 = p\ B\ +\ \begin{bmatrix} m\ D(z+L)\ + \\ D\ L(f\ V\ +\ s\ B) \end{bmatrix}$$

[수식 2-25] 독립변인 척도 하위영역 9개 특성에 따른 사회 적
응 유형(2)

위 식은 왼쪽 항(p, B)의 필요조건과 결합하여 오른쪽 2개 항 중에서 하나와 결합하여 사회 적응 유형으로 나타났다.

국제결혼 이주여성의 독립변인 척도 하위영역 9개 특성에 따른 사회 적응 유형은, 이주여성들은 애정도가 낮고 자아존중감 수준이 높은 경우(p, B) 공통점을 가지며, 다음 둘 중 하나의 특징과 결합한다. 첫째, 전통적 결혼가치관 수준이 낮고 헌신도가 높은 경우(m, D)에는 성역할가치관이 낮거나 일상생활의 차이 수준이 높은 경우(z, L)이다. 둘째, 헌신도와 일상생활의 차이 수준이 높은 경우(D, L)에는 가족중심가치관 수준이 낮고 일상생활 문화의 차이 수준이 높거나(f, V), 생활만족 수준이 낮고 자아존중감 수준이 높은 경우(s, B)의 특성과 함께 결합하여 작용했기 때문으로 해석된다.

(2) 독립변인 척도 하위영역 7개 특성에 따른 사회 적응

국제결혼 이주여성의 사회 적응 13사례는 독립변인 척도 하위영역 특성에 따른 심리 적응 진리표 <표 2-8>에서 자아존중감, 갈등대처방식(감정표출, 무조건 양보, 갈등무시, 적극적 대처), 문화적응태도(다문화수용태도, 자문화전달태도) 영역 7개 특성(B, E, O, T, I, U, R)에 대해 Quine McCluskey 연산을 실시한 결과 [수식 2-26]과 같이 산출되었다.

$$Y_2 = e\,O\,t\,u\,r\,b + E\,o\,T\,U\,I\,B + E\,o\,t\,U\,R\,I\,B +$$
$$E\,O\,t\,U\,r\,I\,B + E\,O\,T\,u\,R\,I\,B$$

[수식 2-26] 독립변인 척도 하위영역 7개 특성에 따른 사회 적응 유형

위와 같은 조건의 7개 변인에 대한 사회 적응을 파악할 수 있는 공통의 변인들을 알아보기 위해 사회 적응 13사례를 투입하여 Intersection 연산을 실시한 결과 [수식 2-27]과 같이 축약되어 산출되었다.

$$Y_2 = E\,B\,+\,e\,O\,t\,u\,r\,b$$

[수식 2-27] 독립변인 척도 하위영역 7개 특성에 따른 사회 적응 유형(1)

위의 식에서 국제결혼을 한 이주여성들의 독립변인 척도 하위영역 7개 특성에 따른 사회 적응 유형은, 감정표출 수준과 자아존중감 수준이 높은 경우(E, B)와 무조건 양보 수준이 높으나(O) 감정표출 수준과 갈등무시 수준, 다문화수용태도 수준과 자문화전달태도 수준, 그리고 자아존중감이 낮은 경우(e, t, u, r, b)에 사회 적응 유형으로 나타났다.

이주여성들은 자아존중감 수준이 높고 갈등 시 직접적 대항이나 주장 등을 통하여 자신의 의지를 상대방에게 강제 내지 수용하게 하는 갈등대처방법을 택하거나, 자아존중감 수준이 낮으며 무조건 양보 수준이 높지만 갈등 시 직접적인 대결을 피하고 갈등을 회피하거나 갈등상황에서 물러나는 대처방법을 사용하는 경우에 사회 적응 유형을 보였다.

(3) 독립변인 척도 하위영역 5개 특성에 따른 사회 적응

국제결혼 이주여성의 사회 적응 13사례는 <표 2-8>에 제시된 자아존중감, 사회적 지지(가족의 지지, 친구·친척의 지지, 사회기관 지지, 종교 지지) 영역 5개 특성(B, Y, N, A, Q)에 대해 Quine McCluskey 연산을 실시한 결과 [수식 2-28]과 같이 산출되었다.

$$Y_2 = y\,n\,Q\,b + y\,n\,a\,B + Y\,A\,Q\,B + N\,A\,Q\,B$$

[수식 2-28] 독립변인 척도 하위영역 5개 특성에 따른 사회 적응 유형

위와 같은 조건의 5개 특성에 대한 사회 적응을 파악할 수 있는 공통의 변인들을 알아보기 위해, Intersection 연산을 실시한 결과 [수식 2-29]와 같이 보다 더 축약되어 산출되었다.

$$Y_2 = Q + \begin{bmatrix} n\,B\, + \\ y\,n\,a \end{bmatrix}$$

[수식 2-29] 독립변인 척도 하위영역 5개 특성에 따른 사회 적응 유형(1)

위의 식에서 국제결혼을 한 이주여성들은 독립변인 척도 하위영역 5개 특성에 따른 사회 적응 유형은, 사회적 지지 영역에서 종

교적 지지 정도가 높은 경우(Q)를 공통점을 가지며, 다음의 둘 중 하나의 특징과 결합한다. 첫째, 친구나 친척의 지지 정도가 낮고 자아존중감 수준이 높은 경우(n, B), 둘째, 가족의 지지 수준과 친구나 친척의 지지 수준, 그리고 사회기관의 지지 수준이 낮은 경우(y, n, a)에 사회 적응 유형으로 나타났다.

이주여성들이 다양한 종교적 활동을 통해서 자신들의 정체성을 유지해 나갈 수 있는 환경 속에서, 자아존중감 수준이 높고 친구나 친척의 지지가 낮은 경우와 가족의 지지, 친구나 친척의 지지, 그리고 사회기관의 지지 수준이 낮은 경우 사회 적응 유형을 보였다. 이것은 심리 적응 유형에서 보이는 특성이 그대로 사회 적응 유형에도 적용되고 있음을 추측할 수 있다. 그들의 정체성을 유지해 나갈 수 있는 종교적 지지는 높지만, 오히려 사회적 지지(가족의 지지, 친구나 친척의 지지, 사회기관의 지지)가 일방적인 지지와 과도할 경우에는, 일상생활 문화의 차이를 가지고 있는 이주여성들에게는 오히려 부적인 영향을 미치리라고 예측할 수 있다. 따라서 이들에게는 사회적 지지가 낮을수록 사회 적응 유형으로 나타났다.

3) 연구 참여자의 사회 적응 유형

<표 2-9> 연구 참여자의 사회 적응 유형표

투입변인	연산방법	사회 적응(Y2)	
		유형	필요조건
인구사회학적 특성 (A, E, R, T, M, I, F, C, P, N, V)	Intersection	$R i +$ - - - - - - - - - - - $C n + m F C + A t p n v +$ $A e m n v$	$R i$
독립변인 척도 하위영역 9개 특성 (B, M, Z, F, S, P, D, L, V)	Intersection	$p B +$ - - - - - - - - - - - $m D(z+L) +$ - - - - - - - - - - - $D L(f V + s B)$	$p B$
독립변인 척도 하위영역 7개 특성 (B, E, O, T, I, U, R)	Intersection	$E B + e O t u r b$	$E B,$ $e O t u r b$
독립변인 척도 하위영역 5개 특성 (B, Y, N, A, Q)	Intersection	$Q +$ - - - - - - - - - - - $n B + y n a$	Q

<table>
<tr><td colspan="2">인구사회학적 특성</td><td colspan="2">적응척도 하위영역 9개 특성</td><td colspan="2">적응척도 하위영역 7개 특성</td></tr>
<tr><td>A</td><td>연령</td><td>M</td><td>전통적 결혼가치관</td><td>E</td><td>감정표출 수준</td></tr>
<tr><td>E</td><td>교육 수준</td><td>Z</td><td>성역할가치관</td><td>O</td><td>무조건 양보 수준</td></tr>
<tr><td>R</td><td>종교 유무</td><td>F</td><td>가족중심가치관</td><td>T</td><td>갈등무시 수준</td></tr>
<tr><td>T</td><td>결혼기간</td><td>S</td><td>생활만족 수준</td><td>I</td><td>적극적 대처 수준</td></tr>
<tr><td>M</td><td>결혼방법</td><td>P</td><td>애정도</td><td>U</td><td>다문화수용태도</td></tr>
<tr><td>I</td><td>소득 수준</td><td>D</td><td>헌신도</td><td>R</td><td>자문화수용 태도</td></tr>
<tr><td>F</td><td>가족 유형</td><td>L</td><td>일상생활의 차이</td><td>B</td><td>자아존중감 수준</td></tr>
<tr><td>C</td><td>자녀 유무</td><td>V</td><td>일상생활 문화의 차이</td><td colspan="2">적응척도 하위영역 5개 특성</td></tr>
<tr><td>P</td><td>거주 유형</td><td>B</td><td>자아존중감 수준</td><td>Y</td><td>가족지지 수준</td></tr>
<tr><td>N</td><td>국적취득 여부</td><td></td><td></td><td>N</td><td>친구·친척지지 수준</td></tr>
<tr><td>V</td><td>모국 방문 여부</td><td></td><td></td><td>A</td><td>사회기관 지지 수준</td></tr>
<tr><td></td><td></td><td></td><td></td><td>Q</td><td>종교적 지지 수준</td></tr>
<tr><td></td><td></td><td></td><td></td><td>B</td><td>자아존중감 수준</td></tr>
</table>

국제결혼 이주여성들의 사회 적응 13사례에 대해 인구사회학적 특성, 독립변인 척도 하위영역 특성에 대해 Intersection 연산을 실시한 결과 사회 적응 유형이 <표 2-9>와 같이 산출되었다.

국제결혼 이주여성들의 사회 적응 13사례에 대해 인구사회학적 특성(A, E, R, T, M, I, F, C, P, N, V), 적응척도 하위영역 9개 특성(B, M, Z, F, S, P, D, L, V), 적응척도 하위영역 7개 특성(B, E, O, T, I, U, R), 그리고 적응척도 하위영역 5개 특성(B, Y, N, A, Q)에 대해 Intersection 연산을 실시한 결과 사회 적응 유형은 아래와 같이 정리할 수 있다.

인구사회학적 특성 11개 변인(A, E, R, T, M, I, F, C, P, N, V)에 대한 사회 적응 유형은, 이주여성들은 종교를 가졌고(R) 월 가구소득이 비교적 적은(200만 원 미만) 경우(i)의 공통점을 가지며, 다음 중 하나의 특성과 결합하여 사회 적응 유형을 보였다. 이주여성들은 자녀가 있고 한국 국적을 취득하지 못한 경우(C, n), 직접 만남으로 결혼을 하지 않았고 부모님을 모시며 자녀가 있는 경우(m, F, C), 연령이 많고(26세 이상) 혼인기간이 짧고 자가 주택에 거주하지 않고 한국 국적을 취득하지 못하고 모국 방문의 경험이 없는 경우(A, t, p, n, v), 그리고 연령이 많고(26세 이상) 교육수준이 낮고(고졸 이하) 직접 만남으로 결혼을 하지 않았고 한국 국적을 취득하지 못하고 모국 방문의 경험이 없는 경우(A, e, m, n, v)이다.

국제결혼 이주여성의 독립변인 척도 하위영역 특성 중에서 자아존중감, 전통적 가치관 영역, 결혼만족도 영역, 생활갈등 영역에 따른 9개 특성(B, M, Z, F, S, P, D, L, V)에 대한 사회 적응 유형은, 이주여성들은 애정도가 낮고 자아존중감 수준이 높은 경우(p, B) 공통점을 가지며, 다음 둘 중 하나의 특징과 결합한다. 첫째, 전통적 결혼가치관 수준이 낮고 헌신도가 높은 경우(m, D)에는 성역할가치관이 낮거나 일상생활의 차이 수준이 높은 경우(z, L)이다, 둘째, 헌신도와 일상생활의 차이 수준이 높은 경우(D, L)에는 가족중심가치관 수준이 낮고 일상생활 문화의 차이 수준이 높거나(f, V), 생활만족 수준이 낮고 자아존중감 수준이 높은 경우(s, B)이다.

독립변인 척도 하위영역 특성 중에서 자아존중감, 갈등대처방식, 문화적응태도 영역 7개 특성(B, E, O, T, I, U, R)에 대한 사회 적응 유형은, 감정표출 수준과 자아존중감 수준이 높은 경우(E, B)와 무조건 양보 수준이 높고(O) 감정표출 수준과 갈등무시 수준, 다문화수용태도 수준과 자문화전달태도 수준, 그리고 자아존중감이 낮은 경우(e, t, u, r, b)에 사회 적응 유형으로 나타났다.

독립변인 척도 하위영역 특성 중에서 자아존중감, 사회 지지 영역 5개 특성(B, Y, N, A, Q)에 대한 사회 적응 유형은, 사회적 지지 영역에서 종교적 지지 정도가 높은 경우(Q) 공통점을 가지며, 다음의 둘 중 하나의 특징과 결합한다. 첫째, 친구나 친척의 지지 정도가 낮고 자아존중감 수준이 높은 경우(n, B), 둘째, 가족의 지지 수준과 친구나 친척의 지지 수준, 그리고 사회기관의 지지 수준이 낮은 경우(y, n, a)에 사회 적응 유형으로 나타났다.

4. 국제결혼 이주여성의 사회 부적응

1) 인구사회학적 특성에 따른 사회 부적응

국제결혼 이주여성의 사회 부적응 8사례는 인구사회학적 특성 11개 변인(A, E, R, T, M, I, F, C, P, N, V)을 <표 1 - 13>의 평가 기준표에 의해 인구사회학적 특성에 따른 사회 부적응 진리표로 <표 2 - 10>과 같이 도출되었다.

〈표 2 - 10〉 인구사회학적 특성에 따른 사회 부적응 진리표

사례	사례코드	적응코드	인구사회학적 특성											사회
			A	E	R	T	M	I	F	C	P	N	V	y_2
1	7	*	0	0	0	0	0	0	1	0	1	0	0	0
2	10	m	0	0	0	0	0	1	1	0	1	0	0	0
3	14	m	1	0	1	1	0	0	0	1	0	1	1	0
4	16	*	1	0	0	1	0	0	0	1	0	1	1	0
5	17	m	0	0	1	0	0	1	0	0	0	0	0	0
6	18	m	1	1	1	0	1	1	1	0	1	0	1	0
7	19	m	1	0	1	0	0	0	0	0	0	0	0	0
8	21	*	1	1	0	0	0	1	0	0	1	0	0	0

A	연령	F	가족 유형
E	교육 수준	C	자녀 유무
R	종교 유무	P	거주 유형
T	결혼기간	N	국적취득 여부
M	결혼방법	V	모국 방문 여부
I	소득 수준		

Y_2 사회 부적응

m   maladaptation: 심리와 사회 모두 부적응인 사례

*   심리와 사회 중 하나는 적응이고 나머지 하나는 부적응인 사례

<표 2-10>에서 국제결혼 이주여성의 사회 부적응 8사례는 인구사회학적 특성 11개 변인(A, E, R, T, M, I, F, C, P, N, V)에 대해 Quine McCluskey 연산을 실시한 결과 [수식 2-30]과 같이 산출되었다.

$$y_2 = a\,e\,r\,t\,m\,F\,c\,P\,n\,v + A\,e\,T\,m\,I\,f\,C\,p\,N\,V +$$
$$A\,e\,R\,t\,m\,I\,f\,c\,p\,n\,v + a\,e\,R\,t\,m\,I\,f\,c\,p\,n\,v +$$
$$A\,E\,r\,t\,m\,I\,f\,c\,P\,n\,v + A\,E\,R\,t\,M\,I\,F\,c\,P\,n\,V$$

[수식 2-30] 인구사회학적 특성에 따른 사회 부적응 유형

위의 식은 투입된 변수가 너무 많아 맥락에 대한 이해를 하기에는 한계가 있다. 투입된 변인들의 조합이 그대로 나열된 결과이기 때문이다. 위와 같은 조건의 11개 변인에 대한 사회 부적응을 파악할 수 있는 공통의 변인들을 알아보기 위해 Intersection 연산을 실시한 결과 [수식 2-31]과 같이 보다 더 축약되어 산출되었다.

$$y_2 = t\,c\,n + e\,m\,f\,p$$

[수식 2-31] 인구사회학적 특성에 따른 사회 부적응 유형(1)

위의 식에서 국제결혼을 한 이주여성들은 인구사회학적 특성 11개 변인에 따른 사회 부적응 유형은, 이주여성들은 혼인기간이 짧고(3년 이하, t) 자녀가 없으며(c) 한국 국적을 취득하지 않은 경우(n)와 학력 수준이 낮고(고졸 이하, e), 직접 만남을 통해서 결혼을

하지 않고(m), 가족 유형에서 부모를 모시지 않고(f) 전세나 월세에 거주하는 경우(p) 사회 부적응 유형을 보였다.

사회 부적응 유형의 특성으로 혼인기간이 대부분 1년 이하로서 짧은 경우에 사회 적응에 어려움이 많음을 알 수 있다. 가족 중 부모를 모시지 않은 경우에도 어려움이 따르는데, 일상생활 문화의 차이를 극복해 나가는 데 도움이 필요할 때 가까운 이웃에서 사회 적 지지자로서 상담과 정서적 지지가 필요함을 나타내 주고 있다.

2) 독립변인 척도 하위영역 특성에 따른 사회 부적응

국제결혼 이주여성의 독립변인 척도 하위영역 특성은 자아존중감, 전통적 가치관 영역, 결혼만족도, 부부갈등, 갈등대처방식, 문화적응 태도, 그리고 사회적 지지 영역에 대한 19개 특성을 3부문 나누어서 Quine McCluskey 연산과 Intersection 연산을 하고자 한다. 적응척도 하위영역 특성에서 첫째, 자아존중감, 전통적 가치관, 결혼만족도, 생활갈등 영역의 9개 특성과, 둘째, 자아존중감, 갈등대처방식, 문화 적응태도 영역의 7개 특성, 그리고 자아존중감, 사회적 지지 영역의 5개 특성을 3개 부문으로 나누어 사회 부적응 유형을 살펴보았다.

(1) 독립변인 척도 하위영역 9개 특성에 따른 사회 부적응

국제결혼 이주여성의 사회 부적응 8사례는 <표 1-17>의 평가 기준표에 의해 <표 2-11>과 같이 독립변인 척도 하위영역 특성 에 따른 사회 부적응 진리표로 도출되었다.

<표 2-11> 독립변인 척도 하위영역 특성에 따른 사회 부적응 진리표

사례	사례코드	적응코드	자아존중감	전통적 가치관			결혼만족			생활갈등		갈등대처방식				문화적 응태도		사회적지지				사회
			B	M	Z	F	S	P	D	L	V	E	O	T	I	U	R	Y	N	A	Q	y₂
1	7	*	0	1	1	1	0	0	0	1	1	1	0	1	1	0	0	1	1	1	0	0
2	10	m	1	1	0	0	1	1	1	1	0	0	0	0	1	0	0	1	1	1	0	0
3	14	m	1	0	1	0	1	1	1	1	1	1	0	1	1	0	0	1	1	1	0	0
4	16	*	1	1	1	1	1	1	1	1	1	1	1	1	1	1	1	1	1	0	0	0
5	17	m	0	0	1	1	1	1	1	0	0	0	1	1	0	1	0	1	1	1	0	0
6	18	m	0	1	0	1	1	1	1	0	0	1	1	0	1	1	0	1	1	1	1	0
7	19	m	0	1	0	0	1	1	0	1	0	0	1	1	0	0	0	0	0	1	0	0
8	21	*	0	1	0	0	1	0	0	1	0	1	0	1	0	0	0	1	1	0	0	0

B	자아존중감 수준	L	일상생활의 차이	Y	가족지지 정도
M	전통적 결혼가치관	V	일상생활 문화의 차이	N	친구, 친척 지지 정도
Z	성역할가치관	E	감정표출 수준	A	사회기관 지지 정도
F	가족중심가치관	O	무조건 양보 수준	Q	종교적 지지 정도
S	생활만족 수준	T	갈등무시 수준	Y2	사회 부적응
P	애정도	I	적극적 대처 수준		
D	헌신도	U	다문화수용태도		
		R	자문화전달태도		

m   maladaptation: 심리와 사회 모두 부적응인 사례
*   심리와 사회 중 하나는 적응이고 나머지 하나는 부적응인 사례

국제결혼 이주여성의 사회 부적응 8사례는 독립변인 척도 하위 영역 특성 중에서 자아존중감, 전통적 가치관(결혼관, 성역할, 가족주의) 영역, 결혼만족도(생활만족, 애정도 헌신도) 영역, 생활갈등(일상생활의 차이, 일상생활 문화의 차이) 영역 9개 특성(B, M, Z, F, S, P, D, L, V)에 대해 Quine McCluskey 연산을 실시한 결과 [수식 2-32]와 같이 산출되었다.

$$y_2 = M\,z\,f\,s\,p\,d\,L\,v\,b + m\,z\,f\,S\,P\,d\,L\,v\,b +$$

$$M\,Z\,F\,s\,p\,d\,L\,v\,b + M\,z\,F\,S\,P\,D\,l\,v\,b +$$

$$m\,Z\,F\,S\,P\,D\,l\,v\,b + M\,z\,f\,S\,P\,D\,L\,v\,B +$$

$$M\,Z\,F\,S\,P\,D\,L\,V\,B$$

[수식 2-32] 독립변인 척도 하위영역 9개 특성에 따른 사회 부
적응 유형

위의 식은 투입된 변수가 너무 많아 맥락에 대한 이해를 하기에
는 한계가 있다. 투입된 변인들의 조합이 그대로 나열된 결과이기
때문이다. 위와 같은 조건의 9개 변인에 대한 사회 부적응을 파악
할 수 있는 공통의 변인들을 알아보기 위해 Intersection 연산을 실
시한 결과 [수식 2-33]과 같이 보다 축약되어 산출되었다.

$$y_2 = M\,S\,P\,D + d\,L\,v\,b + \begin{bmatrix} Z\,F\,v\,b\ + \\ Z\,F\,S\,P\,D\ + \\ F\,S\,P\,D\,l\,v\,b \end{bmatrix}$$

[수식 2-33] 독립변인 척도 하위영역 9개 특성에 따른 사회 부
적응 유형(1)

위의 식은 왼쪽 2개 항을 필요조건으로서 오른쪽 3개 항 중에
하나와 결합하여 사회 부적응 유형으로 나타났다.

국제결혼 이주여성의 독립변인 척도 하위영역 9개 특성에 따른
사회 부적응 유형은, 전통적 결혼가치관과 생활만족 수준, 그리고

애정도와 헌신도 수준이 모두 높은 경우(M, S, P, D)나, 일상생활의 차이 수준이 높고, 헌신도와 일상생활 문화의 차이, 그리고 자아존중감 수준이 낮은 경우(L, d, v, b)와 다음 중 셋 중 하나의 특성과 결합한다. 첫째, 성역할가치관과 가족중심가치관 수준이 높고(Z, F) 일상생활 문화의 차이와 자아존중감 수준이 낮은 경우(v, b), 둘째, 성역할가치관과 가족중심가치관 수준, 생활만족 수준과 애정도, 그리고 헌신도 수준이 높은 경우(Z, F, S, P, D), 셋째, 가족중심가치관과 생활만족 수준, 그리고 애정도와 헌신도 수준이 높고(F, S, P, D), 일상생활의 차이와 일상생활 문화의 차이, 그리고 자아존중감 수준이 낮은 경우(l, v, b)이다.

(2) 독립변인 척도 하위영역 7개 특성에 따른 사회 부적응

<표 2-11>에서 자아존중감, 갈등대처방식(감정표출, 무조건 양보, 갈등무시, 적극적 대처), 문화적응태도(다문화수용태도, 자문화전달태도) 영역 7개 특성(B, E, O, T, I, U, R)에 대한 사회 부적응 8사례를 투입하여 Quine McCluskey 연산을 실시한 결과 [수식 2-34]와 같이 산출되었다.

$$y_2 = E o T u r b + e O T r I b + e o t u r I B + E O t U r I b$$

[수식 2-34] 독립변인 척도 하위영역 7개 특성에 따른 사회 부적응 유형

위의 식은 맥락에 대한 이해를 하기에는 한계가 있어, 위와 같은 조건의 7개 변인에 대한 사회 부적응을 파악할 수 있는 공통의 변인들을 알아보기 위해 Intersection 연산을 실시한 결과 [수식 2－35]와 같이 산출되었다.

$$y_2 = o\,u\,r + T\,r\,b + \begin{bmatrix} E\,r\,b\,+ \\ O\,U\,r\,b \end{bmatrix}$$

[수식 2－35] 독립변인 척도 하위영역 7개 특성에 따른 사회 부
적응 유형(1)

위의 식에서 국제결혼을 한 이주여성들의 독립변인 척도 하위영역 7개 특성에 따른 사회 부적응 유형은, 갈등대처방식에서 무조건 양보 수준과 다문화수용태도, 그리고 자문화전달태도 수준이 낮은 경우(o, u, r)나, 갈등무시 수준이 높지만(T), 자문화전달태도 수준과 자아존중감 수준이 낮은 경우(r, b)에 다음 둘 중 하나의 특징과 결합한다. 첫째, 감정표출 수준이 높고(E), 자문화전달태도와 자아존중감 수준이 낮은 경우(r, b), 둘째, 무조건 양보 수준과 다문화수용태도 수준이 높고(O, U), 자문화전달태도와 자아존중감 수준이 낮은 경우(r, b)이다.

사회 부적응 유형은 낮은 다문화수용태도와 자문화전달태도, 그리고 무조건 양보 수준이 낮은 경우이다. 적응은 행동의 사회적 적응성과 다른 사람과의 상호 작용 과정에서 열망되는 성과에 성공적으로 도달할 수 있는 능력[265]이라고 할 때, 본 결과에도 자아존중감 수준이 낮고 다문화수용태도와 자문화전달태도 수준이 낮은 경우 사회 부적응 유형으로 나타났다.

(3) 독립변인 척도 하위영역 5개 특성에 따른 사회 부적응

국제결혼 이주여성의 사회 부적응 8사례는 <표 2-11>에서 자아존중감, 사회적 지지(가족의 지지, 친구·친척의 지지, 사회기관 지지, 종교 지지) 영역 5개 특성(B, Y, N, A, Q)에 대해 Quine McCluskey 연산을 실시한 결과 [수식 2-36]과 같이 산출되었다.

$$y_2 = y\,N\,a\,q\,b + y\,n\,A\,q\,b + Y\,N\,A\,q\,b + y\,N\,A\,q\,B$$

[수식 2-36] 독립변인 척도 하위영역 5개 특성에 따른 사회 부적응 유형

위의 식은 맥락에 대한 이해를 하기에는 한계가 있어, 위와 같은 조건의 5개 변인에 대한 사회 부적응을 파악할 수 있는 공통의 변인들을 알아보기 위해 Intersection 연산을 실시한 결과 [수식 2-37]과 같이 산출되었다.

$$y_2 = q\,b + N\,q + A\,q$$

[수식 2-37] 독립변인 척도 하위영역 5개 특성에 따른 사회 부

---

265) Grove & Torbiorn, Ibid., (1985).

적응 유형(1)

위의 식에서 국제결혼을 한 이주여성들의 독립변인 척도 하위영역 5개 특성에 따른 사회 부적응 유형은, 종교적 지지와 자아존중감 수준이 낮은 경우(q, b), 친구나 친척의 지지 수준이 높으나 종교적 지지 수준이 낮은 경우(N, q), 그리고 사회기관 지지가 높고 종교적 지지가 낮은 경우(A, q)에 경우에 사회 부적응 유형을 보였다.

사회 부적응 유형에서 사회적 지지 영역의 공통점으로 종교적 지지가 낮은 경우를 들 수 있다. 종교적 지지는 공식적으로 조직된 사회적 지지로서 이주자가 생활에 잘 대처해 나갈 수 있도록 촉진한다[266]고 볼 때, 종교적 지지가 낮은 경우에 사회 부적응 유형으로 나타났다. 반면에 친구나 친척의 지지와 사회기관의 지지가 높은 경우에 사회 부적응 유형을 보인 것은, 일상생활 문화의 차이를 보이고 있는 이주여성들에게 나타나는 특성에서, 양 방향에서 교류하는 의사소통이 어렵고 일방적으로 받기만 하는 친구나 친척의 관심과 사회기관의 지지가 부적인 영향을 미친다고 추측해 볼 수 있다.

3) 연구 참여자의 사회 부적응 유형

국제결혼 이주여성들의 사회 부적응 8사례는 인구사회학적 특성, 독립변인 척도 하위영역 특성에 대해 Intersection 연산을 실시한 결과 사회 부적응 유형이 <표 2 - 12>와 같이 나타났다.

---

266) Fontain, G., Ibid., (1986).

〈표 2-12〉 연구 참여자의 사회 부적응 유형표

투입변인	연산방법	사회 부적응(y_2)	
		유형	필요조건
인구사회학적 특성 (A, E, R, T, M, I, F, C, P, N, V)	Intersection	t c n + e m f p	t c n, e m f p
독립변인 척도 하위영역 9개 특성 (B, M, Z, F, S, P, D, L, V)	Intersection	M S P D + d L v b + - - - - - - - - - - - - - - Z F v b + Z F S P D + F S P D l v b	M S P D, d L v b
독립변인 척도 하위영역 7개 특성 (B, E, O, T, I, U, R)	Intersection	o u r + T r b + - - - - - - - - - - - - E r b + O U r b	o u r, T r b
독립변인 척도 하위영역 5개 특성 (B, Y, N, A, Q)	Intersection	q b + N q + A q	q b, N q, A q

인구사회학적 특성		적응척도 하위영역 9개 특성		적응척도 하위영역 7개 특성	
A	연령	M	전통적 결혼가치관	E	감정표출 수준
E	교육 수준	Z	성역할가치관	O	무조건 양보 수준
R	종교 유무	F	가족중심가치관	T	갈등무시 수준
T	결혼기간	S	생활만족 수준	I	적극적 대처 수준
M	결혼방법	P	애정도	U	다문화수용태도
I	소득 수준	D	헌신도	R	자문화수용 태도
F	가족 유형	L	일상생활의 차이	B	자아존중감 수준
C	자녀 유무	V	일상생활 문화의 차이	**적응척도 하위영역 5개 특성**	
P	거주 유형	B	자아존중감 수준	Y	가족지지 수준
N	국적취득 여부			N	친구·친척지지 수준
V	모국 방문 여부			A	사회기관 지지 수준
				Q	종교적 지지 수준
				B	자아존중감 수준

<표 2-12>의 국제결혼 이주여성들의 인구사회학적 특성(A, E, R, T, M, I, F, C, P, N, V), 적응척도 하위영역 9개 특성(B, M, Z, F, S, P, D, L, V), 적응척도 하위영역 7개 특성(B, E, O, T, I, U, R), 그리고 적응척도 하위영역 5개 특성(B, Y, N, A, Q)에 따른 사

회 부적응 8사례에 대해 Intersection 연산을 실시한 결과 사회 부적응 유형은 아래와 같다.

인구사회학적 특성 11개 변인(A, E, R, T, M, I, F, C, P, N, V)에 대한 사회 부적응 유형은, 이주여성들은 혼인기간이 짧고(3년 이하, t) 자녀가 없으며(c) 한국 국적을 취득하지 않은 경우(n)와 학력 수준이 낮고(고졸 이하, e), 직접 만남을 통해서 결혼을 하지 않고(m), 가족 유형에서 부모를 모시지 않으며(f) 전세나 월세에 거주하는 경우(p)이다.

독립변인 척도 하위영역 9개 특성(B, M, Z, F, S, P, D, L, V)에 대한 사회 부적응 유형은, 전통적 결혼가치관과 생활만족 수준, 그리고 애정도와 헌신도 수준이 모두 높은 경우(M, S, P, D), 일상생활의 차이 수준이 높고, 헌신도와 일상생활 문화의 차이, 그리고 자아존중감 수준이 낮은 경우(L, d, v, b)이다.

독립변인 척도 하위영역 7개 특성(B, E, O, T, I, U, R)에 대한 사회 부적응 유형은, 갈등대처방식에서 무조건 양보 수준과 다문화 수용태도, 그리고 자문화전달태도 수준이 낮은 경우(o, u, r)와, 갈등무시 수준이 높고(T), 자문화전달태도 수준과 자아존중감 수준이 낮은 경우(r, b)이다.

독립변인 척도 하위영역 5개 특성(B, Y, N, A, Q)에 대한 사회 부적응 유형은, 종교적 지지와 자아존중감 수준이 낮은 경우(q, b), 친구나 친척의 지지 수준이 높으나 종교적 지지 수준이 낮은 경우(N, q), 그리고 사회기관 지지가 높고 종교적 지지가 낮은 경우(A, q)이다.

 본 연구는 중소도시에 거주하며 한국어교육을 정규적으로 학습하고 있는 국제결혼을 한 이주여성 21명을 대상으로 자기기입식 설문을 통해, 이주여성들이 한국사회에 적응을 해 나가는 데 어떤 특성들이 결합하여 심리·사회적으로 적응하고, 부적응하는지 그 유형을 알아보았다.

 자기기입식 설문은 인구사회학적 특성, 자아존중감, 전통적가치관, 결혼만족도, 생활갈등, 갈등대처방식, 문화적응태도, 사회적 지지 척도에 따른 심리·사회 적응 유형을 알아보기 위해 Spss 15.0 for windows를 통해 기술통계와 군집분석, T-test를 거쳐 이분화를 하였고, 이들 변인들을 fs / QCA 2.0에 의해 Quine McCluskey 연산과 Intersection 연산을 통해 결과를 도출하였다. 분석의 절차는 인구사회학적 특성(11개), 독립변인 척도 하위영역(9개, 7개, 5개)의 특성순으로, 심리 적응 유형, 심리 부적응 유형, 사회 적응 유형, 사회 부적응 유형의 분석 결과를 요약하였다. 각 유형의 분석 결과는 Intersection 연산에서 도출된 특성의 결과를 제시하였다.

1. 국제결혼 이주여성 적응과 부적응

연구에 참여한 국제결혼 이주여성들은 심리 적응과 사회 적응인 사례는 4사례(19.0%)이며, 심리 부적응과 사회 부적응인 사례는 5사례(23.8%)이며, 심리·사회 적응이나 부적응 중 하나만 적응이고 나머지 하나는 부적응인 사례는 12사례(57.2%)로 나타났다.

이들의 심리 적응 영역을 자세히 살펴보면, 심리 적응의 경우 7사례(33.3%)이며, 심리 부적응의 경우 14사례(66.7%)로 나타났다. 사회 적응 영역을 살펴보면, 사회 적응의 경우 13사례(61.9%)이며, 사회 부적응의 경우 8사례(38.1%)로 나타났다.

1) 연구 참여자의 심리 적응 유형

심리 적응 유형에 해당하는 7사례 중 6사례가 연령이 비교적 많은 경우(26세 이상)(A)로서, 직접 만남을 통하지 않고 결혼하였고, 부모와 함께 살며 자녀가 있고, 국적 취득을 하지 않았고 모국을 방문하지 못한 경우에 심리 적응 유형의 특성을 보였지만, 인구사회학적 특성만으로는 적응의 맥락이 잘 드러나지 않을 수 있음을 시사해 준다.

이주여성들은 자아존중감, 전통적 가치관, 결혼만족, 생활갈등 영역 9개 특성에서 전통적 결혼가치관과 일상생활의 차이 수준이 높지만(M, L), 애정도와 헌신도, 그리고 일상생활 문화의 차이 수준이 낮은 경우(p, d, v), 전통적 결혼가치관이 낮지만(m), 성역할 가치관과 헌신도, 그리고 일상생활의 차이와 일상생활 문화의 차이, 자아존중감 수준이 높은 경우(Z, D, L, V, B)에 심리 적응 유형을 보였다.

이주여성들은 갈등대처방식에서 갈등 시 자신이 느끼는 감정을 자제하지 않고 그대로 표출하는 감정표출 수준과 갈등 시 소극적으로 그 갈등을 무시하거나 갈등 해결을 위한 노력을 하지 않는 갈등무시 수준이 높지만(E, T) 상대 국가의 문화에 대해 알고자 하는 다문화수용태도 수준이 낮은 경우(u)에 심리 적응 유형으로 나타났다.

많은 연구들에서 사회적 지지는 스트레스와 같은 것을 예방하며, 건강에 미치는 효과를 이해할 수 있다고 보고하였다. 그러나 본 연구에서는 사회적 지지 영역에서 가족의 지지와 사회기관의 지지, 그리고 종교적 지지가 낮은 경우에 심리 적응 유형으로 나타났다. 따라서 지나친 가족의 관심과 사회기관의 지지는 적응에 있어서 이주여성들에게 심리적으로 적지 않은 스트레스를 초래할 수 있다는 점을 밝혀 본 연구의 시사점을 주고 있다.

2) 연구 참여자의 심리 부적응 유형

심리 부적응 14사례 중에서 이주여성들은 혼인기간이 짧고(3년

이하, t) 비교적 소득 수준이 높고(200만 원 이상, I), 부모님을 모시며(F) 아직 자녀가 없고(c) 자가 주택에 살며(P) 한국 국적을 취득하지 않은 경우(n)가 2사례(14.0%), 대부분 종교를 가지고 있으며(R) 한국 국적을 취득하지 않은 경우(n)가 10사례(71.0%), 종교를 가지고 있으며(R) 가족 유형에서 부모를 모시지 않은 경우(f)가 9사례(64.0%)로서 심리 부적응 유형을 보였다. 종교를 가진 13사례(92.9%)가 대부분 심리 부적응에 해당되었다.

이주여성들은 자아존중감, 전통적 가치관, 결혼만족, 생활갈등 영역 9개 특성에서, 전통적 결혼가치관과 일상생활 문화의 차이 수준이 낮은 경우(m, v), 전통적 결혼가치관과 애정도, 그리고 헌신도 수준이 높을 경우(M, P, D), 그리고 전통적 결혼가치관과 생활만족 수준, 그리고 애정도가 낮고(m, s, p) 성역할가치관과 가족중심가치관, 그리고 헌신도와 일상생활의 차이, 일상생활 문화의 차이, 그리고 자아존중감 수준이 높은 경우(Z, F, D, L, V, B)에 심리 부적응 유형을 보였다. 이는 9개 특성만으로는 적응의 맥락이 두드러지게 나타나지 않음을 시사해 준다.

이주여성들은 갈등대처방식에서 갈등무시 수준이 낮은 경우(t), 다문화수용태도 수준이 높은 경우(U), 무조건 양보 수준이 낮고 자아존중감 수준이 높은 경우(o, B), 감정표출 수준과 자문화전달태도 수준이 모두 낮은 경우(e, r), 그리고 무조건 양보 수준이 높고 자문화전달태도 수준이 낮은 경우(O, r)에 심리 부적응 유형을 보였다. 통계적으로 의미 있는 특성으로 자기 문화를 상대에게 알려주고 적응시키기 위한 노력인 자문화전달태도 수준이 낮고, 상대국가의 문화에 대해 알고자 하는 태도인 다문화수용태도 수준이 높은 경우에 심리 부적응 유형을 보였다.

이주여성들은 사회적 지지 영역에서 사회적 지지 체계의 하나인 사회기관의 과도한 지지에 적응 스트레스를 초래할 수 있다는 특성이 나타났고, 이와 함께 가족의 지지와 친구나 친척의 지지, 자아존중감 수준이 낮은 경우에 심리 부적응 유형에 해당되었다. 지방자치단체별로 국제결혼 이주여성만을 대상으로 하고 있는 프로그램의 중복적 실시(60.0%)에서 벗어나 가족생애주기별 통합교육과 부부교육, 가족원과 함께하는 교육으로 적응 교육이 실시되어야 함을 시사해 주고 있다.

3) 연구 참여자의 사회 적응 유형

사회 적응 유형에 해당되는 13사례 중 인구사회학적 특성에서는, 종교를 가졌고(12사례, 92.3%, R), 월 가구소득이 적은(200만원 미만, 12사례, 92.3%) 경우(i)의 공통점을 가지며, 다음 중 하나의 특성과 결합하여 사회 적응 유형을 보였다. 첫째, 이주여성들은 자녀가 있고 한국 국적을 취득하지 못한 경우(C, n), 둘째, 직접 만남으로 결혼을 하지 않았고 부모님을 모시며 자녀가 있는 경우(m, F, C), 셋째, 연령이 많고(26세 이상) 혼인기간이 짧고 자가 주택에 거주하지 않고 한국 국적을 취득하지 못하고 모국 방문의 경험이 없는 경우(A, t, p, n, v), 그리고 넷째, 연령이 많고(26세 이상) 교육수준이 낮고(고졸 이하) 직접 만남으로 결혼을 하지 않았고 한국 국적을 취득하지 못하고 모국 방문의 경험이 없는 경우(A, e, m, n, v)의 특성과 함께 결합하여 사회 적응 유형으로 나타났다.

이주여성들은 자아존중감, 전통적 가치관, 결혼만족, 생활갈등 영역 9개 특성에서, 애정도가 낮고 자아존중감 수준이 높은 경우(p, B) 공통점을 가지며, 다음 둘 중 하나의 특징과 결합한다. 첫째, 전통적 결혼가치관 수준이 낮고 헌신도가 높은 경우(m, D)에는 성역할가치관이 낮거나 일상생활의 차이 수준이 높은 경우(z, L)이다. 둘째, 헌신도와 일상생활의 차이 수준이 높은 경우(D, L)에는 가족중심가치관 수준이 낮고 일상생활 문화의 차이 수준이 높거나(f, V), 생활만족 수준이 낮고 자아존중감 수준이 높은 경우(s, B)의 특성과 함께 결합하여 사회 적응 유형을 보였다.

이주여성들은 자아존중감, 갈등대처방식과 문화적응태도 영역에서, 갈등 시 자신이 느끼는 감정을 자제하지 않고 그대로 표출하는 행동인 감정표출 수준과 높은 자아존중감을 가진 경우(E, B), 무조건 양보 수준이 높고(O) 감정표출 수준과 갈등무시 수준, 다문화수용태도 수준과 자문화전달태도 수준, 그리고 자아존중감이 낮은 경우(e, t, u, r, b)에 사회 적응 유형으로 나타났다.

이주여성들은 사회 적응 유형으로 자아존중감과 사회적 지지 영역에서 높은 종교적 지지를 가진 경우(Q)를 필요조건으로 가지며, 다음의 둘 중 하나의 특징과 결합한다. 첫째, 친구나 친척의 지지 정도가 낮고 자아존중감 수준이 높은 경우(n, B), 둘째, 가족의 지지 수준과 친구나 친척의 지지 수준, 그리고 사회기관의 지지 수준이 낮은 경우(y, n, a)에 사회 적응 유형으로 나타났다. 자신들이 가진 높은 종교적 지지와 함께 낮은 수준의 가족, 친구나 친척, 사회기관의 지지 특성이 오히려 사회 적응 유형으로 밝혀졌다.

4) 연구 참여자의 사회 부적응 유형

사회 부적응 유형에 해당하는 8사례 중 인구사회학적 특성에서는, 이주여성들은 혼인기간이 짧고(3년 이하, 6사례, 75.0%, t) 자녀가 없으며(6사례, 75.0%, c) 한국 국적을 취득하지 않은 경우(6사례, 75.0%, n)와 학력 수준이 낮고(고졸 이하, 6사례, 75.0%, e), 직접 만남을 통해서 결혼을 하지 않고(7사례, 87.5%, m), 가족 유형에서 부모를 모시지 않으며(f) 전세나 월세에 거주하는 경우(p) 사회 부적응 유형을 보였다.

이주여성들은 자아존중감, 전통적 가치관, 결혼만족, 생활갈등 영역에서, 전통적 결혼가치관과 생활만족, 그리고 애정도와 헌신도 수준이 모두 높은 경우(M, S, P, D), 일상생활의 차이 수준이 높고(L), 헌신도와 일상생활 문화의 차이, 그리고 자아존중감 수준이 낮은 경우(d, v, b)에 사회 부적응 유형을 보였다.

이주여성들은 자아존중감과 갈등대처방식, 그리고 문화적응태도 영역에서, 무조건 양보 수준과 다문화수용태도, 그리고 자문화전달태도 수준이 낮은 경우(o, u, r)와, 갈등무시 수준이 높고(T), 자문화전달태도 수준과 자아존중감 수준이 낮은 경우(r, b)에 사회 부적응 유형을 보였다.

이주여성들은 자아존중감과 사회적 지지 영역에서, 종교적 지지와 자아존중감 수준이 낮은 경우(q, b), 친구나 친척의 지지 수준이 높으나 종교적 지지 수준이 낮은 경우(N, q), 그리고 사회기관 지지가 높고 종교적 지지가 낮은 경우(A, q)에 경우에 사회 부적응 유형을 보였다. 사회 부적응 유형에서 나타난 특징은 종교적 지지가 낮고 자아존중감 수준이 낮은 경우를 제외하고, 높은 친구나 친척의 지지와 사회기관의 지지는 낮은 종교적 지지와 결합하여 사회 부적응 유형으로 나타났다. 따라서 높은 사회기관의 지지나 친구나 친척의 지지가 부정적인 이미지를 개선할 수 있도록 통합교육을 실시하고, 그들이 가지고 있는 다양한 종교적 지지를 수용하며, 과도한 사회적 지지로 인해 부적응의 스트레스를 안고 있는 측면을 개선해 나가는 서비스 대책을 마련할 필요가 있다.

2. 국제결혼 이주여성, 사회복지적 실천 방안

본 연구는 질적 비교연구로서 사례중심전략과 변수중심전략의 장점을 통해 복합적 전체와 다중적 결합관계의 해석을 시도함으로써, 연구 방법론적 관점과 이론적 관점에서 함의를 제공한다.

이주여성의 적응 특성에 따른 구체적인 이해를 바탕으로 사회복지실천에 체계적인 접근이 가능하며, 정책적 함의로는 지역사회에서 기능할 수 있는 자원을 동원하고 이주여성과 그 가족의 장점을 개발하여 사회의 적응은 물론 심리·정서적 안정화를 도모하는 데 기여할 수 있을 것이다.

1) 연구 방법론적 함의

본 연구는 질적 비교분석방법을 통해 국제결혼 이주여성들의 적응 유형화를 시도하였다. 질적 비교분석은 비교연구에서 사례중심 전략이 가지는 장점을 보존하면서, 더욱 많은 사례들을 비교할 수 있다는 점에서 유용하다.[267] 사례중심전략은 적은 사례전략(small - N strategy)으로, 변수중심전략은 많은 사례전략(large - N strategy)으로 불리기도 한다. 이러한 명칭은 사례중심전략의 특성상 많은 사례들에 대한 통제된 비교는 기술적으로 불가능하다는 점과 관련된다.

한편, 질적 비교분석(fs / QCA)은 사례중심전략의 기본가정을 수용하면서, 분석의 사례수를 늘릴 수 있는 방법으로 개발되었다.[268] 이 연구에서는 질적 비교분석을 통해 변수중심전략에서 간과되었던 제도적 맥락, 혹은 복합적 전체의 중요성을 수용하면서, 해석적

---

267) 사회현상에 대한 비교분석의 전략은 크게 보아 두 가지로 구분된다(Ragin, 1994). 우선 사례중심전략(case - oriented strategy)은 비교, 혹은 대조 가능한 독립적인 실체들이 존재한다고 가정한다. 사례 중심의 옹호자들은 사례를 그것을 구성하는 몇 개의 요소로 분해하는 것은 복합적인 전체로서의 사례가 지닌 의미를 상실케 하는 효과를 가진다고 본다. 따라서 사례들은 그 자체로서 비교되어야 한다는 것이다. 한편 변수 중심전략(variable - oriented strategy)은 비교 가능한 독립적 실체의 존재를 가정하지 않는다. 대신 관찰 가능한 경험적 사실들은 숨겨져 있는 이론적 개념이나 원칙들의 일부분이 뒤범벅되어 표현된 것이라고 가정한다. 경험적 사실들은 숨겨져 있는 속성들을 표현하는 정도에서 변이를 가지며, 연구자의 과제는 그 속성들이 지닌 공변성(covariation)이 기본적 패턴을 찾아내는 것이다. 따라서 사례중심전략이 개별 사례들 간의 차이점이나 공통점에 초점을 둔다면, 변수중심전략은 다양한 사례들 전체를 관통하는 공변성의 패턴을 중시한다(홍경준, 1999: 309 - 312).

268) 질적 비교분석의 첫 번째 단계는 변수중심전략의 그것과 동일하다. 즉, 인과관계에 대한 이론적 기반하에서 결과변수들과 원인변수들을 선정한다. 다만 질적 비교분석이 변수중심전략과 다른 점은 투입된 원인변수들이 결과 변수와의 공변성 정도에 의해 개별적으로 평가되지는 않는다는 점이다. 질적 비교분석에서는 원인변수들의 전체 조합, 즉 결합원인(causal conjuncture)이 중시된다. 분석의 두 번째 단계에서는 질적 비교분석이 가능하도록, 측정된 변수들을 0과 1의 값을 가진 이분변수로 전환한다. 다음으로는 투입된 변수들이 만들어 내는 모든 조합들을 사례들의 결과변수와 차례로 대조한다. 이러한 과정을 통해 최종적으로 선정된 원인들의 조합은 불리언 대수(Boolean algebra)를 활용하여 간결한 논리적 표현으로 요약되기에, 질적 비교분석은 불리언 분석이라고 불리기도 한다(홍경준, 1999: 313 - 314).

설명을 가능하게 한다.

부울 알고리즘은 지금까지 주로 전산 프로그램의 논리회로설계에 응용되어 왔으나, 비교사회학 연구에 있어서는 특정한 사회현상을 초래하는 상황적 조건의 다양한 대안적 조합양태(alternative conditional combinations)를 규명함으로써 그와 같은 조건조합들과 연구대상 현상 사이의 다중인과 경로(multiple causal conjunctures)를 도출하는 데 기본적인 목적을 두고 있다.[269]

본 연구에서는 수학적 논리를 이용한 불리언 비교방법이 사회복지학 연구에서 정성분석방법의 형태로서 도입되어 과학적 일반화의 가능성을 시사해 주었다는 점에서 의의가 있다.

2) 사회복지 실천 이론적 함의

본 연구 결과의 이론적 함의는 다음과 같다.

첫째, 국제결혼 이주여성의 심리·사회 적응과 심리·사회 부적응 관련 특성들을 구체적으로 도출하여 해석적 맥락을 제시하였다. 연구결과에 따른 적응 관련 복합적인 특성들은, 단차원적이 아닌 다중인과 경로에 의해 대안적으로 적응 유형이 도출되어, 적응 유형의 틀을 제공하였다는 점에서 이주여성들의 적응 관련 연구에 이론적 함의를 갖는다. 또한 국제결혼 이주여성의 개별 사례 경험에 대한 이해의 폭을 넓히고, 한국사회에서 겪고 있는 이주여성들의 적응상의 문제들을 밝혀내어 사회복지적 개입의 측면에서 구체

---

269) Ragin, Ibid., (1987): 101.

적인 방안을 모색하였다는 점에서 이론적 함의를 갖는다.

둘째, 인구사회학적 특성에서 심리 적응 유형의 특성은, 연령이 높으며 중개업체, 친구나 친척의 소개, 종교의 소개 등으로 결혼을 한 경우의 특성과 결합하여 나타났다. 심리 부적응 유형의 특성은 자신의 종교를 가지고 있고 한국 국적을 취득하지 않았고 부모와 함께 살지 않는 경우의 특성과 결합하여 나타났다. 사회 적응 유형에서는 대부분 종교를 가졌고 소득이 낮은 경우와 결합하여 부모와 함께 자녀가 있는 경우, 연령이 많은 경우의 특성을 보였고, 사회 부적응 유형은 혼인기간이 짧고 가족유형에서 부모가 없고 자녀가 없으며, 한국 국적을 취득하지 못한 경우의 특성을 보였다. 다양한 결혼방법에 의해 이루어지고 있는 국제결혼의 형태를 한국 사회에서 어떻게 수용해 나가야 하는지, 이에 대한 대응이 필요하다. 또한 이들은 다양한 종교를 가지고 있는데, 새로운 환경에서 적응해 나갈 때 자신의 정체성을 유지할 수 있도록 다양한 종교를 수용해 나가야 할 것이다.

셋째, 일상생활에서 오는 차이가 크더라도 전통적 결혼가치관 수준이 높은 경우에 심리 적응 유형으로 나타났다. 반면에 일상생활 문화의 차이 수준이 낮고 전통적 결혼가치관 수준이 낮은 경우에 심리 부적응 유형으로 나타났다. 사회 적응 유형에서는 애정도 수준이 낮더라도 자아존중감 수준이 높은 경우, 사회 부적응 유형은 전통적 결혼가치관, 생활만족, 애정도, 헌신도 수준이 모두 높은 경우의 특성을 보였다. 한국사회에서 적응해 나가는 데 전통적인 문화와 제도에 대해 갈등과 적응을 반복하면서, 자신들이 가지고 있는 문화를 최대한 유지하면서도 적응해 나가는 문화변천 속에서 갈등을 하고 있다는 결과이기도 하다.

넷째, 갈등대처방식에서 감정표출과 갈등무시 수준이 높고 다문화수용태도가 높은 경우에 심리 적응 유형을 보였고, 갈등무시 수준이 낮고 다문화수용태도가 높은 경우에 심리 부적응 유형으로 나타났다. 사회 적응 유형은 감정표출과 자아존중감 수준이 높은 경우의 특성을 보였으며, 다문화수용태도와 자문화전달태도 수준이 낮은 경우에 사회 부적응 유형으로 나타났다. 부부간에 갈등이 있으면 이를 해결하기 위해 대결적인 방법을 통해 해결하기도 하고, 상황과 대상에 따라 갈등을 무시하기도 하면서 갈등에 대처하고 있다. 이들 대처방식은 복합적인 특성들이 다중인과 경로에 의해 적응과 부적응 유형이 나타남을 알 수 있다.

다섯째, 사회적 지지 영역에서는 의외의 결과가 도출되었다. 특히 심리 적응 유형에서는 가족의 지지, 사회기관의 지지, 그리고 종교적 지지가 낮은 경우의 특성을 보였고, 심리 부적응 유형에서는 사회기관의 지지가 높지만, 가족의 지지나 친구나 친척의 지지, 그리고 자아존중감 수준이 낮은 경우의 특성을 보였다. 사회 적응 유형에서는 종교적 지지가 높지만, 가족의 지지나 친구나 친척의 지지, 그리고 사회기관의 지지가 낮은 경우의 특징으로 나타났으며, 사회 부적응 유형에서는 종교적 지지가 낮지만, 오히려 친구나 친척의 지지와 사회기관의 지지가 높고 자아존중감 수준이 낮은 경우의 특성을 보였다. 본 연구 결과는 조선족 여성들이 과도한 사회적 지지로 인해 한국생활 적응에서 적지 않은 스트레스를 받고 있는 '긍정적인내형' 유형으로 밝혀진 결과[270]와 이웃교류 수준

---

270) 최금해, Ibid., (2007).

이 높은 경우 가족생활 부적응 유형으로, 반면에 이웃교류 수준이 낮을 경우 가족생활 적응 유형으로 나타난 결과[271]를 지지한다.

3) 사회복지실천 활동

본 연구 결과 사회복지실천 활동은 다음과 같다.

첫째, 인구사회학적 특성에서 심리와 사회 적응 영역 모두에서 관련된 결합 요인으로 공통적으로 나타난 것은, 연령, 혼인기간, 부모 유무, 자녀 유무와 관련된 특성이었다. 이주여성들은 연령이 많고 부모를 모시면서, 한국문화와 언어습득을 배우며, 자녀를 출산하고 양육하는 데 도움을 줄 수 있어 심리와 사회 적응 유형으로 나타났고, 혼인기간이 짧고 자녀가 없으며 국적을 취득하지 못한 경우에 심리와 사회 부적응 유형으로 나타났다. 혼인기간과 관련하여 결혼 초기 적응에 많은 어려움을 겪고 있음으로 인해 발생되는 부적응을 예방할 수 있도록 결혼 초기 교육을 통해 한국문화 학습과 적응에 대처해 나가야 할 것이다.

둘째, 사회적 지지 체계에서 가족의 지지와 친구나 이웃의 지지, 사회기관의 지지, 그리고 종교적 지지가 공통적 결합요인으로 나타났다. 가족의 지지 중 가장 중요한 지지는 시어머니를 포함한 가족원이 일상생활의 적응에 대한 많은 도움을 주지만, 또한 문화적 갈등의 중심에 있기도 한다. 한국사회에서 일상생활 문화의 차이와 갈등을 예방하고 극복해 나가기 위해서는, 이주여성들에게 부정적

---

271) 정천석 · 강기정, Ibid., (2007).

으로 인식되어 있는 사회적 지지체계를 개선하는 것이 중요하다. 이주여성들이 전통적 가치관의 차이와 갈등에서 오는 부적응에서 많은 혼란을 느끼고 있다. 과도한 가족원의 관심과 지역사회의 이주여성을 대상으로 하는 중복된 지지는 한국사회 적응에 있어 관심과 배려라고 인식하지만, 이들 이주여성들에게는 스트레스를 초래하고 문화적 갈등을 가져온다는 것이 연구결과에서 나타났다. 따라서 이들에게는 접근 가능한 현장에서 정서적 지지원이 있어, 이주여성들이 초기적응에서 어려움을 호소할 때, 상담과 사회적 지지자로서 역할을 할 수 있는 자원 활동가의 육성을 필요로 한다. 자원 활동가의 역할은 이주여성에 대한 지역 현장이나 이웃의 과도한 관심을 우선적으로 조정하고, 이들이 정보제공을 필요로 할 때, 한국어와 한국문화의 이해를 돕는 1:1의 멘토가 되어 가까운 현장에서 지속적으로 지지하고 안내할 수 있는 지원자로서 역할이어야 하겠다.

셋째, 국제결혼 가족과 이주여성에 대한 사회적 인식에서 편견을 해소해 나가도록 노력해야 한다. 지역사회의 다양한 언론매체를 통해 이주여성의 다양한 삶과 문화를 수용하고, 한국사회에서 다문화사회로 전환되어 가는 현실을 인식하고, 지역사회와 학교, 가정에서 이들이 한국의 자원으로 긍정적으로 자리매김할 수 있도록 인식의 전환을 가져와야 하겠다. 이주여성과 그의 자녀들을 만나는 모든 환경에서 다양한 가족의 유형을 수용하고 신뢰하기 위한 다문화 친화적인 분위기를 조성해 나가야 한다.

3. 국제결혼 이주여성, 정책적 지원 방안

첫째, 국제결혼가족과 이주여성들을 대상으로 결혼 초기 적응을 위한 다문화교육을 확대 실시하여야 한다. 결혼 초기에 모든 다문화가족들이 일상생활의 차이와 문화적 차이로 인해 많은 갈등과 어려움을 호소하고 있다. 이들에게 초기적응에 적합한 한국어교육은 물론 심리·정서적인 가족생활 교육프로그램을 개발하여, 이주여성들이 가족관계에서나 사회환경에서 처한 고립과 불안을 해소해 나가는 데 중점을 두어야 한다. 이들 가족을 대상으로 결혼 초기 부부관계에서 겪게 되는 눈에 보이지 않는 문화의 벽을 해소하고, 결혼생활에서 오는 적응의 어려움을 이해하고 수용하기 위한 친밀감 형성과, 사회적 지지와 유대의 강화, 새로운 문화의 접변에서 오는 충격을 완화해 나갈 의사소통의 방법 등에 관해 우선적인 가족생활교육이 필요하다. 가족생활 교육에서는 한국문화의 이해, 부부의 정서적 유대와 지지, 의사소통 방법, 다양한 문화의 수용과 지지, 자녀 출산과 양육, 취업안내교육, 결혼생활의 설계 등이 포함되어야 한다. 한국사회에서 결혼 적응에 필요한 상담과 정보 제공 등을 공공기관과 사회단체가 협력하여 다문화가족의 초기 적응에 체계적으로 대응해 나가야 한다. 이를 위해 가칭 ‘한국다문화교육중앙센터’와 기존의 사회교육기관을 연계하여 발굴하고, 다문화교육 전문가 육성을 위한 매뉴얼을 개발하여, 이를 바탕으로 체계적인 교육기관에서 다문화가족 교육을 실시해 나갈 필요가 있다.

둘째, 이주여성들은 사회교육기관과 사회복지기관 등 공공기관과 민간단체에서 한국어 교육의 기회를 제공받고 있지만, 다문화가족이 가정 형편이나 여러 가지 환경적인 상황으로 인해 교육기관에 접근이 불가능하여, 사각지대에 놓여 있는 농어촌 지역은 특별히 관심을 가져야 한다. 이들의 한국사회 적응을 돕기 위해 지역의 자원봉사자로 활동하고 있는 읍·면·동의 부녀회를 대상으로 멘토 교육을 실시하여, 가장 가까운 거리에서 이들의 다문화사회 촉매제의 역할을 담당할 자원 활동가로 육성해 나가야 한다. 지역 현장에서 필요한 자원 활동가를 육성하는 데 초기에 적절한 재원이 필요하지만, 기존의 자원을 효과적으로 활용한다면 사각지대에 놓여 있는 다문화가족들에게 접근 가능한 공간 내에서 한국어 교육이나 결혼생활 적응의 안내자로서, 다문화가족의 시어머니로서 출산, 가사, 자녀교육의 도우미 역할이 가능할 것이다.

셋째, 지역 현장에서는 결혼 중기에 적응의 불안 속에서 가사와 육아의 부담, 제한된 만남들이 한국어를 배워 나가는 데 많은 제한이 따르고 있다. 한국사회에서 충분한 수준의 문화소통능력은 한계가 있겠지만, 또한 이러한 어려움을 극복하기 위해 한국어와 한국문화에 대해 지속적인 관심을 갖고 지지할 수 있는 지원체계가 마련되어야 한다. 현재 다문화가족지원센터와 민간단체에서 실시하고 있는 한국어 초급과정을 마치고, 다음 단계로 중급 단계, 고급 단계로의 지속적인 문화소통 능력을 증진하는 기회를 제공해야 할 것이다. 이를 바탕으로 이들이 희망하는 취업의 기회를 보장하고, 고학력 이주여성들에게 다양한 언어를 통한 통역요원이나 지역사회 학교와 연계한 외국어 교사의 훌륭한 지역사회의 자원으로 활용됨으로써, 생활안정에 도움을 줄 뿐 아니라 사회통합을 이루도록 지원해 나가야 할 것이다.

본 연구를 통해 후속연구에 대한 제언은 다음과 같다.

첫째, 본 연구에서는 한국어교육에 참여하고 있는 국제결혼을 한 이주여성을 대상으로 심리・사회 적응의 유형을 도출하였다. 그러나 이주여성과 함께 그들의 적응에 가장 중요한 가족원, 즉 남편과 시어머니의 적응 관련 요인 특성을 살펴볼 필요가 있을 것이다. 가족관계의 문화환경 속에서 이루어지고 있는 다양한 특성들의 결합 요인을 비교분석을 통해서 구체적으로 도출하여 국제결혼 부부와 가족들의 심리・사회 적응의 유형에 따라 사회복지적 개입이 가능할 것이다.

둘째, 후속 연구에서는 지역사회의 기관에 참여하고 있는 이주여성뿐만 아니라, 사정상 한국어 교육에 참여하지 못하고 있는 대상자와 결혼생활에 위기를 맞고 있는 이주여성을 표집 대상에 포함하면, 더욱 두드러진 적응 유형이 나타날 것이다.

셋째, 본 연구에서는 중소도시의 한 지역에서 나타난 적응 유형을 일반화하기에는 제한점이 따른다. 따라서 다양한 지역적 특성이 포함되도록 도시와 중소도시, 농어촌 이주여성들의 적응에 따른 질적 비교연구가 이루어지면, 보다 다양한 관점에서 이주여성들의 적응을 이해할 수 있어 이에 따른 대응이 가능할 것이다.

|참고문헌|

가족상담학회·한국가족치료학회, 『다문화와 가족상담』, 2006년 한국 가족상담학회 & 한국가족치료학회 추계공동학술대회 자료집, 2006.

강기정, 「충남의 결혼이민자 가족복지정책 및 가족복지 지원서비스 모형」, 『다문화사회의 도래와 지역사회의 과제』, 충남여성정책개발원(2007), 194 - 219.

강승수, 「현장에서 만나는 동남아 이주 여성들」, 『한국가족상담학회 & 한국가족치료학회』, 추계공동학술대회 자료집(2006), 27 - 33.

강유진, 「한국남성과 결혼한 중국조선족 여성의 결혼생활실태에 관한 연구」, 『한국가족관계학회』4(2)(1999), 61 - 80.

강은령, 「부부의 결혼적응에 관한 연구: 취업주부 / 비취업주부를 중심으로」, 미간행 석사학위논문, 이화여대 대학원, 1989.

강은숙, 「서울시와 제주시의 미혼남녀의 결혼관에 관한 연구」, 미간행 석사학위논문, 고려대 대학원, 1981.

경기도가족여성개발원, 『경기도 국제결혼 이민자가족 지원 장단기 계획』, 2007.

광주여성발전센터, 『외국인 주부 실태조사』, 2003.

교육인적자원부, 『다문화가정의 자녀 교육 실태 조사』, 정책연구과제 2006 - 이슈 - 3, 2006.

구차순, 「결혼이주여성의 적응에 관한 근거이론연구」, 미간행 박사학위논문, 부산대학교 대학원, 2007.

국가청소년위원회·한국청소년상담실, 『다문화가정 청소년(혼혈청소년) 연구』, 사회적응 실태조사 및 고정관념 조사, 2007.

국립국어원, 『국제결혼 이주여성의 언어 및 문화 적응 실태 연구』, 2005.

국제보건의료발전재단, 『외국인노동자 보건의료실태 조사연구』, 2005.

김광일, 「해외동포의 문화적응과 정신건강」, 『정신건강연구』 제10권, 한양대학교 정신건강연구소(1991), 119 - 153.

김경신, 「결혼이민자가족의 수용과 정착을 위한 학문적, 실천적 측면에서의 접근」, 『한국가정관리학회』 추계학술대회(2006), 82 - 110.

______, 「부모와 청소년 자녀의 가족가치관과 세대간 유사성」, 『한국가족관계학회지』 제3권 제2호(1998), 43 - 65.

김민석, 「정신장애인의 직업재활성과의 인과적 다양성에 대한 탐색적 연구, 질적 비교분석 방법을 중심으로」, 『정신보건과 사회사업』 제16권(2003), 85 - 118.

김민정, 『국제결혼 이주여성, 차별과 폭력을 넘어서……』, 「결혼 이주여성 및 가족정책의 전망과 과제」, 국회여성정책포럼 제9차 정책토론회(2006), 43 - 46.

______, 「필리핀 이주 노동자의 '한국남편' 되기」, 이주여성인권센터 창립3주년 심포지엄: 이주의 여성화와 국제결혼, 이주여성인권센터(2004), 17 - 48.

김민정 외 3인, 「국제결혼 이주여성의 딜레마와 선택: 베트남과 필리핀 아내의 사례를 중심으로」, 『한국문화인류학』 제39권 제1호(2006), 159 - 193.

김상일, 「상담사례를 통해 본 한국남자와 결혼한 이주여성의 삶」, 이주여성인권센터3주년 기념심포지엄, 한국이주여성인권센터, 2004.

김애령, 「충남거주 조선족여성의 결혼과정 적응에 관한 연구」, 『충남도청』, 1998.

김양희·전세경, 「가족스트레스와 가족자원 및 적응에 관한 연구」, 『한국가정관리학회』 제13권(1989), 25 - 42.

김영란, 「이주여성노동자의 사회문화적 적응에 관한 경험적 연구」, 『아시아여성연구』 제16권 제1호(2007), 43 - 95.

김영애, 『인간관계 및 부부관계 개선을 위한 사티어 의사소통 훈련프로그램』, 서울: 김영애 가족치료연구소, 2006.

김영주, 『한국의 다문화현황과 사회적 과제』, 충남여성정책개발원(2007), 90 - 110.

______, 「농촌 거주 여성결혼이민자의 생활과 특성: 충남지역 사례를 중심으로」, 『한국사회사학회, 충남대 사회과학연구소』 2006 정기학술대회(2006), 47 - 59.

김오남, 「이주여성의 부부갈등 결정요인 연구」, 미간행 박사학위논문, 가톨릭대 대학원, 2006.

김웅진, 「Boole의 대수학적 연산방식을 통한 정성적 비교분석, 기본전제와 절차」, 『국제정치논총』 제33권 제1호(1993), 235 - 249.

김웅진·김지희, 『비교사회연구방법론: 비교정치·비교행정·지역연구의 전략』, 서울: 한울아카데미, 2000, 52.

김은실, 「지구화, 국민국가 그리고 여성의 섹슈얼리티」, 『여성학논집』 제19집, 이화여대한국여성연구원(2002), 29 - 46.

김현미, 「세계화와 이주의 여성화 - 이주여성연구의 관점과 시각들」, 이주여성인권연대. 한국여성의전화연합 주최 『이주여성 폭력전문 상담원 교육』 발제문, 2004.

김형태, 「새터민 청소년의 심리적응에 영향을 미치는 가족관련 요인」, 『한국가족관계학회지』 제13권 1호(2008), 49 - 73.

______, 「북한이탈청소년의 남한사회 적응유형에 관한 통합적 비교연구」, 미간행 박사학위논문, 숭실대학교 대학원, 2004.

김혜경, 「결혼초기 부부의 갈등에 관한 연구」, 미간행 석사학위논문, 이화여대 대학원, 1987.

김혜순, 「한국의 다문화사회 담론과 결혼이주여성: 적응과 통합의 정책 마련을 위한 기본전제들」, 『동북아 '다문화'시대 한국사회의 변화와 통합』 한국사회학회(2006), 13 - 41.

농촌진흥청, 『농촌국제결혼 정책방안 세미나』 자료집, 농촌진흥청 농업과학기술원 농촌자원개발연구소, 2006.

대통령자문 빈부격차·차별시정위원회, 『여성결혼이민자 가족의 사회통합 지원 대책』, 2006.

데보라 K. 패짓, 『사회복지 질적연구방법론』, 유태균 역. 서울: 나남출판, 2005.

독고순, 「비교 문화적 관점에서의 탈북 주민 적응 연구」, 미간행 박사학위논문, 연세대 대학원, 2000.

『두산백과사전』, EnCyber & EnCyber.com http://www.encyber.com/

문순영, 「현행법(안)을 통해 본 국제결혼 여성이주민을 위한 사회적 지원체계에 대한 탐색적 연구」, 『여성연구』 제72권 제1호(2007), 109 - 142.

______, 「여성결혼이민자들의 복지욕구와 사회적 지원」, 『결혼이민자가족의 현황 및 사회적 지원방안』, 충남인적자원개발지원센터(2006), 17 - 46.

민가영, 「글로벌 자본과 로컬 가부장의 충돌과 공모」, 이화여자대학교 한국여성연구원 주최, 『국가횡단시대 변화하는 아시아의 여성』, 심포지엄 자료집, 2004.

법무부, 『결혼이민자 현황』, 2007.

법무부, 『출입국관리통계연보』, 각 연도별, 1987 - 2995.

변시민, 『사회학개론』, 서울: 박영사, 1988.

보건복지부, 『국제결혼 이주여성 실태조사 및 보건·복지 지원 정책방안』, 2005.

보우맨 H. A. 저, 『새로운 만남을 위하여: 현대인을 위한 결혼』, 황동문 역, 서울: 대운당, 1980.

서리나, 「한국여성이민자의 사회적 지지와 심리적 복지」, 『한국가족자원경영학회지』 제10권 제4호(2006), 87 - 107.

서정선, 「부부의 결혼만족에 미치는 용서의 자기효과와 상대방효과」, 미간행 석사학위논문, 아주대학교 대학원, 2007.

설동훈a, 「한국의 결혼이민자 가족: 현황과 정책」, 한국가정관리학회 2006년 추계학술대회, 『결혼이민자가족: 다양성과 공존을 향하여』(2006), 1 - 20.

______b, 「다문화 가족과 다문화 사회: 사회학적 설명」, 『전환기의 한국가족 글로벌리제이션과 탈전통·탈식민』, 한국사회사학회, 충남대 사회과학연구소, 2006년 정기학술대회 자료집(2006), 1 - 10.

설동훈·이혜경·조성남, 『결혼이민자 가족실태조사 및 중장기 지원정책방안 연구』, 여성가족부, 2006.

소라미, 「국제결혼 이주여성의 안정적 신분 보장을 위한 법·제도 검토」, 『저스티스』, 이주여성과 그 자녀의 인권 심포지엄, 통권 제96호

(2007), 43 – 59.

송성자, 「국제결혼에 있어서의 부부갈등」, 미간행 석사학위논문, 이화여 자대학교 대학원, 1974.

송영자, 「부부간의 갈등표출방법에 관한 연구」, 미간행 석사학위논문, 숙명여대 대학원, 1986.

신란희, 「국제결혼 여성의 가족, 일 그리고 정체성: 우즈베키스탄과 필 리핀 여성의 생애사 연구」, 미간행 석사학위논문, 서울대학교 대 학원, 2005.

신현균·장재윤, 「대학 4학년생의 성격특성과 성별에 따른 취업 스트레 스 및 정신건강」, 『한국심리학회: 임상』 제22권 제4호(2003), 815 – 827.

안양전진상복지관 이주여성쉼터 위홈(WeHome), 『국제결혼과 여성폭력 에 관한 원탁토론회』 자료집, 2003.

안황란, 「미국 이민 한국 여성의 문화이입적 스트레스 경험」, 정신간호 학회지 제16권 제2호(2007), 160 – 173.

안현정, 「국제결혼 부부의 결혼만족에 관한 연구: 한국 남성과 필리핀 여성 부부를 중심으로」, 미간행 석사학위논문, 초당대학교 산업 대학원, 2003.

양순미a, 「농촌 국제결혼 이주여성 부부의 적응과 결혼만족에 작용하는 요인 분석」, 한국가정관리학회 2006 추계학술대회 자료집(2006), 217 – 230.

______b, 「농촌 국제결혼부부의 적응 및 생활실태에 대한 비교분석: 중 국, 일본, 필리핀 이주여성 부부 중심」, 『농촌사회』 제16권 제2 호, 2006.

양점도·김춘택, 「농촌 외국결혼이주여성의 결혼만족도에 관한 탐색적 연구」, 『복지행정논총』 제16집 제1권(2006), 1 – 20.

양철호 외 5인, 「외국인 주부의 인권과 복지에 관한 연구: 광주·전남 을 중심으로」, 『사회복지정책』 제16권(2003), 127 – 149.

엄한진, 『한국적 ‘다문화주의’의 이론화』 최종보고서, 동북아시대위원 회, 2007.

엘리, 『다문화 트랜드 시대, 이주여성 정책과 운동, 어디로 갈 것인가?』,

「느리지만 낯설지 않은 소통을 위하여. 이주여성운동을 다시보
　　　다」, 한국이주여성인권센터 2007 정기 심포지엄 자료집, 2007.
여성가족부,『중년기 가족생활프로그램, 노후를 우아하게 준비하는 법』
　　　(2007), 52 - 53.
＿＿＿＿＿,『결혼이민자 가족실태조사 및 중장기 지원정책방안 연구』,
　　　2006.
외국인정책위원회,『외국인정책 기본방향 및 추진체계』, 2006.
옥선화,「현대 한국인의 가족주의 가치에 관한 연구」, 미간행 박사학위
　　　논문, 서울대 대학원, 1990.
외국인정책위원회,『외국인정책 기본방향 및 추진체계』, 2006.
외노협,『외국인이주・노동운동협의회(외노협) 외국인 노동자 보건・복
　　　지향상을 위한 토론회』, 2001.
외노협,『이주노동자인권과 외국인력 도입정책의 근본적 개선을 위한
　　　토론회』 자료집, 2000.
유명기,「외국인 노동자와 한국문화」,『노동문제논집』 제13권(1997), 69 -
　　　98.
유은희,「한국 도시부인의 결혼적응에 관한 연구: 서울시를 중심으로」,
　　　미간행 석사학위논문, 이화여대 대학원, 1975.
유철인,「어쩔 수 없이 미군과 결혼하게 되었다: 생애이야기의 주제와
　　　서술 전략」,『한국문화인류학회』 제20권 제2호(1996), 397 - 420.
윤인진,「탈북과 사회 적응의 통합적 이해: 국내 탈북자를 중심으로」,『현
　　　대북한연구』, 경남대학교 북한대학원, 제3권 제2호, 2000.
윤형숙,「외국인 출신 농촌주부들의 갈등과 적응 - 필리핀 여성을 중심
　　　으로」,『지방사와 지방문화』 8권 2호(2005), 299 - 339.
＿＿＿＿,『국제결혼배우자의 갈등과 적응, 한국의 소수자 실태와 전망』,
　　　서울: 한울, 2004.
이광규,「한국사회의 가족주의 전통과 그 변화」,『한국청소년 연구』 제
　　　17권(1994), 5 - 11.
이경성・한덕웅,「부부관계에서 배우자 행동의 귀인이 결혼만족과 이혼
　　　외도에 미치는 영향」,『한국심리학회: 사회 및 성격』 제15권 제
　　　2호(2001), 41 - 64.

이금연, 「국내 국제결혼과 그 이해 — 실태와 문제점을 중심으로 — 」, 『국
　　　제결혼과 여성폭력에 관한 정책 제안을 위한 원탁토론회』, 안양
　　　전진상복지관이주여성쉼터, 2003.
이동원·박옥희, 『사회심리학』, 서울: 학지사, 2004.
이선주, 「문화적 다양성과 성인지적 관점에서의 이주문제」, 『국제결혼
　　　이주여성, 차별과 폭력을 넘어서……』, 국회여성정책포럼 제9차
　　　정책토론회, 2006.
이선주·김영혜·최정숙, 『세계화와 아시아에서의 여성이주에 관한 연
　　　구』, 한국여성개발원(편), 2005.
이성우·고금석·류성호, 「인종 간 결혼의 결정요인과 결과에 관한 연
　　　구: 백인과 결혼한 아시아계 여성의 경우」, 『한국사회학회』 제
　　　36권 제6호(2002), 137 — 164.
이영자, 「신자유주의적 지구화와 페미니즘」, 『성평등연구』 제6집(2002),
　　　95 — 126.
이수자, 「이주여성 디아스포라: 국제성별분업, 문화혼성성, 타자화와 섹
　　　슈얼리티」, 『한국사회학』 제38집 제2호(2004), 189 — 219.
이수연, 「부부의 가족주의 가치관 및 가족관계 만족도에 관한 연구」,
　　　미간행 석사학위논문, 숙명여자대학교 대학원, 2000.
이순형, 『농촌 여성결혼이민자 정착 지원방안』, 농림부, 2006.
이원숙, 『사회적 망, 사회적 지지와 임상적 개입의 이론연구. 지방화시
　　　대의 사회복지과제』, 서울: 한국사회복지학회, 1993.
이윤애, 『전라북도 농촌지역 국제결혼 이주여성 정착지원을 위한 프로
　　　그램 개발』, 전북발전연구원, 2005.
이재은 외 역, 『비교방법론』, 서울: 대영문화사, 2002.
이주여성인권센터, 『이주의 여성화와 국제결혼』, 2004.
　　――――――――― , 『국내 이주여성 및 국제결혼 가족의 문제와 대책』,
　　　2001.
이학식·임지훈, 『SPSS 12.0 매뉴얼, 통계분석방법 및 해설』, 서울: 법
　　　문사, 2005.
이해경, 『한국이주 경험을 통해 본 중국 조선족 기혼여성의 정체성 변
　　　화』, 여성학논집 22(2)(2005), 107 — 143.

이혜경, 「이민정책과 다문화주의: 정부의 다문화정책 평가」, 『한국적 다문화주의의 이론화』, 한국사회학회(2007), 219 - 249.

______, 「혼인이주와 혼인이주 가정의 문제와 대응」, 『한국인구학』 제 28권 제1호(2005), 73 ~ 106.

이태정, 「외국인 이주 노동자의 사회적 배제연구 - '국경 없는 마을' 사례」, 『사회연구. 한국사회조사연구소편』 제2권 제2호, 통권 제10호(2005), 139 - 178.

이혜경 외 3인, 「이주의 여성화와 초국가적 가족: 조선족 사례를 중심으로」, 『한국사회학』 제40집 제5호(2006), 258 - 298.

임경택·설동훈, 「일본의 결혼이민자 복지정책」, 『지역사회학』 제7권 제2호(2006), 5 - 68.

임경혜, 「국제결혼 사례별로 나타난 가족문제에 따른 사회복지적 대책에 관한 연구」, 미간행 석사학위논문, 대구대학교 사회복지대학원, 2004.

임안나, 「한국 남성과 결혼한 필리핀 여성의 가족관계와 초국가적 연망」, 미간행 석사학위논문, 서울대학교 대학원, 2005.

장온정, 「국제 결혼한 한국 남성의 결혼적응에 관한 연구」, 미간행 박사학위논문, 중앙대학교 대학원, 2007.

전겸구 외 4인, 「다차원적 대처척도개발」, 『한국심리학회지: 임상』 제 13권 제1호(1994), 114 - 135.

전귀연·구순주·박경란, 「부부간 의사소통 패턴 유형이 결혼만족도에 미치는 영향」, 『아동·가족복지연구』 제2권(1998), 1 - 23.

전병쾌 외 3인, 「한국에 거주하는 외국인을 위한 한국 언어 및 한국문화에 대한 이해와 그 적응에 관한 연구」, 경북대학교 어학연구소(1999), 1 - 51.

전수현, 「필리핀 노동자와 결혼한 한국 여성의 주변적 지위」, 미간행 석사학위논문, 서울대학교 대학원, 2002.

정선애, 「일하고 싶은 결혼이주여성, 현모양처가 좋은 이주여성정책」, 2007 정기심포지엄, 한국이주여성인권센터(2007), 1 - 18.

정승혜, 「부부의 성역할태도에 따른 결혼만족도 연구」, 미간행 석사학위논문, 이화여대 대학원, 1988.

정진경・양계민, 「문화적응이론의 전개와 현황」, 『한국심리학회지: 일반』 제23권 제1호(2004), 101 – 136.

정천석・강기정, 「국제결혼 이주여성의 한국생활적응 유형에 관한 연구」, 『한국가족복지학』 제13권 1호(2008), 5 – 23.

정혜선, 「중년기 여성의 의사소통 및 부부용서와 결혼만족도와의 관계」, 미간행 석사학위논문, 전주대학교 상담대학원, 2005.

조기숙, 「여촌야도의 합리성, 불리언(Boolean) 비교방법의 적용을 위한 시론」, 『한국정치경제학회보』 제27권 제2호(1993), 53 – 75.

조대봉 역, 『인간의 동기와 성격』, Motivation and Personality, Abraham H. Maslow, 서울: 교육과학사(1992), 277 – 278.

조성원, 「외국인 노동자와 노동계층 한국여성의 결혼사례를 통해 알아본 새로운 마이너리티의 생성 및 재생산」, 미간행 석사학위논문, 한양대학교 대학원, 2000.

조혜선, 「결혼만족도의 결정적 요인 – 경제적 자원, 성역할관, 관계성 모형의 비교」, 『한국사회학』 제37권 제1호(2003), 91 – 115.

채정민, 「북한이탈주민의 남한 내 심리적 문화적응 기제와 적응행태」, 미간행 박사학위논문, 고려대학교 대학원, 2003.

최규련, 「가족체계의 기능성, 부부간 갈등 및 대처방안과 부부의 심리적 적응과의 관계」, 『대한가정학회』 제33권 제6호(1995), 1 – 14.

최금해, 「조선족 여성들의 한국결혼생활 적응유형에 관한 질적연구」, 『여성연구』 제72권 제1호(2007), 143 – 188.

＿＿＿, 「한국남성과 결혼한 중국조선족 여성들의 한국생활 적응에 관한 연구」, 미간행 박사학위논문, 서울대 대학원, 2006.

＿＿＿, 「한국남성과 결혼한 중국 조선족 여성들의 한국에서의 적응기 생활체험과 사회복지서비스에 관한 연구」, 『한국가족복지학』 제15권(2005), 219 – 244.

최운선, 「국제결혼 이주여성의 사회문화 적응에 관한 연구」, 『아시아여성연구』 제46권 제1호(2007), 141 – 181.

최정혜, 「기혼자녀의 효의식, 가족주의 및 부모부양의식」, 『한국노년학』 제18권 제2호(1998), 47 – 63.

출입국・외국인정책본부, 『출입국・외국인정책 통계월보』, 2008년 8월호.

충청남도여성정책개발원, 『충남 국제결혼가족 실태 및 지원 정책 방안
　　　　에 관한 연구』, 2006-3 연구보고서, 2006.
　　　　__________________, 『여성결혼이민자 문화예술교육 프로그램 기초
　　　　연구』, 문화예술교육 05-14 자료집, 2005.
통계청, 『인구동태(혼인, 이혼)』, 2007. http://nso.go.kr
프란시스 터너 편, 『사회복지실천이론의 이해와 적용』, 연세사회복지실
　　　　천연구회 역, 서울: 나남출판(2004), 600-602.
한건수, 「농촌지역 결혼이민자 여성의 가족생활과 갈등 및 적응」, 『한
　　　　국문화인류학』 제39권 제1호(2006), 195-243.
한경구·한건수, 「한국적 다문화 사회의 이상과 현실: 순혈주의와 문명
　　　　론적 차별을 넘어」, 『한국적 ‘다문화주의’의 이론화』, 한국사회
　　　　학회, 동북아시아위원회 용역과제 07-7(2007), 67-110.
한국가정관리학회, 『결혼이민자가족: 다양성과 공존을 향하여』, 한국가
　　　　정관리학회 2006년 추계학술대회 자료집, 2006.
한국사회학회, 『한국적 ‘다문화주의’의 이론화』, 대통령자문 동북아시대
　　　　위원회 용역과제 07-7, 2007.
　　　　__________, 『동북아 ‘다문화’시대 한국사회의 변화와 통합』, 대통령
　　　　자문 동북아시대위원회 용역과제 06-8, 2006.
한국사회학회, 충남대 사회과학연구소, 『전환기의 한국가족 글로벌리제
　　　　이션과 탈전통·탈식민』, 한국사회사학회, 충남대 사회과학연구
　　　　소 2006년 정기학술대회 자료집, 2006.
한국여성개발원a, 『여성결혼이민자의 문화적 갈등 경험과 소통증진을
　　　　위한 정책과제』, 2006.
　　　　__________b, 『세계화와 아시아에서의 여성이주에 관한 보고서』,
　　　　2005.
한국여성개발원·한국정치학회·한국사회학회, 『한국사회의 새로운 갈
　　　　등 국면 구조와 통합: 이념 및 문화갈등과 국민통합 국면』, 2006.
한국염, 「변화하는 시대의 다문화가족, 그 현실과 과제」, 한국이주여성
　　　　인권센터 심포지엄, 2007.
　　　　______, 「현장에서 본 이주여성 정책과 입법」, 『국제결혼 이주여성, 차
　　　　별과 폭력을 넘어서……」, 국회여성정책포럼 제9차 정책토론회,

2006.

한국이주여성인권센터, 『다문화 '트렌드' 시대, 이주여성 정책과 운동 어디로 갈 것인가?』, 2007.

__________________, 『인신매매성 국제결혼 예방과 방지를 위한 아시아전략회의』, 2006.

__________________, 『아시아여성국제포럼으로 열린 이주의 여성화와 이주여성의 인권』, 2005.

__________________, 『이주의 여성화와 한국국제결혼의 현황과 과제』, 2004.

__________________, 『이주여성문제, 어떻게 볼 것인가?』, 2003.

한국청소년문화연구소, 『글로벌, 다문화, 그리고 청소년』, 청소년문화포럼 제12권, 2005.

행정안전부, 2008년 7월 30일(수) 보도자료.

행정자치부, 『국내거주 외국인 실태조사 결과』, 2006.

홍경준, 「복지국가의 유형에 관한 질적 비교분석, 개입주의, 자유주의 그리고 유교주의 복지국가」, 『한국사회복지학』 제38권(1999), 309-335.

홍기혜, 「중국조선족 여성과 한국남성간의 결혼을 통해 본 이주의 성별 정치학」, 미간행 석사학위논문. 이화여대 대학원, 2000.

Asis, Maruja. *'When Men and Women Migrate: Comparing Gendered Migration in Asia'*, paper presented paper prepared for Consulative Meeting on Migration and Mobility and How this Movement Affects Women, Malmo. Sweden. 2003.

Ahearn, F. & J. Athey. (eds.). "Refugee children: Theory research and service", Baltimore: John Hopkins University Press. 1991.

Barker, R. *The social work dictionary*. 4th edition. Washington DC: NASW Press(1999): 6.

Bar Yosef, R. W. "Desocialization and resocialization. The adjustment process of immigrants", International Migration Review. 2(1968): 27-45.

Basu, A. K. & R. G. Ames. "Cross – cultural contact and attitude formation", Sociology and Social Research. 55(1979): 5 – 16.

Beiser, M., Barwick, C., & J. W. Berry. "Mental health issues affecting immigrants and refugees adaptation", Toronto: Clarke Institute of Psychiatry. 1988.

Berkman, L. & S. Syme. "Social Networks, Host Resistance and Mortality: a Nine – Year Follow – Up Study of Alameda County Residences", American Journal of Epidemiology. 109(2000): 186 – 204.

Bernard S.(et al.). *The Psychology of religion: an empirical approach..* New York: The Guilford press. 2003.

Berr, W. R., G. K. Leigh, R. D. Day & J. Constantine. *Symbolic interactionism and the family.* In Burr, W. R., R. Hill, F. I. Nye & I. L. Reiss(eds.). Contemporary *Theories about the Family.* 2, N. Y.: The Free Press(1979): 68 – 74.

Berry. J. W. "Globalisation and acculturation", International Journal of Intercultural Relations. 32(2008): 328 – 336.

__________. "Acculturation Living. Successfully in two cultures", International Journal of Intercultural Relations. 29(2005): 697 – 712.

__________. *Conceptual Approaches to Acculturation, Acculturation – Advances in Theory, Measurement, and Applied Research.* Chun, K., Organista, P., & Marin, G.(eds.). Washington DC: American Psychological Association(2002). 20.

__________. "Immigration, Acculturation and Adaptation", Applied Psychology; An International Review. 46(1997): 5 – 34.

__________. *Psychology of acculturation; Understanding individuals moving between culture.* In R. Bridlin(ed), Applied cross – cultural psychology, Newbury Park, CA; Sage(1990): 232 – 253.

Berry. J. W. and R. Kalin. "Multicultural and Ethnic Attitudes in Canada", Canadian Journal of Behavioral Science. 27(1995): 310 –

320.

Berry. J. W. & U. Kim. S. Power. M. Young, and M. Bujaki. "Acculturation Attitudes in Plural Societies", Applied Psychology. 38(1989): 185 − 206.

Berry. J. W. & U. Kim. *Acculturation and mental health in Dasen. P., Berry, J. W. & Satorius, N.(eds.). Health and Cross −cultural Psychology*; Towards Applications. London. Sage. 1988.

Berry. J. W. & U. C. Kim. *Acculturation and mental health. In −Health and Cross −cultural Psychology*(eds.). By Dasen, P. R., Berry, J. W. & Sartorius, N. Newbury Park. Sage. 1988.

Berry. J. W. & Uichol. Kim. Tomas Minde & Mok. Doris. "Comparative studies of acculturative stress", International Migration Review. 21(1987): 491 − 511.

Berry. J. W. & D. Sam. *Acculturation and Adaptation*. In J. W. Berry, M. H. Segall & C. Kagitcibasi(eds.). *Handbook of Cross −Cultural Psychology*. Boston: Allyn and Bacon. 1997.

Berry. J. W. & Satorius. N.(eds.). *Health and Cross −cultural Psychology; Towards Applications*. London. Sage. 1988.

Biegel, H. G. "Problems and Motives in Interracial Relationships", Journal of Ses Research. 2(1966): 185 − 205.

Black, J. S. and G. K. Stevens. "The influence of the spouse on expatriate adjustment and intent to stay in overseas assignment", Academy of Management Best Papers Proceedings(1989): 101 − 105.

Bochner, S. "Coping with unfamiliar cultures: Adjustment or culture learning?" Australian Journal of Psychological. 38(1982): 347 − 358.

Bourhis, R., C. Moise, S. Perrault and S. Senecal. "Towards an Interactive Acculturation Model: A Social Psychological Approach", International Journal of Psychology. 32(1997): 369 − 386.

Brayboy, T. L. "Nationality and Nativity as Factors in Marriage",

American Sociological Review. 4(1966): 792 – 798.

Brewin, C. "Explaining the lower rates of psychiatric treatment among Asian immigrants to the Unites Kingdom"; A preliminary study. Social psychiatry(1980): 15. 17 – 19.

Britt, W. G. "Pre – training variables in the prediction of missionary success overseas", Journal of Psychology and Theology. 11(1983): 213 – 217.

Camilleri, C. and H. Malewska – Peyre. *Socialization and identity strategies.* In J. W. Berry, P. R. Dasen and T. S. Saraswathi(eds). Handbook of cross – cultural psychology; Vol.2. *Basic processes and human development.* Boston; Allyn & Bacon(1997): 41 – 67.

Cha, M. J. "An ehinic political orientaion as a function of assimilation with reference to Korean in Los Angeles", J. of Korea Affairs. 5(1975):14 – 25.

Charles Ragin and Sean Davey. *"User's Guide to Fuzzy – Set/Quailtative Comparative Analysis"*, Department of Sociology University of Arizona(2006).

Charles C. Ragin. "The Comparative Method: Moving Beyond Qualitative and Quantitative Strategies", University of California Press. 1989.

Constable, Nichole, *Romance on a Global Stage.* Berkeley: University of California Press. 2003.

Cook, D. B., A. Casillas, S. B. Robbins & L. M. Dougherty. "Goal continuity and the 'Big Five' as predictors of older adult marital adjustment. Personality and Individual Difference", 38(2005): 519 – 531.

Cox, David. "The Vulnerability of Asia women Migrant Workers to a Lack of Protection and to Violence", Asian and Pacific Migration Journal. 6(6)(1997): 59 – 75.

Cretser, G. A. and J. J. Leon. *Intermarriage in the U. S.: An Overview of theory and Research.* Haworth Press. 1982.

Cretser, G. A. *An Investigation of Interethnic Marriage in Los Angeles County*

1950 — 1961 and its Relation to Selected Demographic Factors. M. A. Thesis, University of Southern California. 1967.

Freeman, L. "Homogamy in Interethnic Mate Selection, Sociology and Social Research", 39(6)(1955): 369 — 377.

Fong, S. & H. Peskin. "Sex role strain and personality adjustment of Chinese — born students in America", Journal of abnormal Psychology. 74(1969): 563 — 568.

Fontain, G. "Roles of social support systems in overseas relocation: Implications for intercultural training", International Journal of Intercultural Relation. 10(1986): 361 — 378.

Freud, S. "The ego and the id", Standard edition. London: Hogarth Press. 12(1923).

Furnham, Adrian and Bochner, Stephen. *Culture shock, psychological reaction to unfamiliar environment*. Cambridge: Great Britain at the University Press. 1989.

Furnham, A. "Why do people save? Attitudes to, and habits of, saving money in Britain", Journal of Applied Social Psychology(1985): 15. 354 — 373.

Furnham, A., and S. Bochner. *Culture shock: Psychological reactions to unfamily environments*. London: Methuen. 1986.

Georgas, J., J. W. Berry, A. Shaw. Christakopoulou, S. and Mylonas, K. "Acculturation of Greek family values", Journal of Cross — Cultural Psychology. 27(3) May(1996): 329 — 338.

Gibson, M. A. "Immigrant adaptation and patterns of acculturation, Human Development", 44(2001): 19 — 23.

Giddens, A. '*The Globalizing of Modernity*', in David Held and Anthony McGrew(eds) *The Global Transformations Reader: an Introduction to the Globalization Debate*. 2nd edition. Polity Press, Oxford. 2000.

Gil, A. G., Vega, W. A. & J. M. Dimas. "Acculturative stress and personals in united States", Journal of Social Psychology. 127(1994): 42 — 54.

Glazer, N. "Is Assimilation Dead? Annals of the American Association of Political and Social Science", 510(4)(1993): 122 – 136.

Gorden, M. M. *Assimilation in America Life*. New York: Oxford Unversity Press. 1964.

Gottlieb. *Social network and social support*. Beverly Hills, SAGE publication Inc. 1981.

Graves, T. D. "Psychological acculturation in a tri – ethnic community", Southwestern J. Anthropology. 23(1967): 337 – 350.

Greenbaum, T. L. *The handbook for focus group resrarch*. New York: Lexington Books. 1993.

Grove, C. L. and I. Torbiorn. "A New Conceptualization of Intercultural Adjustment and the Goals of Training", International Journal of Intercultural Relations(1985): 9. 205 – 233.

Gudykunst, W. and M. H. Bond. *Intergroup Relations Across* Cities. in handbook of Cross – Cultural Psychology Volume 3(2). Edited by Berry, Segall and Kagitcibasi. Boston: Allyn & Bacon(1997): 119 – 161.

Gullahorn, J. T. & J. E. Gullahorn. "An extension of the U – curve hypothesis", Journal of Social Lssues. 19(1963): 33 – 47.

Karney. B. R. & T. N. Bradbury. "Neuroticism, Marital interaction, and the trajectory of marital satisfaction", Journal of Personality and Social Psychology(1997), 72, 1075 – 1092.

Karney, B. R. & T. N. Bradbury. "The longitudinal course of marital quality and stability: A review of theory, method and research", Psychological Bulletin. 118(1995): 3 – 34.

Kim, U. C. *Acculturation of Korean Immigrants to Canada. Psychological and Behavioural Profiles of Emigrating of Koreans, Non – Emigrating Koreans and Korean Canadians*. Unpublished Ph. D. Thesis. Queen's University Kingston, Ontario, Canada. 1988.

Kim, U. *Psychological acculturation of Korean immigrants in Toronto: A study of modes of acculturation, identity, language and acculturative stress.*

Unpublish master's thesis, Queen's university, Kingston, Canada. 1984.

Kitano, H. H. L., D. C. Fujino. and J. T. Sato. *International Marriage*. In Handbook of Asian American Psychology. Edited by L. Lee and N. Zane. Newberry Park, CA: Sage Publications. (1988): 223 – 259.

Klineberg, O. & W. F. Hull. "Contact between ethnic groups: historical perspective of some aspects of theory and research", In S. Bochner(ed.). Cultures in contact: Studies in cross – cultural interation. Oxford: Pergamon(1979): 45 – 55.

Kitano, H. H. L., Yeung, W. T. Chai and L. K. Hatanaka. "Asian – American Interracial Marriage", Journal of Marriage and the Family. 46(1)(1984): 179 – 190.

Kopp, R. "International human resource policies and practies in Japanese, European, and United states multinational", Human Research Management. 33(1994): 581 – 599.

Kram. K. E. "Mentoring at work", Glenview. IL: Scott Foresman. 1985.

Krueger, R. A. *Focus groups: A practical guide for applied research*(2nd ed.). Thousand Oaks, CA: Sage. 1994.

Haily, J. "Breaking through the glass ceiling", Social Issues. 19(1996): 32 – 34.

Hannigan, Ternce P. "Traits, attitudes, and skills that are related to intercultural effectiveness and their implications for crosscultural training: A review of the literature", International Journal of Intercultural Relations. 14(1990): 89 – 111.

Harvey, M. G. "The selection of managers for foreign assignments: A planning perspective", Columbia Journal of World Business. 31(4)(1996): 102 – 119.

Hawkins, J. L. "Association between companionship and marital satisfaction", Journal of Marriage and the Family. 30(1968): 647 – 648.

Henry A. Bowman. "Marriage for moderns", New York: McGraw – Hill, McGraw – Hill Series in Sociology and anthropology. 1978.

Hruh, W. M. & K. C. Kim. "Adhesive sociocultural adaptation of Korean Immigrants in the U. S. An alternative strategy of Minority adaptation", International Migration Review. 18(1983): 188 – 216.

Hull, W. F. "Foreign students in the United States of America: Coping behavior within the educational environment", New York: Praeger. 1978.

Lasry, J. C. "Cross – cultural perspective on mental health and immigrant adaptation", Social psychiatry(1977): 12. 49 – 55.

Lazarus, R. S., & S. Folkman. *Stress, appraisal, and coping.* NY: McGraw – Hill. 1984.

Lazarus, R. S. *Patterns of Adjustment.* Tokyo: McGraw – Hill Kogakusha, Ltd. 1976.

Lewise, R. A. & G. B. Spanier. "Theorizing about the Quality and stability of marriage", In W. R. Burr, R. Hill, F. I. Nye & I. L. Reiss(eds.). Contemporary theories about the family. 33(4)(1992): 876 – 899.

Liang, Z. and N. Ito. "Intermarriage of Asian Americans in the New York City Region: Contemporary Patterns and Future Prospects", International Migration Review. 33(4)(1999): 867 – 885.

Liebkind, Karmela. "Acculturation and stress: Vietnamese Refugees in Finland", Journal of Cross – Cultural Psychology. 27(2) March(1996): 161 – 180.

Light, I. & E. Bonacichi. *Immigrant Entrepreneurs – Koreans in Los Angeles 1965 – 1982.* Berkeley, University of California Press. 1988.

Lin, K. M., M. Masuda & L. Tazuma. "Adaptational Problems of Vietnamese Refugees. Part Ⅲ. Case studies in clinic and field: Adaptive and maladaptive", The Psychiatric Journal of University of Ottawa. 7(1982): 173 – 183.

Lin, K. M., L. Tazuma and M. Masuda. "Adaptational problems of Vietnam refugees: health and mental status", Archives of General Psychiatr(1979): 36. 955 – 961.

Lysgaard, S. "Adjustment in a foreign society: Norwegian Fulbright grantees visiting the united stress", International Social Science Bulletin. 7(1955): 45 – 51.

Markovic, M. and L. Manderson. "Nowhere is at Home: Adjustment Strategies of Recent Immigrant Women from the Republics in Southeast Queensland", Journal of Sociology. 36(3)(2000): 317 – 326.

Marson, S. A. "Theory of Intermarriage and Assimilation", Social Forces. 29(1)(1950): 75 – 78.

Mayer, M. & J. Ahern. "Personality and social class position in migration from an island. The implications for psychiatric illness", International Journal. Social Psychiatry. 15(1969): 203 – 208.

Mendenhall, M. and G. Oddou. "The dimensions of expatriate acculturation: A review. Academy of management Review", 10(1985): 39 – 47.

Morgan, D. L. *Focus groups as qualitative research*. Newbury Park, CA: Sage. 1988.

Naidoo. J. "A cultural perspective on the adjustment of South Asian women in Canada", In I. R. Langunes and Y. H. Poortinga(eds), From a different perspective: Studies of behavior across cultures. Lisse, The Netherlands: Sweets & Zeitlinger(1985): 76 – 92.

Oberg, K. "Cultural shock: Adjustment to new cultural environment", Practical Anthropology. 7(1960): 177 – 182.

Odgaard, O. *Emigration and insanity: A study of mental disease among the Norweigian – born population of Minnesota*. Acta Psychiatrica et Neurologica, Supplement(1932). 4.

Oetting, E. R. & F. Beauvais. "Orthogonal cultural identification theory: The cultural identification of minority adolescents", International Journal of Addictions. 25(1991): 655 – 685.

Park, I. S., J. T. Fawcett, F. Arnold & R. W. Gardner. *Korean Immigrants and U. S. Immigration Policy*. A Predeparture Perspective. Honolulu, Cast－West Population Institute. 1990.

Piper, Nicola. "Bridging Gender, Migration and Governance: Theoretical Possibilities in the Asian Context", Asian and Pacific Migration Journal, 12(1)(2003): 21－47.

Pruitt, F. K. "The adaptation of African society", International Journal of Intercultural Relations(1978): 21. 90－118.

Rack, P. H. *Migration and mental illness*. In Transcultural Psychiatry, ed. By Cox, J. L. London, Croom Helm. 1986.

Ragin, C. *The comparative method－Moving beyond qualitative and quantitative strategies*. Berkeley and Los Angeles: University of California Press. 1987.

Ragin, C. K. Drass & S. Davey. "*Fuzzy－set/Qualitative comparative analysis 1.1*", Tucson, Arizona: *Department of Sociology*, University of Arizona. 2003.

Ramirez. Carlota. Mar Garcia. *Dominguez and Julia Miguez Morais, Crossing Borders: Remittances, Gender and Development*. Working Paper. INSTRAW. 2005.

Rangaraj, A. "The health status of refugees in Southeast Asia", In D. Miserez(ed.). Refugees: The trauma of exile. Dordrecht, Netherlands: Nijhoff(1988): 39－44.

Redfield, R., R. Linton & M. J. Herskovits. "Memorandum on the study of acculturation", American Athropologists. 38(1936): 149－152.

Rice, P. F. *Marriage and parenthood*. boston: Allyn and Bacon. 1979.

Roach, A. J., L. P. Frizer and S. R. Bowden. "The Marital Satisfaction Scale: Development of a Measure for Intervention Research", Journal of Marriage and the Family. 43. 1981.

Robertson, J. W. "The prevalence of insanity in California", American Journal of Insanity(1903): 60. 81－82.

Rogge R. D., Y. N. Bradbury, K. Hahlweg, J. Engl & F. Thurmaier.

"Predicting Marital distress and dissolution: refining the two-factor hypothesis", Journal of Family Psychology. 20(1)(2006): 156-159.

Roggs, E. M. *The Assimilation of Cuban Exiles. The Role of Community and Class*. New York, Aberdeen. 1974. Roggs, E. M. *The Assimilation of Cuban Exiles. The Role of Community and Class*. New York. Aberdeen. 1974.

Rosenberg, M. *Conceiving the self*. New York: Basic Books. 1979.

Russel, S. S. & M. Teitlebaum. "International migration and international trade", Washington, DC: World Bank. 1992.

Ryder, A., L. Alden, and D. Paulhus. "Is Acculturation Uni-dimensional or Bi-dimensional?", Journal of Personality and Social Psychology. 79(2000): 49-65.

Saenz, R., S. S. Hwang. and B. E. Aguirre. "In Search of Asian Bridges", Demography. 31(3)(1994): 549-559.

Searle, W. & C. Ward. "The Prediction of Psychological and Sociocultural Adjustment during Cross-Cultural Transitions", International Journal of Intercultural Relations. 14(1990): 449-464.

Seeman, M. & T. E. Seeman. "Health behavior and personal autonomy", A longitution study of the sense of control in illness. J. Health Soc. Behavior. 24(1983): 144-160.

Shaffer, M. A., and D. A. Harrison. "Expatriates Psychological Withdrawal from International Assignments: Work, Nonwork, and Family Influences", Personnel Psychology. 51(1)(1998): 87-111.

Shisana, O. and D. D. Celentano. "Relationship of chronic stress, social support and coping style to health among Namibian refugees", Social Science and Medicine(1987): 24. 145-157.

Shon, H. P. *Acculturation and Structural Assimilation as Predictors of Marital Assimilation Among Japanese Americans and Korean Americans in Los Angeles County*. Unpublished Doctoral Dissertation, University of California. 2001.

Simons, Lisa Anne. "Marriage, Migration, and Markets: International Matchmaking and International Feminism", Ph. D Dissertation. Univ. of Denver. 2001.

Smart, J. F. & D. W. Smart. "Acculturative stress of hispanics: Loss and Challenge", Journal of Counseling and Development(73)(1995): 390 − 396.

Stein, B. N. *The experience of being a refugee − Insight from the research literature. In − Refugee Mental Health in Resettlement Countries*. ed. By Williams, C. L. & Westermeyer, J. Washington, Hemisphere. 1986.

Stewart, S. & P. DeLisle. "Hong Kong exparriates in the People's Republic of China", International Studies of Management and Organization. 24(1994): 105 − 118.

Thomas, T. & M. Balnaves. "New land, last home: The Vietnamese elderly and the family migration program", Canberra, Australia: Bureau of Immigration and Population Reserch. 1993.

UNDP. *Human Development Report*. UNDP New York(2004): 139.

Vega, W. A., B. Kolody & G. Warheit. "Psychoneuroses among Mexican Americans and Whites. Prexalence and caseness", Amer. J. Public Health. 75(1985): 523 − 527.

Ward, C. and W. C. Chang. "Cultural fit: A new perspective on personality and sojourner adjustment", International Journal of Intercultural Relations(1997): 21. 525 − 533.

Ward, C., S. Bochner & A. Furnham. *The Psychology of culture Shock*. East Sussex: Routledge. 2001.

Ward, C. *Models and Measurement of Acculturation*. In W. J. Lonner, D. L. Dinnel. D. K. Forgas & S. Hays(eds.). *Merging Past, Present and Future*. Lisse, The Netherlands: Swets & Zeitlinger(1999): 221 − 230.

Ward, C. & A. Kennedy. "Crossing Cultures: The Relationship Between Psychological and Sociocultural Dimensions of Cross − Cultural Adjustment", In Asian Contributions to Cross − Cultural Psychology, edited by J. Pandey, D. Sinha and D. P. S. Bhawuk. New Delhi: Sage(1996): 289 - 306.

__________________. "Locus of Control, Mood Disturbance, and Social Difficulty During Cross - Cultural Transitions", International Journal of Intercultural Relations. 16(1992): 175 - 194.

Ward, C. and A. Rana - Deuba. "Home and host culture influences of sojourner adjustment", International Journal of Intercultural Relations. 24(2000): 291 - 306.

Westermeyer, J. *Mental Health for Refugees and Other migrants - Social and Preventive Approaches*. Springfield illinois. Charles C. Thomas. 1989.

Wiese, Deborah L. *Psychological well - being and social engagement of expatriate spouses during international relocation*. Unpublished doctoral dissertation. University of Wisconsin - Madison. 2004.

Williams, C. & J. Westermeyer. "Psychiatric problems among adolescent Southeast Asian refugees. A descriptive study", J. Nerv. Mental Dis. 171(1983): 79 - 85.

Winton, C. *Frameworks for studying families*. Guilford, CT; Duskin Publishing Group. 2003.

World Migration 2005. *Section3 International Migration Data and Statistics*. Chapter 23, International Migration Trends. 379. 2005.

Wickramasekera, Piyasiri. *Asia Labour Miration: Issues and Challenges in an Era of Globalization*. International Migration Papers. No.57. ILO. 2002.

Yim, Sun Bin. "Non - Kinship networks and immigrant families in the U S The case of koreans", In Hyung - Chan Kim and Eun Ho Lee(eds). "Koreans in America dreams and realities", Seoul, Korea. The Institute of Korean Studies(1990): 217 - 236.

Ying, Y. M. and L. H. Liese. "Emotional well - being of Taiwan students in the U. S.: An examination of pre - to post - arrival differential. International", Journal of Intercultural Relations. 15(1991): 345 - 366.

Yu, E. Y. "Critical Issues of the Korean Community in the Future. Presented papers to the Koreatown 2000. A Community Services Planning Conference", sponsored by the United way. Metropolitan Region. Los Angeles. December 10. 1988.

Zlotnik, Hania. *The Global Dimension of Female Migration*(2003): 175.

www.encyber.com.

www.ilo.org/publicenglish/protection/migration/publ/imp_list.htm

www.iom.int/jahia/webdav/site/myjahiasite/shared/shared/mainsite/published_
docs/books/wmr_s.

www.Migrationinfomation.org/Feature/print.cfm?ID = 109.

www.nso.go.kr

www.undprcc.lk/rdhr2006/G2235H835352H/P24314143234344343242_P
DF_214335/Statistical%20Annexures.pdf.

www.un − instraw.org/en/images/stories/remmittances/documents/crossing_
borders.pdf.

[부록]

국제결혼 이주여성의 적응에 관한 설문

안녕하십니까?
　본 설문지는 국제결혼을 한 이주여성을 대상으로 한국사회에 적응에 관한 내용입니다. 여러분의 협조는 국제결혼한 가족의 한국사회에서 보다 잘 적응할 수 있도록 도움을 주는 데 큰 힘이 될 것입니다.

　본 조사에 응답하신 내용은 통계숫자로만 처리되기 때문에 비밀보장이 되며, 연구의 결과는 학문적인 연구 이외의 다른 목적으로는 사용되지 않습니다.
　아울러 부탁드릴 말씀은 **질문에 대해 응답이 없는 설문지는 사용할 수가 없습니다.** 여러분께서 애써 작성해 주신 설문지가 유용하게 사용될 수 있도록 빠짐없이 작성하여 주시기 바랍니다.
　조사 질문지의 응답에 소요되는 시간은 약 30분 정도입니다. 바쁘신 중에 귀중한 시간을 저희들의 연구에 할애하여 주신 데 대하여 진심으로 감사드립니다.
　설문이나 연구내용에 문의사항이 있으시면, 본 연구자 정천석(전화: 011-0000-0000 E-mail: brights2@hanmail.net), 또는 본 연구를 지도하시는 강기정 교수에게 연락하여 주시기 바랍니다.

2008년　월

백석대학교 기독교전문대학원 기독교사회복지학전공 박사학위과정	
지도교수: 강 기 정 (041-000-0000) 연 구 자: 정 천 석 (011-0000-0000)	

이　　름			대　　상	이주여성용
생년월일	년　월　일		작성일자	2008년　월　일
국　　적			작성장소	
성　　별	남자　　여자		면 접 자	

1. 생활에서 느끼는 가치에 관한 내용입니다.
평소의 생각을 가장 잘 나타내 주는 해당란에 √를 하시면 됩니다.

	항　목	전혀 그렇지 않다	대체로 그렇지 않다	그저 그렇다	대체로 그렇다	매우 그렇다
1	결혼은 인생에서 중요한 의미를 갖는다.					
2	사랑한다면 결혼 전에도 성관계를 가질 수 있다.					
3	한 번 결혼하면 이혼해서는 안 된다.					
4	아내는 집안일, 남편은 바깥일을 하는 것이 좋다.					
5	남성은 선천적으로 지능, 재능 면에서 여성보다 뛰어나다.					
6	남자가 가사를 하는 것은 남자답지 못하다.					
7	형제가 경제적으로 곤란하면 무조건 도와야 한다.					
8	가족은 모든 의사결정에서 우선 가장의 말을 따라야 한다.					
9	자기를 희생해서라도 가족 전체의 이익을 우선시해야 한다.					

2. 부부 결혼생활에 관한 내용입니다.
평소의 생각을 가장 잘 나타내 주는 해당란에 √를 하시면 됩니다.

	항　목	전혀 그렇지 않다	대체로 그렇지 않다	그저 그렇다	대체로 그렇다	매우 그렇다
1	나의 결혼생활은 불행하다.					
2	나는 현재 결혼생활에 만족한다.					
3	결혼생활을 통해서 내가 바라던 것들이 충족되었다.					
4	나는 배우자와 결혼한 것을 후회한다.					
5	우리 부부는 신체적 애정접촉이 별로 없다.					
6	내 배우자의 행복이 곧 나의 행복이다.					
7	우리 부부는 서로 애정표현을 잘하는 편이다.					
8	나는 배우자와 떨어져 있으면 허전하게 느낀다.					
9	나는 결혼한 후 배우자와 자식들에게 헌신적이었다.					
10	나는 배우자와 미운 정 고운 정이 들어서 헤어지기 어렵다.					
11	나는 결혼생활을 유지하기 위해서 많은 희생을 감수했다.					
12	나는 결혼관계를 지속해야 한다는 의무감이 있다.					

3. 생활문화의 차이에 대한 내용입니다.
다음 문항들에 대해 자신과 가장 일치하는 곳에 √를 하시면 됩니다.

	항 목	전혀 그렇지 않다	대체로 그렇지 않다	그저 그렇다	대체로 그렇다	매우 그렇다
1	배우자와 생활방식의 차이에서 오는 어려움이 있다.					
2	한국어 능력의 부족으로 의사소통의 어려움이 있다.					
3	경제적인 어려움이 있다.					
4	배우자와 성격 차이로 인한 갈등이 있다.					
5	건강상의 문제가 있다.					
6	자녀출산 및 양육에 문제가 있다.					
7	노인부양의 어려움이 있다.					
8	이웃, 친척과의 관계에 어려움이 있다.					
9	한국에서 생활 전반의 어려움이 있다.					

4. 부부 의사소통에 관한 내용입니다.
평소의 생각을 가장 잘 나타내 주는 해당란에 √를 하시면 됩니다.

	항 목	전혀 그렇지 않다	대체로 그렇지 않다	그저 그렇다	대체로 그렇다	매우 그렇다
1	나는 화가 나면 소리를 지른다.					
2	나는 화난 감정을 느낄 때 내가 느낀 감정을 그대로 표현한다.					
3	나는 배우자에게 양보한다.					
4	나는 내 입장을 포기하고 배우자의 입장을 따른다.					
5	나는 문제 상황을 피한다.					
6	나는 문제해결을 위한 노력을 그만둔다.					
7	나는 문제를 해결하기 위하여 적극적으로 행동한다.					
8	나는 문제를 해결하기 위하여 모든 노력을 쏟는다.					

5. 상호 문화 교류에 관한 여러 가지 내용입니다.
다음 문항들에 대해 자신과 가장 일치하는 곳에 √를 하시면 됩니다.

	항　목	전혀 그렇지 않다	대체로 그렇지 않다	그저 그렇다	대체로 그렇다	매우 그렇다
1	나는 배우자 나라의 음식을 맛있게 먹는다.					
2	나는 배우자 나라의 언어를 조금이라도 할 수 있다.					
3	나는 배우자 나라의 말을 배우려고 한다.					
4	나는 배우자의 나라에 대해 자주 이야기한다.					
5	나는 배우자 나라의 생활방식에 대해 잘 알고 있다.					
6	나는 배우자의 고향에 관해 잘 알고 있다.					
7	나는 배우자에게 모국어를 적극적으로 잘 가르쳐 준다.					
8	나는 배우자에게 모국의 음식 만드는 법을 알려 준다.					
9	나는 배우자에게 모국의 풍습에 대해 이야기해 준다.					
10	나는 배우자에게 TV를 같이 보며 여러 가지 설명을 해 준다.					
11	나는 배우자에게 모국의 생활방식에 대해 자주 이야기해 준다.					
12	나는 배우자에게 모국의 예절에 대해 자주 이야기해 준다.					

6. 주변의 도움에 관한 내용입니다.
평소의 생각을 가장 잘 나타내 주는 해당란에 √를 하시면 됩니다.

	항　목	전혀 그렇지 않다	대체로 그렇지 않다	그저 그렇다	대체로 그렇다	매우 그렇다
1	배우자와 다투어 힘들 때 얘기할 가족이 있다.					
2	자녀를 돌보기 어려울 때 도와줄 가족이 있다.					
3	경제적으로 어려울 때 도와줄 가족이 있다.					
4	배우자가 집안일이 서툴 때 도와줄 가족이 있다.					
5	자녀를 돌보기 어려울 때 도와줄 친구나 이웃이 있다.					
6	경제적으로 어려울 때 도와줄 친구나 이웃이 있다.					
7	배우자와 다투어 힘들 때 의논할 친구나 이웃이 있다.					
8	배우자가 집안일에 서툴 때 도와줄 친구나 이웃이 있다.					
9	배우자의 생활에 도움을 줄 사회기관을 이용한 적이 있다.					
10	우리 가족이 어려울 때 도와줄 상담기관이나 사회기관을 이용한 적이 있다.					

7. 평소 자신에 대한 여러 가지 내용입니다.
평소의 생각을 가장 잘 나타내 주는 해당란에 √를 하시면 됩니다.

	항　　목	전혀 그렇지 않다	대체로 그렇지 않다	그저 그렇다	대체로 그렇다	매우 그렇다
1	이따금 나는 내가 아주 보잘것없는 사람이라고 생각한다.					
2	나는 틀림없이 쓸모없는 사람이라는 생각이 들 때가 있다.					
3	나는 평소 나 자신에 대한 존중감이 낮은 편이다.					
4	전반적으로 볼 때 나는 나 자신이 만족스럽다.					
5	나는 나 자신에 대하여 긍정적으로 생각하고 있다.					
6	나에게는 자랑할 만한 것이 별로 없는 것 같다.					
7	나는 대부분의 다른 사람들만큼 일을 잘할 수 있다.					
8	전반적으로 볼 때 나는 내가 실패자인 것 같은 생각이 든다.					
9	나는 나에게 좋은 점이 많이 있다고 생각한다.					
10	나는 내가 적어도 다른 사람만큼 가치가 있는 사람이라 생각한다.					

8. 평소 자신이 느끼는 감정에 대한 내용입니다.
다음 문항들에 대해 자신과 가장 일치하는 곳에 √를 하시면 됩니다.

	항　　목	전혀 그렇지 않다	대체로 그렇지 않다	그저 그렇다	대체로 그렇다	매우 그렇다
1	다른 사람들에게 관심이 많다.					
2	거의 언제나 느긋한 편이다.					
3	다른 사람의 기분을 잘 이해하는 편이다.					
4	우울함을 거의 느끼지 않는다.					
5	따뜻하고 부드러운 마음을 가지고 있다.					
6	쉽게 불안해진다.					
7	다른 사람들을 위해 시간을 잘 낸다.					
8	걱정을 많이 하는 편이다.					
9	다른 사람의 감정을 내 것처럼 느낀다.					
10	마음이 쉽게 심란해진다.					
11	사람들을 편안하게 해 준다.					
12	화를 잘 내는 편이다.					
13	다른 사람들에게 별로 관심이 없다.					
14	기분의 변화가 심하다.					
15	다른 사람들의 기분을 상하게 행동할 때가 있다.					
16	감정의 기복이 심한 편이다.					
17	다른 사람들의 문제에 별로 관심이 없다.					
18	쉽게 짜증이 난다.					
19	다른 사람의 일에 대해 별로 걱정하지 않는다.					
20	자주 우울해진다.					

9. 신앙에 대한 내용입니다.

평소의 생각을 가장 잘 나타내 주는 해당란에 √를 하시면 됩니다.

항 목		전혀 그렇지 않다	대체로 그렇지 않다	그저 그렇다	대체로 그렇다	매우 그렇다
1	신앙(개인적 신념)은 내가 살아가는 데 의미가 있다.					
2	신앙은 어려움에 맞설 수 있는 힘이 된다.					
3	내가 살아가는 것은 의미가 있다.					
4	신앙은 현재의 어려움을 이해하는 데 도움이 된다.					
5	신앙의 성숙을 위하여 기도나 공동체에 참여하고 있다.					

10. 결혼생활에 관한 여러 가지 내용입니다.

다음 해당되는 문항들에 대해 √를 하시면 됩니다.

1. 가사생활

1. 지난 두 달 동안 집안 살림(청소, 빨래 등의 가사)을 제대로 하지 못한 날이 얼마나 됩니까?

① 0일   ② 1～2일   ③ 3～7일   ④ 8～14일   ⑤ 15일 이상

2. 집안일을 제대로 해 나가지 못한다는 느낌이 있었습니까?

① 전혀 없었다.   ② 약간 있었다.   ③ 보통이다.

④ 꽤 많았다.   ⑤ 아주 많았다.

2. 부부관계

1. 지난 두 달 동안 배우자와 다투거나 싸운 적이 있습니까?

① 아무 문제없이 잘 지냈다.

② 사소한 말다툼이 있었으나 별문제 없었다.

③ 약간의 말다툼이 있었다.

④ 여러 번 싸웠다.

⑤ 잦은 말다툼으로 심각한 사이이다.

2. 가정 내의 문제나 어려움에 대해 배우자와 대화하는 데 어려움
   이 있었습니까?

① 전혀 없었다.　　　② 약간 있었다.　　　③ 보통이다.

④ 꽤 많았다.　　　⑤ 아주 많았다.

3. 부부간의 애정표현 및 성관계에 대해 얼마나 만족하고 있습니까?

① 매우 불만족스럽다.　② 약간 불만족스럽다.　③ 그저 그렇다.

④ 꽤 만족한다.　　　⑤ 아주 만족한다.

4. 현재 부부관계에서 얼마나 행복하게 느끼십니까?

① 매우 불행하다.　　② 약간 불행하다.　　③ 보통이다.

④ 꽤 행복하다.　　　⑤ 아주 행복하다.

3. 부모 – 자녀관계

1. 지난 두 달 동안 자녀문제로 인해 짜증을 내거나 심하게 야단
   혹은 체벌을 한 적이 있습니까?

① 전혀 없었다.　　　② 약간 있었다.　　　③ 보통이다.

④ 꽤 많았다.　　　⑤ 아주 많았다.

2. 자녀가 잘못했을 때 잘못한 점을 깨닫도록 설명하고 지도하는
   데 어려움을 느꼈습니까?

　① 전혀 느끼지 않았다.　　② 약간 느꼈다.　　③ 보통이다.

　④ 꽤 느꼈다.　　　　　　　⑤ 많이 느꼈다.

3. 자녀와 사이가 좋다고 느끼십니까?

① 사이가 매우 나쁘다.　② 사이가 약간 나쁘다.　③ 보통이다.

④ 사이가 좋다.　　　　　⑤ 사이가 매우 좋다.

4. 시댁 및 친정 부모와의 관계

1. 지난 두 달 동안 시댁 부모 및 가족들과 서로 연락을 하거나
   함께 모임을 가진 적이 얼마나 됩니까?

① 전혀 없다.　　　　　② 1~2번 정도　　　③ 3~4번 정도

④ 5~6번 정도　　　　　⑤ 7번 이상

2. 시댁 부모 및 가족들과의 관계에서 어려움이 있었습니까?

① 전혀 없었다.　　　　② 약간 있었다.　　　③ 보통이다.

④ 꽤 많았다.　　　　　⑤ 아주 많았다.

3. 지난 두 달 동안 친정 부모 및 가족들과 서로 연락을 하거나
   함께 모임을 가진 적이 얼마나 됩니까?

① 전혀 없다.　　　　　② 1~2번 정도　　　③ 3~4번 정도

④ 5번~6번 정도　　　　⑤ 7번 이상

4. 친정 부모 및 가족들과의 관계에서 어려움이 있었습니까?
① 전혀 없었다.　　　② 약간 있었다.　　　③ 보통이다.
④ 꽤 많았다.　　　　⑤ 아주 많았다.

5. 친구관계

1. 현재 가깝게 지내는 친구가 몇 명이나 됩니까?
① 전혀 없다.　　　　② 1~2명 정도　　　③ 3~4명 정도
④ 5~6명 정도　　　　⑤ 7명 이상

2. 최근 두 달 동안 친구들을 만났을 때, 마음이 서로 통할 만큼
   친밀한 관계를 맺는 데 어려움이 있었습니까?
① 전혀 없다.　　　　② 1~2번 정도　　　③ 3~4번 정도
④ 5번~6번 정도　　　⑤ 7번 이상

3. 최근 두 달 동안 친구들과의 관계에서 얼마나 만족을 느끼십니까?
① 매우 불만족스럽다.　② 약간 불만족스럽다.　③ 보통이다.
④ 꽤 만족한다.　　　　⑤ 아주 만족한다.

4. 최근 두 달 동안 친구들과의 관계에서 불편함을 느끼셨습니까?
① 전혀 느끼지 않았다.　② 약간 느꼈다.　③ 꽤 느꼈다.
④ 꽤 느꼈다.　　　　　⑤ 많이 느꼈다.

1. 당신의 민족은 어디입니까? (   )

2. 당신은 언제 결혼을 하였습니까?

(년) (월), 결혼 후 기간 (년   개월)

3. 당신의 결혼은 어떻게 이루어졌습니까?

① 결혼중개업체를 통하여

② 종교단체를 통하여

③ 친구나 주변에 아는 사람의 소개로

④ 가족, 친척의 소개로

⑤ 앞서 국제결혼한 사람의 소개로

⑥ 직접 만남을 통하여   ⑦ 기타(   )

4. 당신의 결혼은 몇 번째입니까?

① 초혼   ② 재혼   ③ 세 번째 이상

5. 당신의 나이는?

① 15~20살   ② 21~25살   ③ 26~30살   ④ 31~35살

⑤ 36~40살   ⑥ 41~50살   ⑦ 51살 이상

6. 당신의 학력은?

① 1~6학년(초등학교) 졸업   ② 7~9학년(중학교) 졸업

③ 10~12학년(고등학교) 졸업　　④ 대학교 졸업 이상
⑤ 학교에 다니지 않음

7. 당신의 종교는 무엇입니까?
① 없다　　　② 기독교　　　③ 천주교　　　④ 불교
⑤ 유교　　　⑥ 기타(　　　　　　)

8. 당신의 직업은 무엇입니까?
① 전업주부　　② 파트타임　　③ 기타(　　　　　　　　)

9. 당신 가정의 월 소득은 대략 어느 정도입니까?
(　　　　　　원)

10. 당신 가정의 생활수준은 어느 정도라고 생각하십니까?
① 아주 못사는 편이다.　　② 못사는 편이다.　　③ 보통이다.
④ 잘사는 편이다.　　　　⑤ 아주 잘사는 편이다.

11. 당신이 현재 함께 살고 있는 가족은?
① 부부　② 부부＋자녀　③ 부부＋부모　④ 부부＋부모＋자녀
⑤ 부부＋부모＋자녀＋형제　　　⑥ 기타 (　　　　　　)

12. 당신의 자녀는 몇 명입니까? (　　명),
　　첫 자녀의 연령은? (　　세)

13. 당신은 어떤 유형의 집에 살고 있습니까?

① 자가(아파트)   ② 자가(단독주택)   ③ 전세   ④ 월세

⑤ 공공임대아파트   ⑥ 기타(   )

14. 당신의 본국 가족들에게 경제적으로 도움을 드린 적이 있습니까?

① 전혀 드리지 못하였다.   ② 드린 적이 있다.

15. 당신은 결혼 후 남편과 함께 모국에 다녀왔습니까?

① 없다   ② 1번   ③ 2번   ④ 3번 이상

16. 당신은 한국국적을 취득하였습니까?

① 예   ② 아니오

17. 당신의 가족이나 친척이 국제결혼을 하고자 한다면, 귀하는 어
    떻게 하겠습니까?

① 적극적으로 권장한다.   ② 다소 권장하는 편이다.

③ 보통이다.   ④ 다소 만류하는 편이다.

⑤ 적극적으로 만류한다.

※ 질문에 대해 솔직하게 응답을 해 주셔서 다시 한 번 감사드립니다.

정천석

중앙대학교 사회개발대학원 사회복지학과 졸업. 문학석사
백석대학교 기독교전문대학원 기독교사회복지학과 졸업. 사회복지학박사

새마을운동중앙협의회 중앙연수원 교수 역임
새마을중앙연수원 보육교사교육원 전임교수 역임
한국지도자아카데미 동문회장 역임
중앙대학교 사회개발대학원 총동창회 상임부회장
한국건강가정사협회 부회장
중앙건강가정지원센터 강사
천안시건강가정지원센터 교육위원회 위원장
국립한경대학교, 백석대학교, 백석문화대학, 경원대학교, 성결대학교 강사
한국다문화가족연구소 소장
한국부모교육학회 감사
사)가정을 건강하게 하는 시민의 모임 성남시지부 공동대표

국제결혼 이주여성, 한국사회에 적응하는가

초판인쇄 ｜ 2009년 4월 30일
초판발행 ｜ 2009년 4월 30일

지은이 ｜ 정천석
펴낸이 ｜ 채종준
펴낸곳 ｜ 한국학술정보㈜
주 소 ｜ 경기도 파주시 교하읍 문발리 513-5 파주출판문화정보산업단지
전 화 ｜ 031) 908-3181(대표)
팩 스 ｜ 031) 908-3189
홈페이지 ｜ http://www.kstudy.com
E-mail ｜ 출판사업부 publish@kstudy.com

등 록 ｜ 제일산-115호(2000. 6. 19)
가 격 ｜ 26,000원
ISBN   (Paper Book)
       978-89-534-2444-9 98330 (e-Book)

내일을여는지식 ■ 은 시대와 시대의 지식을 이어 갑니다.